UNIVERSITY OF NORTH CAROLINA
STUDIES IN THE ROMANCE LANGUAGES AND LITERATURES
Number 40

A CRITICAL EDITION OF LOPE DE VEGA'S
LAS PACES DE LOS REYES Y JUDÍA DE TOLEDO

A CRITICAL EDITION OF LOPE DE VEGA'S
LAS PACES DE LOS REYES Y JUDÍA DE TOLEDO

BY

JAMES A. CASTAÑEDA

CHAPEL HILL
THE UNIVERSITY OF NORTH CAROLINA PRESS
1962

Depósito Legal: V. 2.860 – 1962

To my son, Christopher

PREFACE

The revaluation of Lope de Vega that has been one of the features of the new critical approach to Spanish Literature since Menéndez Pelayo cannot bear full fruit until most of his major works have been critically edited.

Lope's intimate association with the chronicles, his dramatization of Spain's legendary heritage, his inclination to treat amorous situations and the technical resources of his dramaturgy all are elements which vividly come to light in a view of *Las paces de los reyes* set against the theme it dramatizes. These considerations have prompted the present edition of, if not one of Lope's best plays, one which is a vital phase in the intriguing legend of the Jewess of Toledo.

I am deeply indebted to Professor F. S. Reckert for his kind guidance throughout the preparation of this manuscript. I gratefully record the help given by Don Tomás Magallón, of the photographic laboratory of the Biblioteca Nacional, by Professor E. T. Silk of Yale University in the paleographical analysis of the photostats of an important document and by the curators of the Boston Public Library. My thanks are also due to Don José Luis Saavedra for reading the Spanish text and to my wife, whose help and criticism have been invaluable.

The present work was a dissertation presented for the degree of Doctor of Philosophy in Yale University in April, 1958. Its appearance in published form has been made possible by the generosity of Rice University, for which I am deeply grateful.

January 2, 1962.

J. A. C.

RICE UNIVERSITY
HOUSTON, TEXAS

TABLE OF CONTENTS

	Page
PREFACE ...	IX
INTRODUCTION ...	1
PRELIMINARY STUDY	

Part I

HISTORICAL BACKGROUND

CHAPTER

I	THE HISTORICAL ALFONSO VIII ...	5
II	BIRTH AND DEVELOPMENT OF THE LEGEND ...	11
	Lucas, Bishop of Tuy, and Rodrigo Jiménez de Rada, Archbishop of Toledo ...	11
	Castigos e documentos ...	12
	Primera crónica general ...	15
	Crónica de 1344 ...	17
	Tercera crónica general ...	19
	Valerio de las hystorias (Almela) ...	21
	Historia de España (Mariana) ...	21
	Historia de la insigne ciudad de Segovia y compendio de las historias de Castilla (Colmenares) ...	22
	Corónica de los señores reyes de Castilla, don Sancho el Deseado, don Alonso el Octavo, y don Enrique el Primero (Núñez de Castro) ...	23
	Corona góthica castellana y austriaca (Núñez de Castro).	24
	Memorias históricas de la vida y acciones del rey D. Alfonso el Noble, Octavo del nombre (Marqués de Mondéjar) ...	25
	Memorias de las reinas Cathólicas (Flórez) ...	26
	Amador de los Ríos ...	27
	Fernández y González ...	28
	Graetz ...	28

	Page
Fita	29
Cirot	30
Cotarelo y Mori	30
Menéndez Pelayo	30
CONCLUSIONS	30

PART II

LITERARY TREATMENTS OF THE LEGEND

I IN SPANISH LITERATURE BEFORE LOPE'S *LAS PACES DE LOS REYES Y JUDÍA DE TOLEDO* ... 37

    Romance del rey don Alfonso y de la Judía (Sepúlveda). 37
    Jerusalén conquistada (Lope de Vega) ... 40

II LOPE'S *LAS PACES DE LOS REYES Y JUDÍA DE TOLEDO* ... 45

  A. INTRODUCTION ... 45
  B. ANALYSIS ... 45
  C. CHARACTERS ... 48
  D. LITERARY EXAMINATION ... 52

    Source ... 52
    Lope and the *Romancero* ... 53
    Alfonso VIII - Crusader ... 56
    The Supernatural ... 57
    Conclusions ... 59

III LITERARY TREATMENTS OF THE LEGEND AFTER LOPE DE VEGA ... 63

  A. SUBSEQUENT TREATMENTS IN SPANISH LITERATURE ... 63

    La Judía de Toledo (Diamante) and *La desgraciada Raquel* (Mira de Amescua) ... 63
    Obligar contra su sangre (Mira de Amescua) ... 70
    Romance a la Judía, que mataron del rey don Alfonso (Paravicino) ... 72
    Alfonso VIII, rey de Castilla, príncipe perfecto, detenido en Toledo por los amores de Hermosa o Raquel, hebrea, muerta por el furor de los vasallos (Ulloa y Pereira) ... 73
    El rey don Alfonso el Bueno (Lanine Sagredo) ... 76
    Retrato político del señor rey D. Alfonso el VIII (Mercacader y Cerbellón) ... 78
    La Raquel (García de la Huerta) ... 79

		Page
	Diálogo trágico: *La Raquel*	88
	La Judía de Toledo y Alfonso VIII (Asquerino)	89
	Raquel (Joaquín Pardo de la Casta)	91
	Raquel, o los amores del rey Alfonso VIII (Pedro Pardo de la Casta)	95
	Raquel, drama lírico (Lasso de la Vega)	98
	Raquel, drama lírico (Capdepón)	100
	"La judía Raquel" (García de Diego)	102
B.	TREATMENTS OF THE LEGEND IN FRENCH LITERATURE	103
	Rachel ou la Belle Juive (Cazotte)	103
	La Juive (Scribe)	106
C.	TREATMENTS OF THE LEGEND IN ENGLISH LITERATURE	107
	"The Fair Jewess" (Trueba y Cossío)	107
D.	TREATMENTS OF THE LEGEND IN GERMAN LITERATURE	109
	Rahel oder die schöne Jüdin (Brandes)	109
	Alphons und Rahel (Pfeffel)	110
	Die Jüdin von Toledo (Grillparzer)	112
	Spanische Ballade (Feuchtwanger)	124

A CRITICAL EDITION OF *LAS PACES DE LOS REYES Y JUDÍA DE TOLEDO*

A.	INTRODUCTION	129
B.	EDITIONS	129
C.	TEXT	133
	ACT I	134
	ACT II	168
	ACT III	202
D.	NOTES	235
E.	VERSIFICATION	247
	Table of Strophic Forms Employed	247
	Strophic Distribution	249
	Rhyme	251
	Hiatus	254

BIBLIOGRAPHY 257

INTRODUCTION

The hypothetical love affair of Alfonso VIII of Castile and the Jewess of Toledo is the general topic we treat, with special attention fixed on the literary work dedicated to this theme by Lope de Vega. Our study deals with the appearance of the account of the love affair in Spanish chronicles, its subsequent development and alterations in the hands of historians, and its literary fortune in Spain, France, England and Germany.

The section on chronicle accounts of what we choose to term the "legend" (simply because of the problematic historicity of the story), is designed to present the primary sources, the stands taken by scholars concerning its historicity and a critical assessment of the whole historicity problem. The present study aims less at making a positive judgment than at critically examining past interpretations, many of which do not seem to be supported by convincing evidence.

The literary treatments of the legend are grouped according to country and, within these groupings, chronological order is followed to give a clear picture of influences exerted by one treatment on another. It is most probable that the literary trajectory of the theme has not yet reached its end, especially in view of the Spanish propensity towards the continual employment of medieval themes.[1]

Included, at least in a bibliographical note, are all the treatments whose existence has been observed by the authorities we have consulted; and two others that they apparently missed.

---

[1] See Ramón Menéndez Pidal, *Historia de España*, I (Madrid, 1947), pp. XLIV-XLVI and CI-CIII.

PRELIMINARY STUDY

PART I
HISTORICAL BACKGROUND

Chapter I

THE HISTORICAL ALFONSO VIII

Upon the death of Alfonso VII, the "Emperor," in 1157, his realm was divided between his two sons. Sancho, the elder, received Castile, Burgos, the mountains of Biscay and Toledo; to Fernando fell León, Asturias and Galicia.

The brothers, Fernando II of León and Sancho III of Castile, ascended to their respective thrones in 1157 and followed their prudent resolution of observing peace between the two kingdoms.

Little is known about Sancho III, "el Deseado,"[1] aside from the fact that he was successful in his encounters with the Moors. After a reign of only one year, he died in Toledo, leaving his young son, Alfonso, as successor to the throne. According to Lozano, "Don Sancho el Deseado, en un año solo que reynó, dio muestras, y hizo cosas de príncipe esclarecido."[2]

The will of the deceased king designated Gutierre de Castro as regent of the Infante until Alfonso, who, at the time, was three years old,[3] should reach his fifteenth year.

---

[1] Francisco Tarapha, *Chrónica de España* (Barcelona, 1562), fol. 132r: "Dizen que se llamó este rey el Desseado, porque tal como él fue se auían de dessear todos, porq̃ fue llamado padre de los padres: amigo de los religiosos: defensor de las viudas: tutor de los huérfanos: derecho juez de las gentes. Fue muy frãco, y muy humano, muy esforçado y de mucho ardid." In this quotation and hereafter we accentuate according to modern usage all texts after 1500.

[2] Christóual Lozano, *Los reyes nuevos de Toledo* (Madrid, 1667), p. 105.

[3] Juan de Mariana, "Historia de España," *B. A. E.*, XXX, p. 315, gives Alfonso's age as 4 upon the death of Sancho. Since Mariana himself cites November 11, 1155 as Alfonso's birth date (p. 311) and August of 1158 as the time of Sancho's death (p. 312), the mistaken age is merely an error of calculation.

This concession of the royal favor angered Manrique, ambitious leader of the rival house of Lara, who openly prepared for battle to obtain for himself the regency.

Havoc was avoided for a short time, owing to the prudence of Gutierre, who relinquished his title in favor of a member of the rival house. Upon the death of Gutierre in 1159, however, his family was determined to recover the guardianship of the young king. Their solution to the problem of the superior strength of the Laras was to appeal for aid to Alfonso's uncle, Fernando of León. The latter, who also coveted the guardianship, invaded Castile and was recognized regent by some cities, including Toledo. The Laras, unable to rival the new ally of the enemy, fled from the pursuits of Fernando, who, after a time, desisted from his search for Alfonso and returned to León, having left as governor of Toledo, Fernán Ruiz de Castro.

In 1163, a truce was negotiated between Fernando and the Laras, but the Castros would not call an end to hostilities. The following year, Fernán Ruiz de Castro defeated the rival house in battle and killed Manrique, its leader,[4] thus causing the guardianship to fall to another Lara.

In spite of the efforts of the guardians, Alfonso's despotic uncle reigned in Castile. In 1166, however, a daring plan was conceived and carried out by Esteban Illán. Alfonso was secretly taken to Toledo and then up into the tower of San Román, most elevated spot in the city. The royal standards were displayed from the tower and the presence of the rightful king was proclaimed. The populace, smarting under the harsh reign of Fernando, was emphatic in voicing its desire to serve the Infante. Fernando at once recognized the overwhelming popularity of his nephew and knew that his reign under pretext of regent would last no longer. He withdrew to León and Alfonso VIII ascended to the throne of Castile at the age of

---

[4] Don Alonso Núñez de Castro, *Corónica de los señores reyes de Castilla, Don Sancho el Deseado, Don Alonso el Octauo, y Don Enrique el Primero* (Madrid, 1665), pp. 61-65, gives his account of this battle, at Huete. Manrique had killed a squire who was attired in the uniform of Fernán Ruiz. The latter, then easily killed the off-guard Manrique, who, with his dying words, complained of treachery. The author comments: "...pero semejantes, y aun mayores astucias han sido siempre vsadas en la guerra" (p. 64a).

eleven, although the official coronation did not take place until 1169.

The marriage of the young king to Leonor, daughter of Henry II, of England, was arranged for the following year, 1170. Alfonso and his retinue received their future queen in Tarazona and then proceeded to Burgos, where the royal ceremony was performed.

Fernando, King of León, died in 1188 and was succeeded by his son Alfonso IX. The desire of the latter was to continue peaceful relations which finally had been established between his father and his cousin.

In 1195, in the incessant struggle to withstand the Moorish expansion, the Christian forces were defeated on the plains of Alarcos by Ibn Yusuf. The Spaniards were greatly outnumbered and had lost the support of their allies, Sancho IV of Navarre and Alfonso IX of León.

It is not known whether the defeat came as a result of the imprudence of Alfonso or because of the failure of his allies to come with the aid they had promised.[5] The account of Mariana differs from the others in that, here, Alfonso heeds the impatient counsel of his own army:

> Don Alonso, rey de Castilla, avisado del apercebimiento de los moros y del peligro de los suyos, en ninguna manera perdió el ánimo; antes avisado que hobo a los reyes de Navarra y de León que le acudiesen, con los cuales poco antes se concertó, él primero que nadie con su ejército particular acudió a Alarcos y puso sus reales cerca de los enemigos, cuya muchedumbre era tan grande, que con sus tiendas ocupaban todos aquellos campos y collados; por esto algunos juzgaban que se debían reportar y con astucia y maña entretener al enemigo hasta tanto que los otros reyes viniesen, que se decía llegarían muy presto. Otros eran de parecer que se viniese luego a las manos, porque los navarros y leoneses no tuviesen parte en la victoria y en la

---

[5] The general opinion, however, seems well expressed in the comment of Donald Alan Murray, "Mira de Amescua's *La Desgraciada Raquel*" (Unpublished Doctor's Thesis; Stanford University, 1951), p. 14: "...Alfonso's foolhardy attempt to win all the honor of the day by refusing to await their help." This rashness virtually defines the Alfonso portrayed by Lion Feuchtwanger in *Spanische Ballade* (Hamburg, 1956), first published in 1955. See pp. 124-127.

presa, que arrojada y temerariamente al cierto se prometían. Este parecer prevaleció como el que era el más honrado, dado que el Rey no ignoraba que aquellos consejos en la guerra son más saludables que más seguros, y que menospreciar al enemigo y confiar en sí mismos es daño igualmente perjudicial a los grandes reyes, como el suceso de esta batalla le dio a entender. Ordenaron los reyes sus gentes. Diose la batalla junto a Alarcos, a 19 de julio, que fue miércoles, el año de 1195. Fue grande el coraje y denuedo de entrambas las partes; pero el esfuerzo de los nuestros fue vencido por la muchedumbre de los enemigos...[6]

This defeat, following a rapid series of victories by Alfonso VIII, was one of the most disastrous in Christian annals[7] and most surprising, in view of the reputation the king of Castile had established.

Whether owing to the anger of Alfonso IX, occasioned by the imprudent comportment of Alfonso VIII, or simply because of the mutual bitterness which remained as an aftertaste of the defeat, the friendship which previously had united the cousins rapidly diminished; they began open warfare which could ultimately have devastated both kingdoms.

In 1197, the prelates of Castile and León, having recognized the imminent catastrophe, especially in view of the ambitious designs of the African emperor, anxiously sought the means of a permanent reconciliation. Their solution was the marriage of Alfonso of León and Berenguela, oldest daughter of Alonso VIII. How, after the unfortunate outcome of a previous marriage of Alfonso of León,[8] the prelates saw fit to approve the celebration of another within the same degree of affinity, has never been explained. The Pope, upon learning of the marriage, immediately ex-

---

[6] Mariana, *loc. cit.,* p. 330.

[7] William C. Atkinson, *Spain-A Brief History* (London, 1934), p. 52. See also his *A History of Spain and Portugal* (London, 1960), p. 78.

[8] Alfonso had married Teresa, daughter of his uncle, Sancho I of Portugal. The Pope threatened both kingdoms with ecclesiastical censure if they did not separate. The royal couple disregarded the decree until 1193, when the censure was actually applied. Finally, in 1195, Alfonso and Teresa separated.

communicated Alfonso IX and Berenguela and placed the bann of the Church upon the kingdom of León.

The birth to the couple of a male child indicated the possible return to union between the two kingdoms if the legitimacy of the new heir were not to be disputed. Towards 1204, the resistance of the royal couple began to wear down; they promised to separate if the legitimacy of their child were recognized both by the Pope and by the kingdoms of León and Castile. Pope Innocent acceded to the petition without vacilation and, in a convocation of the two kingdoms, their son, Fernando, was declared successor to the throne of León.

A sporadic war ensued between Castile and León over the pretensions of each to the ownership of some castles. Finally, peace was established, partially through the mediation of the Pope, but more because of the apprehension created in Alfonso VIII by the threatened attack of Mohammed ben Yacub, Emperor of the Almohades.

Alfonso VIII avenged the defeat at Alarcos with his victory, in 1212,[9] in the battle of las Navas de Tolosa. Mohammed ben Yacub had invaded Spain in 1211 with an enormous army which, augmented by the Spanish Moslems, consisted of some 600,000 troops.[10] Innocent II called for a Crusade,[11] intended definitively to drive the Moorish invader from Spanish territory. In response to the Pope's call, warriors from all over Europe set out for the appointed gathering place, Toledo.

The enemy forces clashed on July 16, 1212, the Christian army commanded, on the right wing by the King of Navarre, the left by the King of Aragón, and the center by Alfonso VIII. Victory by the Christians was doubtful at first, but a valiant charge by Alfonso reversed the tide of battle and turned the encounter into a catastrophe for the Moors, which was heightened by the cowardly

---

[9] Frederick Meyrick, *The Church in Spain* (New York, 1892), p. 296, erroneously dates the battle in 1211.

[10] J. S. C. Abbott, *The Romance of Spanish History* (New York, 1897), p. 107.

[11] For other instances of Crusades being called in Spain, see Martín Fernández de Navarrete, "Disertación sobre la parte que tuvieron los españoles en las guerras de ultramar o de las cruzadas...," *Memorias de la Real Academia de la Historia*, V (Madrid, 1817), p. 59.

behavior of their Emperor, who was the first to flee.[12] As a result of this battle, Moorish domination of Spain was virtually ended.

Alfonso continued to skirmish with their disunited forces until the day of his death, October 6, 1214.

An encomium of Mariana has termed Alfonso VIII, "...el más esclarecido príncipe en guerra y en paz de cuantos en aquel siglo florecieron."[13]

---

[12] For a translation of Archbishop Rodrigo's first hand account of the battle, see Marqués de Mondéjar, *Memorias históricas de la vida y acciones del rey Don Alonso el Noble, Octavo de nombre* (Madrid, 1783), Appendices pp. cxviii-cxix.

[13] Mariana, *loc. cit.*, p. 345.

Chapter II

BIRTH AND DEVELOPMENT OF THE LEGEND

It is interesting to note that, while the *Crónica general* of Alfonso el Sabio is the most imposing historical work of medieval Spain, its two most important antecedents were the work of contemporaries of Alfonso VIII. The *Chronicon mundi*, of Lucas, Bishop of Tuy, traces the history of Spain from its legendary origins down to the conquest of Córdoba, in 1236, by Fernando III. The *Historia góthica,* or *De rebus Hispaniae,* by Don Rodrigo Jiménez de Rada, Archbishop of Toledo, covers basically the same time, but stops at the victory of las Navas de Tolosa, in 1212.[1]

The pre-eminence of these two historians was such that their works served as the principal source for the *Crónica general.*[2] Of the two historians, Rodrigo is of greater importance to us, because of the close contact he had with Alfonso in the court of Toledo, where the Archbishop enjoyed great favor.

The scribe of the *Crónica de 1344*[3] and his imitator, Almela,[4] both attribute an account of Alfonso's love for the Jewess to Ro-

---

[1] James Fitzmaurice-Kelly, *Historia de la literatura española* (Madrid, 1926), p. 27, states that the *Historia* of Rodrigo "...comienza con la invasión de los godos, y llega hasta el año 1243." According to Mérimée and Morley, *History of Spanish Literature* (New York, 1930), p. 63, note 2, Rodrigo finished the task of composition in 1243. Fitzmaurice-Kelly apparently confused the date of termination of the literary work with that of the last event it treats.

[2] Ramón Menéndez Pidal, *La crónica general de España,* (Discurso leído ante la Real Academia de la Historia. Madrid, 1916), p. 48: "...la *Crónica* era, desde el principio hasta el fin, una combinación del Toledano y el Tudense entre sí, más dos grandes adiciones: la historia romana en la primera parte, y las leyendas heroicas en la segunda."

[3] Ms. 10815, Biblioteca Nacional de Madrid.

[4] Diego Rodríguez de Almela, *Valerio de las hystorias* (Sevilla, 1542).

drigo.⁵ This claim has been refuted categorically by Cirot⁶ and by Cotarelo y Mori⁷ and there exists no evidence of a word about the legend in any of the known pages of either of these contemporary historians.

The silence of the prelates is the most important supporting evidence offered by those who refuse to admit the historicity of the love affair.

The two oldest sources of reference to the legend are the *Crónica general* and the *Libro de los consejos,* more commonly known as the *Castigos e documentos del rey don Sancho.*

Castigos e documentos

This didactic work relates the love of Alfonso for the Jewess as an example of how even kings are subject to the punishment of God for their sins of incontinence. Although the *Castigos* are not, strictly speaking, an historical source of the legend, but rather its first literary manifestation, they perhaps precede chronologically all other sources and we have therefore decided to consider them here with regard to their historical importance. The *Castigos* were edited by Gayangos in 1860.⁸

The first paragraph sets forth information which, if true, would establish the precedence of this version of the legend to all others we know:

---

⁵ *Crónica de 1344*, fol. 145r: "Et segūt cuenta el arçobp̄o don rrodrigo estouo ençerrado conella siete meses..." See pp. 18, 19. *Valerio de las hystorias,* lib. II, tít. IV, cap. VI: "E según cuenta el arçobispo don Rodrigo / dize que estuuo con ella siete meses..." See p. 21.

⁶ Georges Cirot, "Alfonso le Noble et la Juive de Tolède," *Bulletin Hispanique, XXIV* (1922), p. 291: "Or il n'y a pas un mot de pareille équipée dans l'oeuvre du prélat tolédan..." Instead of reproaching any imprudent conduct of the king, Rodrigo, in a paragraph cited by Cirot, praises him in uncompromising terms: "...Acquisuit non habita, reaedificauit deserta, donec iaceret fundamenta urbium, et erigeret excelsa turrium, et ruinas saeculis repararet. Proficiebat enim apud Deum et homines sapienta et aetate. Erexit eum Deus altissimus, et magnificauit eum Creator ipsius, donec stabiliret illi solium gloriae, et exaltaret ei diadema victoriae... (Ed. de Francfort, 1579.)"

⁷ Emilio Cotarelo y Mori, *Mira de Amescua y su teatro; estudio biográfico y crítico* (Madrid, 1931), p. 75.

⁸ Pascual de Gayangos (ed.), "Castigos e documentos del rey don Sancho," *B. A. E.,* LI, pp. 79-228.

Este libro fizo el muy alto señor rey don Sancho, honrado, poderoso, sabidor, rey de Castilla, de León, de Toledo, de Gallicia, de Sevilla, de Córdova, de Murcia, de Jahén, del Algarbe, de Algecira, e señor de Vizcaya e de Molina, el cual es llamado *Castigos e documentos que daba a su fijo*; el cual libro fizo e acabó el noble rey el año que ganó a Tarifa... [Tarifa fell to the Christians in 1292.][9]

The fact that Sancho IV of Castile and León (1284-1295), son of Alfonso X, el Sabio, had composed or admitted this denigration of his own great-great-grandfather would strengthen the argument for the historicity of the love affair.

However, Groussac[10] and Foulché-Delbosc[11] have both challenged the above-cited date of composition and the paternity of the *Castigos* but Agapito Rey believes the first version was written in the 13th century.[12] According to the French scholars, neither is Sancho the author, nor is the work itself any more than a Spanish adaptation of Egidio de Colonna's *De Regimine Principum* (1284).

In addition, they criticize Gayangos for not having considered, for his edition, the version of the *Castigos* which they thought to be the oldest.[13] The collation made by Foulché-Delbosc[14] shows that older versions, consisting of only fifty chapters instead of the ninety published by Gayangos, are lacking the section which would correspond to Chapter XX of the modern edition, the chapter which contains the account of Alfonso and the Jewess.

---

[9] *Ibidem*, p. 85.

[10] Paul Groussac, "Le livre des *Castigos e Documentos* attribué au Roi D. Sanche IV," *Revue Hispanique*, XV (1906), pp. 212-339.

[11] R. Foulché-Delbosc, "Les *Castigos e Documentos* de Sanche IV," *Revue Hispanique*, XV (1906), pp. 340-371.

[12] Agapito Rey, *Castigos y documentos para bien vivir* (Bloomington, Indiana, 1952), pp. 17-18.

[13] Groussac, "Le livre des *Castigos*...," p. 221: "Gayangos se contente de marquer en note: 'otro ejemplar se conserva, según Rodríguez de Castro (!), en la biblioteca alta del Escorial'. C'est tout. Même en présence des extraits de Castro, ce singulier éditeur n'a pas songé un instant à entreprendre le grand voyage (40 kilomètres) de Madrid à San Lorenzo, ne fût-ce que pour tirer au clair cette assertion de Bayer, l'annotateur d'Antonio, que le dit manuscrit serait du XIVe siècle, c'est-a-dire notablement plus ancien que ceux de la *National*, et, pour cela seul, inomissible."

[14] Pp. 350-356.

Groussac feels that the *Castigos* could not feasibly have been written earlier than the decade 1350-1360. This sixty or seventy year alteration of the date of composition might perhaps not seriously affect this treatment's weight as an argument for historicity, but if Sancho IV, direct descendant of Alfonso VIII, were not the author of the first known instance of the legend, this would be slightly prejudicial to such a theory.

The legend, as it appears in the Gayangos edition:

> Otrosí para mientes, mío fijo, et toma ende castigo de lo que contesció al rey don Alfonso de Castilla, el que venció la batalla de Úbeda (2). Por siete años que viscó mala vida con una judía en Toledo, diole Dios grand llaga e grand majamiento en la batalla de Alarcos, en que fue vencido, e fuyó e fue mal andante él e todos los de su reino, e los que mejor andanza hobieron fueron aquellos que y morieron. E porque el rey non se conosció después a Dios por pecador, e fizo penitencia, nuestro Señor matóle los fijos varones e hobo el reino el rey don Fernando, su nieto, fijo de su fija; e porque se arrepentió deste tan mal pecado, por el cual en enmienda fizo después el monesterio de las Huelgas de Burgos, con hespital de monjas del Cistel, de lo cual non fizo otro tal ningund rey de los pasados, Dios diole después buena andanza contra los moros en la batalla de Úbeda (2). Et como quier que y buena andanza hobo, muy mejor la hobiera si la desaventura de la batalla de Alarcos non le hobiera contescido primero, en la cual desaventura él cayó por su pecado.
>
> Escripto es en las hestorias antiguas que por los pecados que facen los reyes da Dios majamiento en los pueblos e en los sus vasallos, porque ellos son cabezas de los otros; e por dar Dios a los reys [sic] mayor majamiento, face escarmiento en aquellos que son so ellos; ca el rey un home solo es, e tan aína lo puede matar como a otro home; e si lo matase en una hora pasaría el pesar suyo; mas viviendo él e veyendo pesar en aquellos que son so él, por el majamiento que Dios en ellos da, en esta manera se face el su pesar doblado e non pasa nin fenece a un hora.[15]

This primitive account reveals nothing about the end of the love affair, neither does it describe the Jewess in any way nor mention

---

[15] P. 137.

her beauty. Here, the legend is evoked as the cause of Alfonso's defeat on the plains of Alarcos and as the reason behind his construction of las Huelgas. Gayangos correctly states in his note to the passage: "(2) Parece que debió decir en la batalla de 'las Navas'." Úbeda was taken by the army of Fernando III in 1233.

Primera Crónica General

The *Crónica general,* ordinarily spoken of as the *Primera crónica general* to distinguish it from subsequent redactions, was begun under the direction of Alonso X, probably in 1270, and continued under Sancho IV, in 1289.[16]

Many varying manuscripts exist; few scribes were content to copy: the majority of them added, omitted and changed.[17] The publication of the *Primera crónica general* was not realized until the appearance of the edition of Menéndez Pidal,[18] in 1906.

Of the seventeen manuscripts[19] collated by Menéndez Pidal, only two contain the legend. It appears as a marginal note in Ms. E and is incorporated into the text of Ms. I. Don Ramón's inclusion of it in a footnote indicates his propensity to treat the legend as an emendation to the text of the *Crónica.*

It seems evident that the legend was not included in the original *Primera crónica general.* It would be too far-fetched to believe that, if Ms. I were the oldest of the group, its account would have been absent from all future versions. If Ms. E were the oldest, which is

---

[16] Menéndez Pidal, "La crónica general que mandó componer Alfonso el Sabio," *Estudios literarios* (Buenos Aires, 1938), pp. 146-7.

[17] George Tyler Northup, *An Introduction to Spanish Literature.* 3rd ed. Revised and Enlarged by N. B. Adams (Chicago, 1960), p. 76.

[18] Menéndez Pidal (ed.), "*Primera Crónica general.* Estoria de España que mandó componer Alfonso el Sabio y se continuaba bajo Sancho IV en 1289," *N. B. A. E.,* V (Madrid, 1906).

[19] Murray, *op. cit.,* p. 45: "The manuscripts are identified merely by letters: E, F, O, I, B, C, Q, N, U, T, L, A, Y, G, Z, P, D. Of these, eight: E, I, B, T, A, Y, G, Z, are described in detail as being MSS. of the *Primera Crónica General* by Menéndez Pidal in *Obras,* Vol. I, pp. 384-393. U, Q, are MSS. of the *Crónica de 1344,* pp. 394-395. C, O, F, are MSS. of the *Tercera Crónica General,* pp. 404-405. L, N, are MSS. of the *Crónica de Veinte Reyes,* pp. 406-408. D is a Ms. of the *Traducción interpolada de la historia de don Rodrigo,* p. 408. P is unidentified in the *Obras.*"

also highly improbable, it could still be shown that it did not, in its pristine form, contain the legend. Cotarelo y Mori,[20] after a paleographical analysis, claims that the marginal note was added one century after the composition of the body of Ms. E. Professor Edmund T. Silk, distinguished paleographer of Yale University, has kindly studied photostats of the document and corroborated Cotarelo's opinion, concluding that a different hand wrote the note and that the emendation was of a considerably later period than was the rest of the text.

The note in the edition of Menéndez Pidal:

> -26 *En sancto pone E llamada a una nota marginal que l incorpora a su texto; tomo de l las letras que faltan en E cortadas por un encuadernador, y las imprimo entre corchetes*: Este monesterio fizo fazer el rey don [Alfons]o por tres cosas: la primera por [seruiçio] de Dios, la segunda por noble[za de] so cuerpo et de su alma et de so reg[no et d]e los que uiniessen, la terçera [por q]ue este rey don Alffonsso el sobre [dicho] ouo de fazer pesar a Dios en siete [años] que moro en la judería de Toledo [con u]na judia despendiendo y mal so [tienp]o. Et deste peccado ouo Dios grant [sanna] contra el, et fizole ueer en uision [de co]mo gelo querie calomiar, la cual [uisio]n uio el en Yliescas una manna[na] en amaneçiendo a dos annos [despu]es de la batalla de Alarcos; que [yaz]iendo despierto en so lecho uio [entr]ar por la puerta a desora un [gra]nt omne todo uestido de blanco et [aui]e los cabellos blancos et la barua [bla]nca, et traye un capiello de [Vlt]ramar en la cabeça. Et el rey, [quan]do le uio, espantosse del, et deman[dol] quien era, et le (el le I) dixo: "non ayas [mi]edo que mandadero so de Dios, [que] me enuia a ti, mas mio non[bre] non dizete Dios [assi] que por el peccado que fizis[te] con la judia et dexauas la reyna [tu] muger por ella, quisotelo Dios [cal]omiar assi como calomio a Dauit (Dau. que tomo I) la muger de Vrias, et por esso fuste uençudo en la [ba]talla de Alarcos, et perdiste y toda tu gente, ca el peccado del rey calomia Dios en el pue[blo] et quieretelo aun calomiar en los tus fijos uarones, ca todos morran et non fincara [ge]neracion de ninguno dellos: mas el to nieto, fijo de tu fija, et del rey de Leon, aquel hereda[ra] la tu casa." Et asi fue conplido en el rey don Fer-

---

[20] *Op. cit.*, p. 75.

Ms. "E" (Ms. X-I-4, Biblioteca del Escorial, fol. 291r)

nando, el cual heredo Castiella et Leon segunt que adelante oyredes. Otrossi le dixo el mandadero de Dios: "te connosçe a Dios el [ye]rro que feziste contra el, et gradeçele de que te dexa con tanto, et faz connosçimiento et [arre]pen[timye]nto en tos obras, et auerte ha merçed." Quando el rey don Alfonso [ou]o oydo esto, fico (fue I) muy triste en so coraçon, repentiendose mucho de sus peccados, [et de a]lli adelante puso de fazer el monesterio de Burgos et el ospital, segunt agora oyre[des. Et quisieralos fazer en Cueuas Ruyas], mas don [Dyego] el bueno le conseio que los [fizyesse alli en Burgos fuera, onde todos vyessen la obra quel fazia].[21]

The reference to the Jewess is as limited as it was in the *Castigos*. Here again, she is cited as the cause of the defeat at Alarcos and of the construction of las Huelgas by Alfonso in an attempt to expiate his sin.

Crónica de 1344

The *Segunda crónica general*, more commonly referred to as the *Crónica de 1344*,[22] has never been published and remains in manuscript form in the Biblioteca Nacional de Madrid.[23]

Its account of the legend:

De como el Rey don Alfonso estouo ençerrado con la Iudia. / y la mataron los sus vasallos.

Después que el rrey Don Alfonso fue casado como ya oystes estouo en burgos quanto tienpo le plogo / y despues fuese para toledo con su muger / y estando y vido vna judia muy fermosa y pagose tanto della que dexo la rreyna su muger y ençerrose conla judia vn grã tienpo de tal guysa

---

[21] *Op. cit.*, p. 685.
[22] Menéndez Pidal, "Crónicas generales de España," *Catálogo de la Real Biblioteca*, V (Madrid, 1918), p. 45: "Acabóse de redactar, según en el mismo se declara, el miércoles 21 de enero del año 1344. Su autor, conservando en gran parte la narración de la *Primera Crónica*, modificóla para dar cabida a cuantas noticias históricas y tradiciones hallaba vulgarizadas en su tiempo, que no estaban incluidas en la obra de Alfonso X; pero no puso en esta tarea tanto cuidado que no se adviertan algunas contradicciones entre lo antiguo y lo nuevo."
[23] Ms. 10.815.

quelo no podia della partir nin se pagaua tanto de otra cosa como della. Et segūt cuenta el arçobp̄o don rrodrigo estouo encerrado conella siete meses asi que se non nenbraua desi nin de su rreyno nin de otra cosa / y dicē que este grande amor que el auia dessta judia ca non era si non por fechiços y esperamientos quele ella sabia façer / mas los condes y cavalleros y rricos omes veyendo como el rreyno estaua en tal peligro por tal fecho como este ouieron su acuerdo como pusiesen en rrecabdo este fecho tan malo y asi sin cōsēçia / fol. 145v / Et el acuerdo fue que la matasen. / y conesta entençion entraron onde el rrey estaua façiendo infinta [sic] que le querian fablar. Et despues que todos fueron ante el rrey entretanto que vnos fablauā conel los otros entraron donde estaua la judia y fallaronla estar en muy nobles estrados y degollaronla y a q̃ntos con ella estauan y de si fueronse luego. Et quando el rrey esto sopo ffue tan cuytado que non sabia q̄ façer ca tanto la amaua que se queria perder por ella. Et entonçe tomaronlo algunos de los sus vasallos y leuaronlo fuera de toledo a vn lugar que llaman yllescas que son seys leguas dela çibdat. Et el rrey estaua y y yaçiendo vna noche cuydando en el fecho de aquella maldita judia aparesçiole vn angel q̄ le dixo / y como alfonso estas cuydando enel mal que as fecho delo que Dios rresçibio gran deseruiçio mal façes / Ca sabe por çierto que caramente telo demandara ati y al tu rreyno. Et el rrey le pregūto q̄en era / y el le dixo que era angel de Dios que era enbiado a el con aquella mensajeria / y el rrey quando esto oyo puso los ynojos en tierra y pidiole merçet que rrogase a Dios por el / Et el angel le dixo sed çierto que tan grā saña a Dios de ti por este p̄ecado que telo demandara y al tu rreyno porque lo consintio / y por este pecado que tu feçiste non fincara de ti fijo q̄ rreyne en el lugar que tu rreynas mas fincara del linaje de tu fija y de aq̄ adelante partete de mal obrar / y non fagas cosa por q̄ nr̄o señor tome de ti mayor saña Et luego quele esto ouo dicho desaparesçiole y finco la camara conplida de marauilloso olor y con grā claridat. mas el rrey finco muy triste por lo q̄uele dixo el angel. y desde ally adelante andouo enlos caminos de Dios y fiço buenas obras y emendo muy mucho su façienda como oyredes adelante / /./ /./ /.[24]

---

[24] Biblioteca Nacional de Madrid. Ms. 10.815, fol. 145r, v.

Crónica de 1344 (Ms. 10815; Biblioteca Nacional, Madrid, fol. 145r)

More details are added: the Jewess was "muy fermosa," the love affair lasted seven months and "non era si non por fechiços y esperamientos quele sabia façer" (This element of magic will reappear in literary treatments of the theme, although the actual possessor of this power will usually be an advisor of the Jewess.). The end of the affair is brought about by the nobles, who wreak their vengeance not only on the king's concubine: "degollaronla y a qñtos con ella estauan." Neither Alarcos nor las Huelgas is mentioned and the bearer of the divine imprecation is transformed from the *Primera crónica's* "grant omne todo uestido de blanco" to an angel. Here, also, is the first instance of the erroneous reference to Archbishop Rodrigo (See pp. 11-12).

Tercera crónica general

The first widely known version of the *Crónica general* was the redaction published in 1541 by Florián de Ocampo.[25] It was thought to be the *Primera crónica general* until this latter work was first edited by Menéndez Pidal, in 1906.

As we shall soon see, this chronicle, because it was the only published one and, therefore, the one most widely diffused, exercised far greater influence than any of the others and turned out to be the source most used for the literary treatments of the theme.

The following is the version of the legend which appears in the *Tercera crónica general*:

> Pues el rey don Alfonso ouo passados todos estos trabajos en el comienço quando reinó e fue casado según que auedes oído / fuese para Toledo con su muger doña Leonor: e estando y, pagóse mucho de una judía que auíe nombre *Fermosa* e olvidó la muger / e ençerróse con ella gran tiempo / en guisa que non se podíe partir d'lla por ninguna manera / nin se pagaua tanto de otra cosa ninguna: e estouo ençerrado con ella poco menos de siete años

---

[25] Florián de Ocampo, *Las quatro partes enteras de la Crónica de España que mandó componer el sereníssimo rey don Alfonso llamado el Sabio* (Zamora: Augustín de paz y Juan Picardo, 1541).

que non se membraua d' sí nin d' su reino nin d' otra cosa ninguna. Entonçe ouieron su acuerdo los omes buenos d'l reino como pusiesen algún recado en aquel fecho tan malo e tan desaguisado: e acordaron que la matasen / e que así cobraríen su señor que tienen por perdido: e con este acuerdo fuéronse para allá: e entraron al rey diziendo que queríen fabrar con él: e mientra los unos fabraron con el rey / entraron los otros donde estaua aquella judía en muy nobres estrados, e d'golláronla a ella e a quantos estauan con ella / e de sí fuéronse su carrera. E desque el rey lo sopo fue muy coitado que non sabíe qué se fiziesse / tan grande era el amor que della avíe. Estonçes trauaron con él sus vasallos / e sacáronlo de Toledo, e llegaron con él a un logar que llaman Yliescas, que es a çinco leguas de Toledo. E allí estando el rey en la noche en su cámara cuidando en la judía / fabran las gentes q'l aparesçiol el ángel e quel dixo / Alfonso / aun cuidas en el mal que has hecho? de que tomó dios de ti deseruiçio? mal faces e caramente te lo demandará dios a ti e a tu puebro. E diz que estonçes demandol el rey quién era el que le aquello dezíe? E él dixo como era ángel mensagero de dios que veníe allí por su mandado e a dezirle aquello. El Rey finçó los ynojos antel pediéndol merçed que rogasse a dios por él. E el ángel le dixo / teme a dios / ca cierto es que te lo demandará: e por este pecado que tu fiziste tan sin çoçobra, non fincará de ti quien reine en el reino que tu reinas / mas fincará en el linage d' tu fija e de aquí adelante pártete de mal fazer e mal obrar / e non fagas cosa porque dios tome mayor saña contra ti. e estonçes dizen quel desparesçió: e que fincó la cámara llena de gran claridad e de tan buen olor e tan sabroso que marauiella era. E el rey fincó muy triste d' lo que le dixera el ángel: e de allí adelante temió siempre a dios e fizo siempre buenas obras / e emendó mucho en su vida e fizo mucho bien según vos lo contará la estoria adelante.[26]

The love affair is once again given a duration of seven years and, more important, the adjective employed in the *Crónica de 1344* is transformed into an epithetic appelation, the first name of the king's paramour: "vna judía que auíe nonbre *Fermosa*."

The four documents which we have just examined are the basic historical sources of the story of the Jewess of Toledo. On the basis

---

[26] *Ibidem*, fol. ccclxxxvi.

of these accounts, subsequent historians will include the love affair in their works, not merely transcribing it, but altering details and will, within a short time, begin to take a stand as to its historicity.

Until the discovery of the *Crónica de 1344*, Diego Rodríguez de Almela was considered the first historian to reduce the duration of the love affair to seven months. However, the version of the legend which appears in libro II, título IV, capítulo VI of Almela's *Valerio de las hystorias*[27] (1487) is almost an exact copy of the account of the *Segunda crónica*, as is easily seen in the following collation:

> *Crónica de 1344*: ...nin se pagaua tanto de otra cosa como della. Et segūt cuenta el arçobp̄o don rrodrigo...
> *Valerio*: ...ni se pagaua tanto de otra cosa como della. E según cuenta el arçobispo don Rodrigo...
> *Crónica de 1344*: ...como pusiesen en rrecabdo este fecho tan malo y asi sin cōsēçia. Et el acuerdo fue que la matasen...
> *Valerio*: ...como pusiessen recaudo en este hecho tan malo y sin conciencia: y acordaron que la matassen...
> *Crónica de 1344*: ...ca tanto la amaua que se queria perder por ella...
> *Valerio*: ...que tanto la amaua que se quería por ella p̄der...

Almela contributes nothing to the development of the legend. That he is one of the two sources of the mistaken reference to the love affair in the work of Rodrigo is due entirely to the fact that he was the only historian who perpetuated the errors of the *Crónica de 1344*.

Mariana, in Book XI, Chapter XVIII of his *Historia de España*[28] (1620), cites the story of the Jewess as the reason for the defeat at Alarcos. We cite his version of the legend in view of its importance as a source for literary treatments:[29]

---

[27] Diego Rodríguez de Almela, *Valerio de las hystorias escolásticas de la sagrada escritura y de los hechos despaña con las batallas campales*, Copiladas por Fernán Pérez de Guzmán. Nuevamente corregido. (Sevilla: Dominico d'Robertis, 1542.)

[28] Juan de Mariana, "Obras," *B. A. E.*, XXX, p. 330. The location of the account in Mariana's *Historia* is erroneously cited by Arturo Farinelli, *Grillparzer und Lope de Vega* (Berlin, 1894), p. 148, as Book XI, Chapter V; and by E. Lambert, "*La 'Juive de Tolède*' de Grillparzer," *Rev. de Lit. Comp.*, II (1922), p. 243, as Book XI, Chapter II.

[29] As we will indicate later, Mariana's *Historia* is the historical source for *Die Jüdin von Toledo* of Franz Grillparzer: see pp. 112-113.

En nuestra edad solamente restan algunos paredones de Alarcos y un templo bien antiguo, con nombre de Santa María, con que los comarcanos tienen mucha devoción. Entiéndese que el Rey bárbaro hizo echar por tierra aquel pueblo y abatir sus murallas. Túvose por cierto que con aquel desastre tan grande castigó Dios en particular un pecado del Rey, y fue que en Toledo, menospreciada su mujer, se enamoró de cierta judía, que fuera de la hermosura, ninguna otra cosa tenía de estimar. Era este trato, no solo deshonesto, sino también afrentoso a la cristiandad. Los grandes, movidos por tan grande indignidad y porque no se esperaba emienda, hicieron matar aquella mujer. Andaba el Rey furioso por el amor y deseo. Un ángel que de noche le apareció en Illescas le apartó de aquel mal propósito; mostrósele en aquella forma que tenía en una pintura y imagen del mismo Rey, a manera de mancebo con rostro hermoso, mas grave, que le amenazaba si no volviese en sí, y le apercebía esperase el premio de la castidad si la guardase, y temiese el castigo si la menospreciase.[30]

The honor of being the first to deny the historicity of the love affair[31] belongs to Diego de Colmenares, who, in his *Historia de la insigne ciudad de Segovia y compendio de las historias de Castilla* (1637),[32] classifies it as a "fábula" on the basis of the silence of the prelates and the great activity of Alfonso VIII:

De Burgos passaron a Toledo; donde dize la *Historia General* (inpressa) del rey don Alonso el Sabio, y algunos siguiéndola; que enamorado el Rey de una Judía, estuuo encerrado con ella siete años: sucesso, que a ser verdadero, no le oluidaran el Arbobispo [sic] Don Rodrigo ni Don

---

[30] Mariana, *loc. cit.*, p. 330.

[31] The absence from earlier historical sources of accounts of the love affair has already been established. In view of this fact, the following assumption of Restori does not seem justified: A. Restori, "Obras de Lope de Vega — publicadas por la Real Academia Española Vol. VII. VIII (3 . 1 . 02)," *Zeitschrift für Romanische Philologie* XXVI (Halle, 1902), p. 515: "Francesco De Pisa nella: *Descripción de la imp. ciudad de Toledo* — ivi, *Pedro Rodríguez* 1605, fol. 173. — Il De Pisa parla delle nozze, e figli, di Alfonso VIII con Leonora d'Inghilterra, ma non accenna neppure alla *Judia de Toledo*: indizio che già da allora tale storia era tenuta per favola."

[32] Diego de Colmenares, *Historia de la insigne ciudad de Segovia y compendio de las historias de Castilla* (Segovia: Diego Díez, 1637).

Lucas de Tuy. Y la continuación de sus hechos conprouará quan diuersas ocupaciones trahía...[33]

Núñez de Castro, in his *Corónica de los señores reyes de Castilla, Don Sancho el Deseado, Don Alfonso el Octauo, y Don Enrique el Primero* (1665),[34] classifies the legend as a "calumnia de la correspondencia ilícita con la Judía hermosa de Toledo,"[35] and transcribes two versions of it which he has heard:

> Llegó a estar perdido de amores el rey don Alfonso, por la Judía hermosa de Toledo, no auiendo bastado ningún medio humano, para apartarle de sus cariños; tomó el Cielo por su cuenta la empresa, y passando el Rey por Illescas, al entrar por una de sus puertas, le embaraçó un ángel con una espada en la mano, la entrada, amenazándole, sino desistía de aquellos amores ilícitos: y oy dizen, que duran recuerdos desta verdad, en la pintura de un ángel, que se ve en una de las puertas de Illescas, con una espada desnuda en la mano. Añaden muchos, tomándolo de la Historia general, que estuuo encerrado con ella siete años, en un quarto de su palacio; y viendo los vasallos los estremos que hazía la reina doña Leonor, y que ninguna diligencia bastaua para apartar al Rey de su lado, envenenaron a la Judía, y con su muerte resucitó el Rey, que todo el tiempo de enamorado, no viuió vida de príncipe.[36]

What is incredible for Núñez de Castro is the legend as it has come to him, with its unbelievable details of a seven year duration and the appearance of a warlike angel.

Keeping in mind the probability that this historian was acquainted with Lope's *Las paces de los reyes*, it is interesting to note his

---

[33] *Ibidem*, p. 148.
[34] D. Alonso Núñez de Castro, *Corónica de los señores reyes de Castilla, Don Sancho el Deseado, Don Alonso el Octavo, y Don Enrique el Primero. En que se refiere todo lo sucedido en los Reinos de España, desde el año mil ciento y treinta y seis, hasta el de mil y ducientos y diez y siete. Comprobado con los historiadores de mayor crédito, y con diferentes instrumentos de priuilegios, escrituras, donaciones, y otras memorias antiguas, sacadas con toda diligencia, y cuidado de los mejores archiuos. Dase noticia de diferentes familias y ilustres varones, que florecieron en estos años en armas, santidad y letras* (Madrid: Pablo de Val, 1665).
[35] *Ibidem*, p. 90.
[36] *Ibidem*, p. 91.

argument against such duration in love, for which he cites the same biblical story that seems to have inspired Lope in the naming of the Jewess:[37]

> Es necessario que sea canónica la pluma que escriue los amores de Jacob con la hermosa Raquel, para que creamos que pudo durar siete años la fineza del pretender... enseñándonos las experiencias de todos los siglos, que al amor sólo le duran los cariños el tiempo de la pretensión; y en llegando a conseguir, se le caen perezosamente las alas.[38]

There is also a striking similarity, both in function and in appearance, between the angel of this account and Lope's *sombra*.[39]

Once he has discarded the possibility of such a long duration, Núñez de Castro feels less obligated to defend Alfonso's reputation:

> No por esto niego que el rey don Alonso no tuuiesse algún cuidado con la Judía hermosa de Toledo; pero doró tan hermosamente este yerro con el arrepentimiento.[40]

The use of poison for the assassination of the Jewess is unique among the historical accounts.

This historian mentions the legend once more, in his *Corona góthica castellana y austriaca* (1671),[41] where he seems to have synthesized the two separate accounts. This version, according to which Alfonso disregards the warning only to have the nobles murder his beloved Jewess, seems quite reminiscent of Lope's play:

> En este ocioso sosiego, fuente de los vicios, se entregó el rey de Castilla a los amores de una hebrea con gran des-

---

[37] See p. 44.
[38] Núñez de Castro, *op. cit.*, p. 91.
[39] See our edition, p. 199.
[40] Núñez de Castro, *op. cit.*, p. 92.
[41] Núñez de Castro, *Corona góthica castellana y austriaca, segunda parte, compuesta de algunos originales que quedaron de Don Diego de Saavedra Faxardo y continuada por Don Alonso Núñez de Castro, Coronista de su magestad. Dase noticia de todo lo sucedido en estos reinos de España en más de quinientos años, desde el de setecientos y catorce, en que empeçó su restauración hasta el de mil doscientos y diez y seis. Escrívense, con morales documentos, y máximas políticas, las vidas de treinta y tres reyes, desde el ínclito infante Don Pelayo, hasta D. Fernando el Santo* (Madrid: por Andrés García de la Iglesia, 1671).

crédito de su autoridad, y del reino. Apareciósele un ángel en Illescas, en aquella misma forma de mancebo, que tenía pintado en un quadro, aunque algo más severo el semblante, y le amenaço de parte de Dios, que si no se apartaua de aquel pecado, sería grauemente castigado. Quedó el Rey confuso, pero passado el espanto de la visión, se oluidó de su amenaça y boluió a sus amores, hasta que los grandes del reyno impacientes de ver manchada con aquel trato deshonesto, y vergoçoso la magestad de Castilla, mataron a la dama, y luego castigó Dios al Rey con la rota, y pérdida de Alarcos, y con otras, que después le sucedieron.[42]

The Marqués de Mondéjar, in his *Memorias históricas de la vida y acciones del rey D. Alonso el Noble, Octavo del nombre*[43] (1703), is the next to discredit the historicity of the love affair; this time, solely on the basis of the King's numerous wars. The title of the chapter pertinent to our study is: "Los amores del rey con la Judía son fábula notoria."[44]

In the prologue, we are informed that this work "es propriamente una copia fiel de lo que nos dexó Don Rodrigo Ximénez de Rada, Arzobispo de Toledo y Cronista de nuestro Rey, a cuyo lado anduvo siempre, desde que obtuvo la Sede primada de las Españas."[45] Cerdá also praises "el juicio del autor en todas partes y el discernimiento con que sabe desvanecer las ridículas fábulas con que otros escritores, que le precedieron, mancharon la historia de este rey con sumo desdoro de sus admirables virtudes."[46]

Considering 1171 as the hypothetical beginning of the supposed love affair, el Marqués passionately attacks its narration:

---

[42] *Ibidem*, p. 330.

[43] Marqués de Mondéjar, *Memorias históricas de la vida y acciones del rey Don Alonso el Noble. Octavo del nombre recogidas por..., e ilustrados con notas y apéndices por D. Francisco Cerdá y Rico, de la Biblioteca de S. M. Individuo de la Real Academia de la Historia, y abogado del colegio de esta corte* (Madrid: Imprenta de Sancha, 1783).

[44] *Ibidem*, p. 67.

[45] *Ibidem*, p. vi.

[46] *Ibidem*, p. vii Cf. however p. 67, where the Marqués speaks of the story of the love affair as having been "...autorizado con la aseveración de dos príncipes tan grandes como el emperador D. Alonso el Sabio y el rey D. Sancho el Bravo su hijo..."

> ...pues si en ella se asegura detuvo la torpe violencia del viciado afecto de aquella hermosa judía a nuestro príncipe encerrado con ella siete años, sin atender más que a contemplarla, ¿cómo se conservan en la historia tantas memorias de expediciones suyas así contra los moros, como contra los navarros, interviniendo personalmente en todas en el espacio de los mismos siete años que le suponen oprimido y aprisionado en la indigna esclavitud de tan torpe afecto? Pero como la sencilla narración de los sucesos son los más sólidos instrumentos, que se derriba hasta los cimientos la inconstante y vana máquina de esta ficción, su narrativa solo basta para echarla por el suelo, sin que queden en él ni aún ruinas ni señales de que tuvo nunca subsistencia.[47]

Although emotional in his defense of Alfonso VIII, the Marqués does not concur with Colmenares, who, to a great extent, bases his position on the silence of Rodrigo and Lucas de Tuy:

> ...pues no parecería irregular, aunque hubiese sido cierta, la omitiesen entrambos prelados, si escribieron al tiempo mismo en que vivían tantos hijos y nietros suyos, que precisamente habían de sentir se obscureciese, introduciéndolas en sus historias con semejante desdoro la merecida fama de tan gran príncipe.[48]

Flórez, in his *Memorias de las reinas cathólicas*[49] (1761), also denies the historicity of the legend in his chapter: "De la judía, que se dice amiga de Don Alfonso VIII:"

> A este excelentísimo rey don Alfonso ofendieron incautamente los autores, que sin reparar en la plausible continencia y christiandad de su religioso corazón, le atribuyeron unos indecentes y escandalosos amores con una amiga tan favoricida de la naturaleza en la beldad corporal, quanto fea en el espíritu; judía en la secta, *Raquel* en el nombre, toledana en la patria, reina en el corazón del Rey,

---

[47] *Ibidem*, p. 69.
[48] *Ibidem*, p. 68.
[49] P. Mro. Fr. Henrique Flórez, *Memorias de las reinas cathólicas, historia genealógica de la Casa Real de Castilla, y de León, todos los infantes: trages de las reinas en estampas: y nuevo aspecto de la historia de España*, I-II (Madrid: por Antonio Marín, 1761).

> a quien pintan tan ciego en el amor de la hebrea, que por
> ella dicen se olvidó de la propria muger en los principios
> de su desposorio, cerrándose no menos que siete años en
> Toledo con la Judía, sin acordarse de sí, ni de su reino, con
> tan soberbio escándalo, que resolvieron los señores matar
> a la infeliz, como lo executaron.
>
> Esta es una novela mal fingida, publicada con otras en
> la *Chrónica general,* resumida de allí por los que no saben
> discernir las fuentes de los charcos; sin encontrarse apoyo
> en los escritores coetáneos, y por tanto nacida de inven-
> ciones vulgares, que introducen aventuras de caballería por
> historias, añadiendo circunstancias de capricho, como prac-
> ticaron en el caso presente, revistiéndole con la aparición
> de un ángel, que en Illescas dicen habérsele aparecido al
> Rey, reprehendiéndole del mal que había hecho.[50]

He bases his position on the silence of the two prelates and then presents Leonor's child-bearing as more supporting evidence: "...pues los cinco hijos que con éste van referidos [up to the birth of Henrique, in 1182], nacieron con 2 años intermedios de uno a otro: y entre el segundo y tercero mediaron siete años, en que ignoramos si nacieron más hijos..."[51] He concludes:

> Los hijos que Doña Leonor dio a luz en los primeros
> años de su casamiento desvanecen los desvíos del Rey, y
> los extremos de dolor que por la Judía fingieron y publi-
> caron algunos en la Reina...[52]

The use of the name Raquel, the account of the love affair's having transpired right after Alfonso's marriage and this allusion to the sufferings of the Queen all seem to indicate acquaintance with either of Lope de Vega's two treatments of the legend.

The traditional account of the love affair was accepted as historical by Amador de los Ríos in 1843.[53] In a later, more complete study (1875),[54] he modifies his position, classifying the seven year

---

[50] *Ibidem,* p. 412.
[51] *Ibidem,* p. 399.
[52] *Ibidem,* p. 413.
[53] D. José Amador de los Ríos, *Estudios históricos, políticos y literarios sobre los judíos de España* (Madrid, 1848), p. 30, n. 6.
[54] Amador de los Ríos, *Historia social, política y religiosa de los judíos de España y Portugal* (Madrid, 1875), pp. 334-6.

period as hyperbolic. His defense of the historicity is based on the fact that Alfonso X and Sancho IV (whom he supposed to be the authors of the accounts in the *Crónica general* and in the *Castigos e documentos*) would not have denigrated their own ancestor if it had been possible to avoid doing so. He also explains that the silence of the prelates was founded upon their fear of "no ser aceptos a doña Berenguela y a don Fernando."[55]

The first point can almost certainly be refuted by findings which indicate that the first appearance of the legend was the work of *redactores* and added after the death of these two descendants of Alfonso VIII.

The authors of two other treatises on the Jews in Spain present divergent accounts of the legend.

Fernández y González,[56] having emphasized the great favor enjoyed by the Hebrews since the time of Alfonso VI, states:

> Mientras crecía el bienestar de la población hebrea, merced a las instituciones y privilegios con que la honraba y favorecía el padre de doña Berenguela, cundía en el pueblo cristiano la mala voz y fama de que sacrificaba sus deberes como rey y sus respetos de cristiano en las aras del amor, en que le tenían aprisionado los seductores encantos de la bellísima hebrea a quien llamaron doña Hermosa. El descalabro de Alarcos en 1195 pareció justificar las hablillas del vulgo, quien vio en tal desgracia la intervención del omnipotente para castigar el extravío del soberano. Ni fue pequeña fortuna para los hebreos españoles el que, concitado el encono solamente contra la hermosa judía, no se intentase vengar el desastre en sus pacíficas aljamas.[57]

The account of Graetz, in his *Volkstümlichte Geschichte der Juden*,[58] is most interesting:

---

[55] *Ibidem*, p. 336.

[56] Francisco Fernández y González, *Instituciones jurídicas del Pueblo de Israel en los diferentes estados de la península ibérica desde su dispersión en tiempo del Emperador Adriano hasta los principios del siglo XVI* (Madrid, 1881).

[57] *Ibidem*, p. 74.

[58] Heinrich Graetz, *Volkstümlichte Geschichte der Juden*, I-III (Berlin-Wien, 1923).

> Dieser Fürst [Alfonso VIII], welcher mit einer englischen Prinzessin verheiratet war, hatte nämlich ein offenes Liebesverhältnis mit einem schönen jüdischen Mädchen Rahel, das von ihrer Schönheit den Namen Formosa führte. Das Verhältnis dauerte sieben Jahre. Plötzlich überfielen Verschworene einst die schöne Jüdin auf ihrer reichgeschmückten Estrade, töteten sie im Beisein des Königs und mit ihr ihre Freunde. Bei dieser Gelegenheit mag auch ein Auf lauf gegen die Juden stattgefunden haben, in welchem Abraham Ibn-Daud umkam.[59]

Un precedented elements such as the assassination's taking place in the presence of the king and the suggestion that the death of this influential Jew may have come about as a result of the uprising against Alfonso's concubine might possibly mean that Graetz consulted a source of the legend which is unknown to us. On the other hand, his inclusion of the name of Rahel would also seem to indicate a tendency to blend without warning literary elements and historical fact.

Of all the arguments advanced to disprove the historicity of the legend, the most vehement as well as the least reasonable is that of Fidel Fita.[60] Before presenting his evidence, this scholar clearly exhibits how poorly informed he is concerning this segment of his study:

> Respirando por todos sus poros la más crasa ignorancia histórica, obtuvo este infeliz relato, que pusieron en tela de juicio el P. Juan de Mariana y el historiador de Segovia D. Diego de Colmenares, sobrada boga en la opinión vulgar con las redondillas [!!!] armoniosas del *Romancero* de Durán y las brillantes tragedias debidas al estro poético de D. Martín de Ulloa [!!!] y D. Vicente García de la Huerta.[61]

Fita's startling proof is the absence of the name, "Fermosa," from all of the 76 Hebrew epitaphs published by Luzzato.[62] The basic

---

[59] *Ibidem*, II, p. 466.
[60] R. P. Fidel Fita, "Elogio de la Reina de Castilla y esposa de Alfonso VIII, Doña Leonor de Inglaterra," (Leído en la Junta pública de 1.º de Noviembre de 1908). *Memorias de la Real Academia de la Historia*, XII (Madrid, 1910).
[61] *Ibidem*, p. 427.
[62] *Ibidem*, p. 428, n. 2.

fallacy of this argument is discovered by a glance at references to the Jewess in the first three chronicles. In the *Primera crónica general* she is not named and in the *Crónica de 1344* she earns the adjective, "fermosa," which, not until two centuries later, is then capitalized and transformed into an epithetic appelation in the Ocampo edition.

Cirot,[63] in view of the inadequacy of accessible evidence, limits himself to denying that the hypothetical love affair could have lasted seven years.

Cotarelo y Mori believes that "...este asunto de la judía es una leyenda, un cuento forjado... para explicar la enorme derrota de Alarcos."[64]

Menéndez Pelayo, recognizing the insoluble problem presented by this investigation of historicity, relies on psychological and theoretical considerations rather than feeling the necessity to accept or reject the traditional accounts. He concludes, criticizing the historians "...poseídos de excesivo celo apologético por la memoria de Alfonso VIII:"[65]

> Nada de esto implica contradicción, dada la flaqueza humana, y si acaso parece demasiado largo el plazo de los siete años que la *General* impresa marca para estos amores, redúzcase a *siete meses,* como quiere el *Valerio de las hystorias.* Al cabo /89/, lo que hay de más inverisímil y de más afrentoso en el cuento, no es que el Rey se prendase de una judía muy hermosa, sino que los ricos hombres de Castilla se conjurasen para asesinar a una infeliz mujer.[66]

Conclusions:

We have seen that our legend was injected into Spain's historical literature at an undetermined date and by an unknown hand. Lacking a true primary source, it gradually became amplified and embellished in successive treatments. With our earliest accounts all at a distance of a number of generations from the period of the

---

[63] *Loc. cit.,* p. 305.
[64] *Op. cit.,* p. 75.
[65] Marcelino Menéndez Pelayo, "Las paces de los reyes y Judía de Toledo," *Estudios sobre el teatro de Lope de Vega,* IV (Santander, 1949), p. 88.
[66] *Ibidem,* pp. 88-9.

hypothetical love affair, it seems fruitless to speak of one set of details as being more valid than another. For us, the affirmation of a seven month duration found in the *Crónica de 1344* contains every bit as much —or as little— historical truth as the seven year period offered by the *Primera* or *Tercera crónica general;* and neither can bear more weight than the primitive and sparce reference to an ignominious love cited in the *Castigos e documentos*. This very diversity of detail aids us in obtaining a fair perspective of the problem, which was quite a difficult task for the early historian-critic.

The account contained in the Ocampo edition was virtually the only one known until the twentieth century. Although backed by the prestige of its supposed author, this version seemed impossible to believe, almost exclusively because it spoke of the total inactivity of Alfonso for the extremely long time of seven years. In reaction to this apparently absurd detail, much evidence has been adduced; evidence which conclusively supports the only justifiable point of centuries of criticism. That is, Alfonso would not have been able to give seven years of undivided attention to the Jewess.

Self-appointed apologists of Alfonso VIII have, however, been presumptuous in their attempt to vindicate him further. Their arguments against the possibility of the love affair itself can be reduced to three:

1. The fact that Leonor bore children in the first years of her marriage (cf. Flórez: "Los hijos que Doña Leonor dio a luz en los primeros años de su casamiento desvanecen los desvíos del Rey...").[67] Also, the existence of dated documents and battles which show the continuous activity of Alfonso.

2. The silence of the *Toledano and of the Tudense*.

3. The noble concept of what the religiosity and morality of a Spanish king must have been.

With respect to point number one, it would seem rather presumptuous to infer that the love affair would have to have transpired immediately after the royal wedding in Burgos — unless, of course, this is affirmed by a document unknown to us. The sources which

---

[67] See p. 27.

we might classify as "primary," contain the following chronological information about the love affair:

> *Castigos e documentos:* Por siete años que viscó mala vida con una judía en Toledo, diole Dios grand llaga e grand majamiento en la batalla de Alarcos.
>
> *Primera crónica general:* ...este rey don Alffonsso... ouo de fazer pesar a Dios en siete [años] que moro en la judería de Toledo [con u]na judia despendiendo y mal so [tienp]o. Et deste peccado ouo Dios grant [sanna] contra el, et fizole ueer en uision [de co]mo gelo querie calomiar, la cual [uisio]n uio el en Yliescas una manna[na] en amaneçiendo a dos annos [despu]es de la batalla de Alarcos.
>
> *Crónica de 1344:* Despues que el rrey Don Alfonso fue casado como ya oystes estouo en burgos quanto tienpo le plogo. y despues fuese para toledo con su muger / y estando y vido vna judia muy fermosa y pagose tanto della que dexo la rreyna su muger y ençerrose conla judia...
>
> *Tercera crónica general:* Pues el rey don Alfonso ouo passados todos estos trabajos en el comienço quando reinó e fue casado segun que auedes oído / fuese para Toledo con su muger doña Leonor: e estando y, pagóse mucho de una judía...

The first two accounts merely place it before the battle of Alarcos and the last two, after the return from Burgos. It would seem that the historians had liberally interpreted the last text cited (probably their only contact with the story); nothing in the known historical sources indicates that the love affair had to transpire during the first years after the marriage.

The silence of the prelates is the most valid of the three points. However, as has been mentioned, perhaps this silence was enforced by Alfonso himself and then by his successors. If the love affair had been historical and in complete conformity with the Ocampo account, it would undoubtedly have drawn comment from these writers. But it is quite possible that they would not have impugned Alfonso for a concubinage which hindered neither his political nor conjugal activity.

Aside from the chauvinistic motivation of point three, it also seems to be founded precariously upon a conception of the Middle

BIRTH AND DEVELOPMENT OF THE LEGEND 33

Ages which fails to take into account the roughly hewn features of the period and its probable laxity with respect to morality and religious reprehension.

In summary, our investigation of the historicity of the legend is limited to findings which deny only that Alfonso could have experienced seven years of political and conjugal inertia while involved with a concubine.

The accumulation of popular elements through the oral transmission of ballads and the imaginative invention of *redactores* seems to have played a large part in the development of the legend. We are able to trace our way back from some more elaborated elements to their primitive forms, but there we are forced to halt. It is empirically impossible, on the basis of accessible evidence to prove or to disprove the historicity of the legend of the Jewess of Toledo. The only justifiable conclusion seems to be that Alfonso's love for such a woman would not have been impossible.

For the reader who is seeking his personal interpretation of this problem, he may turn on the one hand to the silence of the prelates and, on the other, to the literary boastfulness of Alfonso: "¿Qué no puede un rey?"[68]

Having made our last sounding in the empirical world of historical fact, let us now turn to the world of literary creation, in which the prime concern will not be the historicity of the love affair but rather its innate human interest content and the multiple interpretations it has continued to inspire for more than four centuries.

---

[68] See our edition of *Las paces de los reyes*, v. 1488.

PART II
LITERARY TREATMENTS OF THE LEGEND

Chapter I

IN SPANISH LITERATURE BEFORE LOPE'S

LAS PACES DE LOS REYES Y JUDÍA DE TOLEDO

Although the didactic illustration of the *Libro de castigos e documentos* has at times been considered more literary than historical, the honor of being the first to create a literary work inspired exclusively by the legend of the Jewess of Toledo belongs to Lorenzo de Sepúlveda.

First published in 1551, the *Romance del rey don Alfonso y de la Judía*[1] is also included as number 928 in the collection of Durán,[2] where the orthography has been modernized and the title slightly altered to: *Amores de Alfonso VIII con la hermosa judía*.

In view of the chronological primacy of this treatment of the legend, we present it, in its original form, in entirety:

Romance del rey don Alfonso y de la Judía

> Muerto era esse buen rey
> don Sancho el desseado
> gran llanto se fizo en Castilla
> que era de todos amado
> su hijo el octauo Alfonso
> sus reinos auíe heredado

---

[1] Lorenzo de Sepúlveda, *Romances nuevamente sacados de historias antiguas de la crónica de España* (Anuers: Casa de Iuan Steelfio, 1551): Facsimile edition by Archer M. Huntington [New York: DeVinne Press, 1903].

[2] Durán (ed.), "Romancero general o colección de romances castellanos anteriores al siglo xvii," *B. A. E.*, XVI, p. 11.

esse que venció en las nauas
de Tolosa al rey pagano
esse Miramamolín
de Marruecos tan nombrado 10
aunque el rey es muy pequeño
los grandes de su reinado
allá en Ingalaterra
al rey lo tienen casado
con hija de don Enrrique 15
que della es rey coronado
en Burgos se hazen las bodas
muchas gentes se han juntado
muy ricas fueron y honradas
por ser tal el desposado 20
el rey con la su muger
a Toledo auíen llegado
el amor como es tan ciego
al rey lo auíe engañado
pagóse de una judía 25
della estaua enamorado
fermosa auía por nombre
quádrale serle llamado
oluidó el rey a la reina
con ésta se auíe encerrado 30
siete años estauan juntos
que no se auíen apartado
tanto la amaua el rey
que a su reino auíe oluidado
de sí mismo no se acuerda 35
los suyos han acordado
de poner recado en ello
en fecho tan feo y malo
acuerdan de la matar
por su señor cobrado 40
porque lo tienen perdido
y les será bien contado
fueron donde estaua el rey
con la judía en su cabo
los unos hablan con él 45
los otros auíen entrado
donde la judía estaua
sobre un muy rico estrado
mataron la luego allí
y a los que han con ella hallado 50
el rey supo su muerte
triste estaua y muy cuitado

no sabía qué se hiziesse
que el amor demasiado
quel tenía a la judía   55
lo ha de seso enagenado,
sus vasallos lo consuelan
a Illescas lo auíen lleuado
estando el rey una noche
en la su cama acostado   60
cuidando en la judía
un ángel le auíe hablado:
Aun cuidas le dixo Alfonso
en el tu graue pecado
Dios de ti gran deseruicio   65
de tu maldad ha tomado
no fincará de ti hijo
mas hija te aurá heredado
procura de a Dios servir
porque te aya perdonado.   70
Ángel respondió el rey
ante Dios sé mi abogado
yo conozco mi maldad,
conozco que he errado.³

It is seen immediately that the *Tercera crónica general,* the version of the *Crónica general* edited by Ocampo, has served as the source of the *romance*.⁴ Sepúlveda admits having drawn his material "a la letra de la crónica que mandó recopilar el sereníssimo señor rey don Alfonso... el sabio,"⁵ and also makes sincere use of the literary protocol of his day, confessing his lack of talent (which is vividly demonstrated by his poem): "...acorde de tomar este pequeño trabajo, aunque para mi ingenio muy grande, por no ser dotado de tan buen talento como la obra preferente demanda."⁶

The consonantal rhyme, except for verses 8, 38 and 44, which rhyme in assonance, hypermetric verse 3 and the overly simple rhyme in *-ado* all indicate the ineptitude of this poet.

---

³ Sepúlveda, *Romances nuevamente sacados,* pp. 144-5.
⁴ Arthur Edgar Levey, *The Sources of the Ballads by Lorenzo de Sepúlveda* (Chicago, 1939), p. 2: "Of the hundred forty-odd [149] ballads in the 1551 edition, 101 derive from the *Crónica general.*" For his investigation, Levey uses Ocampo, edition of Sebastián de Cañas; Valladolid, 1604.
⁵ *Op. cit.,* p. 2. The Ocampo edition was known as the *Primera crónica general* until the latter was edited by Menéndez Pidal in 1906. See pp. 15, 19.
⁶ *Ibidem.*

In many cases, Sepúlveda reproduces the words of the *Crónica* almost verbatim, limiting his modifications to those demanded by the metre:

Tercera crónica general	Sepúlveda
"pagóse mucho de una judía"	"pagóse de una judía" (25)
"que auíe nombre Fermosa"	"fermosa auía por nombre" (27)
"como pusiesen algun recado"	"de poner recado en ello" (37)
"los unos fabraron con el rey"	"los unos hablan con él" (45)
"non sabíe qué se fiziesse"	"no sabía qué se hiziesse" (53)
"E allí estando el rey en la noche en su cámara cuidando en la judía"	"estando el rey una noche" (59) "en la su cama acostado" (60) "cuidando en la judía" (61)

The Jewess receives a name in the nineteenth book of the *Jerusalén conquistada*,[7] Lope de Vega's most ambitious contribution to the epic genre. The work is comprised of twenty books and is written in *octavas reales*; thus, in structure, an exact imitation of Tasso's *Gerusalemme Liberata*.

Published in 1609,[8] the poem must have been near completion years earlier, as indicated by a letter of Lope to the Duke of Sessa, dated September 3, 1605, in which he says of the *Jerusalén*: "...es cosa que he escrito en mi mejor edad y con estudio diferente que otras de mi jubentud, donde tienen más poder el apetito que la razón."[9] Apparently, Lope considered this one of his most important works. There is little doubt that he labored on it for years, but the finished product has been harshly treated by critics.[10]

---

[7] Lope Félix de Vega Carpio, "Jerusalén conquistada, epopeya trágica," *Obras sueltas*, XIV, XV (Madrid, 1777).

[8] Lope de Vega, *Jerusalén conquistada, epopeya trágica* [Madrid: Imprenta de Juan de la Cuesta, 1609].

[9] Cited by D. Cayetano Alberto de la Barrera y Leirado, *Catálogo bibliográfico y biográfico del teatro antiguo español, desde sus orígenes hasta mediados del siglo XVIII* (Madrid, 1860), p. 145. See also Madame Lucie-Lary, "La 'Jerusalén conquistada' de Lope de Vega et la 'Gerusalemme liberata' du Tasse," *Revue des Langues Romanes*, XLI (1898), p. 168.

[10] See D. Manuel José Quintana, "Sobre la poesía épica castellana," *B. A. E.*, XIX, pp. 168-170; George Ticknor, *History of Spanish Literature* (Boston, 1864), II pp. 173-175; Frank Pierce, "'La Jerusalén conquistada' of Lope de Vega: A Re-appraisal," *Bulletin of Spanish Studies*, II (1943), pp. 11-35; Ludwig Pfandl, *Historia de la literatura nacional española en la edad de oro* (Barcelona, 1933), pp. 562-564.

According to Pierce,[11] the last two books were added in 1608. In effect, there is little connection between the first eighteen books and the last two — and the last two have absolutely nothing to do with the Crusade. In another article,[12] Pierce characterizes the addition as a "desperate effort by Lope to spin out his poem to the twenty cantos... in order not to be outdone by Tasso."

The theme is the Third Crusade (1187-1192), in which the two principal characters are Richard the Lion-Hearted and Alfonso VIII. Quintana,[13] Ticknor[14] and Pfandl[15] criticize the title and the inclusion of the Spanish king.[16] In effect, Jerusalem was not recaptured by the Christians; when the Crusade ended, Saladin still reigned. Lope anticipated the objections which would be raised to the participation of Alfonso VIII in the Crusade. He points out in his prologue to the poem, as noted by Quintana,[17] that, since Alfonso's participation could not be disproved, it could have been possible. What much of the harsh criticism fails to take into account on this point is that Lope is here defending his poetic license and not attempting to pass off this work as history. The patriotic motivation, evidenced in many episodes of this epic,[18] is not by any means denied by Lope, as we see in his prologue:

> Y basta para mi intención, que aún en Italia fue culpado el Tasso de no haver puesto en su Jerusalén español alguno, pues en la última impressión, en que corrigió, según él pensó, su Gofredo, puso en un alarde dos caballeros Mendozas y Toledos, como apellidos de los conocidos en España. Con esto pienso que he respondido a alguna objeción tácita de los que miran la poesía como historia... Mi primera idea fue celebrar la patria y el generoso príncipe

---

[11] Pierce, *The Heroic Poem of the Spanish Golden Age: Selections* (London, 1947), p. 66.
[12] Pierce, "'La Jerusalén conquistada' of Lope de Vega...," p. 15.
[13] Quintana, *loc. cit.*, p. 168.
[14] Ticknor, *op. cit.*, pp. 173-4. In the Spanish translation by Pascual de Gayangos and Enrique de Vedia, I-IV (Madrid, 1851) vol. II, p. 281, n., "Alonso XI de Castilla" (Ticknor had avoided the use of roman numerals and written, "Alfonso the Eighth...").
[15] Pfandl, *op. cit.*, p. 562.
[16] See our section, "Alfonso VIII — Crusader," pp. 56-57.
[17] *Loc., cit.*, p. 169.
[18] See Pfandl, *op. cit.*, p. 563.

Ricardo, que nos dio tan gran reina y señora, muger del bienaventurado Alfonso VIII.[19]

With reference to the episode of the Jewess of Toledo, the *Crónica* of Ocampo is Lope's source, as can be seen easily by comparing the following lines from the same prologue with the account of the chronicle:

> Y si alguno digesse, que cómo pudo dejar a Castilla por más de quatro años, que duró la conquista, pues por lo menos fueron tres los que estuvieron sobre la ciudad de /xviii/ Tyro: respóndese, que como pudo estar encerrado siete años con aquella hermosa Judía, por quien se olvidó de sí mismo, hasta que los grandes de su reino se la mataron, y el ángel le apareció, y le amenazó con el castigo de que ninguno de sus hijos varones le heredaría: mejor pudo faltar aquellos quatro de su reino, pues consta de todas las chrónicas de los reyes de España las treguas que tenía con los moros por tres, por seis, y por diez años...[20]

Although the Jewess is not even mentioned until book XIX, there are three other significant elements woven into the previous action:

1. In book II, Leonor is presented as the daughter of Richard. Historically, both Richard and Leonor were children of Henry II, of England. To our knowledge, Lope is the first to introduce this error in the paternity of Leonor.

2. Before departing for the Crusade, Alfonso has already defeated the Moors in the battle of las Navas de Tolosa. Historically, this battle took place in 1212, just two years before Alfonso's death.

3. The princess Ismenia, endowed with supernatural powers, offers Alfonso her love and protects him in battle, as Pallas safeguarded Achilles:

> A donde Alfonso el rojo acero esgrime,
> assiste Ismenia a defender su vida...[21]

---

[19] Lope de Vega, "Jerusalén conquistada," *Obras sueltas,* XIV, pp. xxiii, xxviii.
[20] *Ibidem,* p. xvii.
[21] *Ibidem,* p. 403.

LITERARY TREATMENTS OF THE LEGEND 43

Alfonso, now blindly in love with Leonor, pays no attention to Ismenia. The war terminated, Richard gives his daughter to his Spanish ally in marriage — a marriage which is most happy, until:

> ...por castigo del cielo al cabo de algunos años se enamora de una judía: mátansela sus vasallos provocados de Illán Pérez de Córdova: dícele un ángel que no le heredará hijo varón...[22]

This treatment introduces two new elements:
1. The assassination of the Jewess is developed and dramatized for the first time.

When the nobles are about to slay her, the girl meets them with arrogance. Then, her courage fails and she begs them to spare her life, having first protested that her love for the king could not have the tragic outcome of that of the love of Rodrigo and Florinda:

> Llevadme desde aquí donde no sea
> vista del Rey, passadme a tierra estraña;
> no me passéis el pecho, hazaña fea,
> que os ha de hacer infames en España.[23]

Her extreme beauty is not quite enough to deter the assassins from their resolution, but it forces Beltrán to exclaim:

> cubre con essa toca el rostro hermoso,
> hará nuestro rigor menos injusto;
> ni verás muerte en tal fealdad teñida,
> ni quitaremos tan hermosa vida.[24]

Finally, upon seeing that there is no salvation possible:

> Oh fieros, dixo, a quien piedad no mueve
> de una mujer! y descubriendo el pecho,
> apuntaron al blanco de su nieve,
> mas no le erraron, que era corto el trecho:
> de cuya esphera en un instante llueve
> sangriento aljófar de coral deshecho,

---
[22] *Ibidem*, vol. XV, p. 262, *Argumento* of Chapter XIX.
[23] *Ibidem*, p. 299.
[24] *Ibidem*.

> que el vestido y alfombras del estrado
> dejó en caliente púrpura bañado.[25]

For the first time, we have more than the mere one-sided relation of retribution and punishment. For the unbeliever and the cause of a king's perdition, Lope has substituted a woman, one who loves strongly and one who is afraid to die. The Jewess here receives her first personality and, for the first time, the account of her death inspires pity.

2. The more important innovation is the naming of the Jewess:

> Llamábase Rachel, que aun quiso el cielo,
> que la imitasse en nombre y hermosura,
> y fuesse el Rey Jacob...[26]

The seven year periods which Jacob spent in the service of Laban, his marriage to Leah before meriting Rachel, and the latter's great beauty surely represent enough parellelism with the Spanish legend to have influenced Lope in the use of this name.

---

[25] *Ibidem.*
[26] *Ibidem,* p. 292. For the biblical story of Jacob and Rachel, Genesis 29:6 - 35:20.

Chapter II

LOPE'S

LAS PACES DE LOS REYES Y JUDÍA DE TOLEDO

A. INTRODUCTION

The third literary treatment of the legend is also a contribution of Lope de Vega, whose play, *Las paces de los reyes y Judía de Toledo*[1] was published for the first time in the *Séptima parte* of his *comedias* in 1617.

It is interesting to note that the Fénix should have been the first to give the legend dramatic form, thus initiating it in the genre which was to prove to be the most adequate for the exploitation of its human and tragic qualities.

We include in this section commentaries which enable the reader to consider the chronological importance of this treatment in the literary trajectory of the legend. More technical aspects are remitted to the end of the study and discussed with direct relation to our edition of the play.

B. ANALYSIS

ACT I. Esteban Illán and Manrique urge the citizens of Toledo to serve the young Alfonso rather than his ambitious uncle, Fernando de León. Fernán Ruiz and Lope de Arenas appear and declare that they will not relinquish the Alcázar and the castle of Zurita until, as specified in the testament of Sancho el Deseado, Alfonso reaches the age of fifteen. Alfonso is seen in the tower of

---

[1] We cite by verse number from our edition, pp. 134-234.

San Román and acclaimed by the populace. Fernán Ruiz surrenders the Alcázar, but Lope de Arenas is obstinate in his refusal (vv. 1-146).

Costanza, wife of Lope de Arenas, while talking with Dominguillo, their servant, hears that her husband is on the way home from Toledo, where Alfonso has appeared and claimed his throne. Dominguillo conceives the treacherous plot of delivering the impregnable castle to Alfonso (vv. 147-242). Alfonso is proclaimed king, receives his sword from the statue of Santiago and takes an oath to recover all of his kingdom from the Moors. Don Nuño suggests the advisability of first recovering the property held by Alfonso's own subjects, while the young king remains in safety, amusing himself. This insinuation of his incapacity for great deeds throws Alfonso into a show of bravado and the nobles, overcome by his precocity, declare their determination to follow Alfonso el Bueno (vv. 243-381). The arrival of Alfonso and his forces interrupts a love dialogue between Lope de Arenas and Costanza, who remain calm, however, confident of the castle's ability to resist all assault (vv. 382-623). Alfonso proposes a truce, but, while his ambassador is inside the stronghold, Dominguillo slips out and promises delivery of the castle in return for a pension. Alfonso agrees, in spite of his aversion to the death of Lope de Arenas as the means to his victory. The valiant Pero Díaz volunteers for the mock skirmish with Dominguillo, in which he is wounded in the sight of Lope. Dominguillo flees to the castle and Alfonso honors the wounded volunteer (vv. 624-753). Dominguillo, praised by Lope for his valor, treacherously kills his unsuspecting master with a javelin and returns to Alfonso for his reward. The King, to the astonishment and admiration of all, awards Dominguillo the pension and, in addition, orders that his eyes be removed. As if the loose ends of a whole *comedia* were being tied together, Alfonso, after disposing of Dominguillo, makes Pero Díaz *alcalde* of Zurita and announces the new alcalde's marriage to Don Lope's widow as Act I ends (vv. 754-944).

A time lapse of a number of years.

ACT II. While awaiting the return of the court from Burgos, where Alfonso has just married Leonor, daughter of Richard, King of England, Garcerán Manrique relates to don Illán the salient details of Alfonso's life since the taking of Zurita; notably, his participation in the Crusade led by Richard (vv. 945-1028). The royal couple is received by Toledo. Alfonso arranges to go with Garcerán that afternoon to stroll along the banks of the Tagus (vv. 1029-1119). Raquel and her sister, Sibila, appear on those very banks, where they intend to bathe. They comment on the new queen and Raquel declares the attraction Alfonso exerted upon her (vv. 1120-1199). The King and Garcerán catch sight of the beautiful Raquel while she is bathing. Alfonso, overcome by her physical charms, sends his confidant after her and, while Garcerán is gone, learns from the gardener, Belardo, that the girl is of a rich Jewish family. Garcerán returns with the news that the girl is now in the palace of Galiana, awaiting Alfonso. Garcerán tries unsuccessfully to dissuade the King from his imprudent project (vv. 1200-1495). An absence of Alfonso from the *alcázar* has worried Leonor. She begins to write a letter to Alfonso, declaring her jealousy, and does not observe the entrance of the King. He reads the letter, declares that her jealousy is unfounded and falsely reaffirms his love for the Queen. He then insultingly disbands a group of loyal subjects who had volunteered to wage battle against the Moors and plans to hasten to his rendez-vous with Raquel (vv. 1496-1696). Raquel's father and brother come to the palace gardens to see her. David predicts the tragic death of his daughter as a result of the Queen's jealousy (vv. 1697-1794). Alfonso is impeded by a spectre as he attempts to enter the palace. Upon hearing the warning given him, Alfonso attributes the apparition to the witchcraft of his jealous wife and, when Garcerán arrives, enters the palace (vv. 1795-1904).

ACT III. The nobility of Toledo has been assembled by Leonor, who defies them to kill the Jewess and liberate their king from his seven-year captivity. The nobles, shamed by the Queen and by the *Infante*, Enrique, determine to kill Raquel (vv. 1905-2144). While fishing, Raquel and Alfonso catch, respectively, a skull and an olive branch, which Belardo interprets as a sign of the impending death of the King's beloved and the resulting 'paces' of the royal family (vv. 2145-2315). The members of the conspiracy enter the gardens after Alfonso has departed. They are seen by Belardo, who hastens to warn Raquel. There is not enough time to escape and both she and her sister are slain (vv. 2316-2458). Alfonso, when told of Raquel's death, swears vengeance and departs, desconsolate, for Illescas (vv. 2459-2536). The nobles urge Leonor to follow the King, as the only means of reconciliation. An angel appears to Alfonso, reprimanding him for his sin. The King repents and, after a recognition scene in the cathedral, Alfonso and Leonor once again unite in a love that is sanctioned by the total pardon of the Queen. The complete entourage departs for Toledo to organize fiestas of celebration as the play ends (vv. 2537-2796).

C. CHARACTERS

The intervention of many characters holds little or no psychological significance. The nobles, with the exception of Garcerán, are always zealous and loyal within their own sincere convictions. Their hinted apathy to Alfonso's extended confinement with Raquel here serves as little more than a background for the resolution taken by the Queen at the beginning of the third act.

The child king of the first act is, as Vossler very well puts it, "inverosímilmente precoz, con listeza de viejo y ganas de ser grande, como la miniatura de una persona mayor."[2] Of course, royal stock was expected to have innate qualities of valor, humility, determination, discretion and sagacity, all of which are displayed by the prodigy of this act. Lope's personal touch to this interpretation is the precocious amorous sensibility hinted at in Alfonso's scene with Elvira (vv. 315-334) and in the one with Costanza (vv. 558-628). The haughty *Infante* and tender son of the last act, who is even more unlikely, could also be considered at this time. Both are striking little men but neither portrayal contains much life or truth: they are little more than mirrors monotonously reflecting the ideal kingly qualities and virtues.

Dominguillo serves as a fair example of how interest can get the better of a man's instincts of gratefulness and loyalty. The momentary hesitation at the thought of his proposed treachery towards his benefactor is instantaneously swallowed up in the wake of the servant's elementary philosophy:

Lo vivido ya pasó,	231
lo que falta es lo que importa...	232

---

[2] Carlos Vossler, *Lope de Vega y su tiempo* (Madrid, 1933), p. 342.

Once again, this character is a component of a class rather than an individual. Dominguillo identifies himself with the thief within the house (v. 541) and Costanza, in her recriminations, strikes out at all men of low birth (v. 850) and at the feigned friend (vv. 860-862).

Garcerán must, by virtue of his role, be a more complex character than any of those we have already mentioned. If he were merely a noble, his actions would either be limited by a set code of honor or they would take the form of insincere flattery. Garcerán can not remain oblivious to the King's 'devaneo'. His ties to the King since childhood seem to make him seek Alfonso's redemption within the framework of this personal relationship. When rebuked by the King for precisely this (vv. 1279-80, 2582-4), and when it is clear that counsel will achieve nothing (1671-95), Garcerán subordinates his principles to obedience. Aroused by the unjust accusal directed at him by the Queen and tacitly expressed by the nobles, the King's confidant realizes the necessity for drastic action and takes sides with the future assassins of his master's mistress, wrenching out of his conscience the final resolution of his divided loyalty:

> ... para el remedio estoy dispuesto.   2110

The mature, or, perhaps, simply older Alfonso is not convincing as a dramatic personage. In line with traditional treatments of the theme and, actually, as a necessary aspect of the legend, the King can be little more than a victim of supernatural forces. His downfall must be attributed to a type of enchantment exerted by Raquel which prevents the realization of what the child king had promised in the first act. The qualities of deceit, uncontrollable desire, fear, and passionate illicit love which the entranced Alfonso displays seem isolated and keep him from having a real personality. The sudden repentance likewise adds nothing to the portrait of Alfonso, who is like a weather vane in all the important changes he undergoes.

David, in a dialogue with his son, is portrayed as the wise Jew, hardened by experience and fully conscious that evil can breed no good. He sums up the situation in few words and predicts the fate of his daughter in a manner which convincingly seems to stem from a valid deduction of his wisdom rather than from any necessity dictated by the plot.

Leonor remains in our memory mainly as the woman who, having withstood the pains of jealousy as long as possible, strikes ruthlessly to snuff out the rival to her happiness and redeem her bewitched husband. Less Queen than woman, like most of Lope's Queens, Leonor is dynamic in her scene with the nobles. Her recriminations and insinuations are bitter and cutting and her determination is unwavering. The nervous pitch attained in this scene has been justly praised by de Latour.[3] It presents a Leonor exacerbated by unwarranted suffering and seeking in her vengeance, perhaps even more than the repossession of her husband, the redemption of her beloved Alfonso.[4]

The Jewess of Toledo is here humanized by Lope. The impertinence of her ideas in the second act should be interpreted as the expression of an impetuous, young, expansive nature. As unconventional in her statements as she is in her beauty, Raquel promises to be apt for the impulsive love affair to follow. Apprehensive in the fishing scene, she reveals with her dying words the sincerity and profoundness of her love for the King:

>   Muero en la ley de mi Alfonso;   2435
>   testigos los cielos sean.
>   Creo en Cristo, a Cristo adoro.   2437

Lope's intended plan for the sympathetic portrayal of Raquel is clear; but the fishing scene is not successful enough in showing her spiritual growth and does not prevent the final stage of her development from coming as a complete surprise. Ultimately, how-

---

[3] Antoine de Latour, *Tolède et les Bords du Tage* (Paris, 1860), p. 254: "...le cri de cette femme, de cette reine, est plus espagnol encore, et comme il sort de l'âme il va d'abord à l'âme. Ce discours, je disais mieux, ce cri est toute la pièce."

[4] See Vossler, *op. cit.*, p. 307 and E. H. Templin, "The Mother in the Comedia of Lope de Vega," *Hispanic Review*, III (1935), pp. 219-44. Templin discusses *Las paces de los reyes* under his 'Classification according to Plot-Incidents and Motifs,' in the sub-section no. 2, 'Miscellaneous Comedias Containing Suitors and Wronged or Persecuted Mothers.' He does not mention it in the third part of his study, 'Classification According to the Character of the Mothers,' Although the comments he devotes to 'paciencia' and 'valor' (pp. 231-6) could very well be studied with relation to Leonor, especially as an interesting contrast to the example he cites from *La reina doña María* (p. 236, n. 76).

ever, her only guilt is that of beauty and we do feel compassion at her fatal end, increased considerably by her disinterested conversion to Christianity.

... ...

BELARDO. Lope appears once again under his favorite pseudonym.[5] Results of Cossío's study[6] show that Belardo, who appears in *Las paces de los reyes* as a gardener, is most frequently presented as a rustic[7] and that Lope's personal intervention as Belardo was less common as the poet grew older.[8] Rennert and Castro[9] cite vv. 1332-1335, 1340-1341, saying that Lope without doubt is here alluding to himself. All of the significant speeches of Belardo are, of course, Lope's own intervention. Cossío cites vv. 1392-1415 as an indication of the "carácter propiamente satírico"[10] of Belardo.

The brief series of observations by Montesinos[11] on Belardo is helpful in considering this period of Lope's life. Discussing his portrayal in *El cuerdo loco* as an "enamorado, lleno de experiencias dolorosas y dadivoso hasta el extremo de que no tiene mejor día que el 'que hay huéspedes en casa'," he goes on to state:

> Las alusiones a su vida literaria y a sus desengaños son más tardías: confesiones a veces enternecedoras, como las

---

[5] Morley, in his review of Cossío's, "Lope, personaje de sus comedias," *Hispanic Review*, XVIII (1950), p. 269, points out that 64 of Lope's authentic *comedias* contain the figure Belardo.

[6] José María de Cossío, *Lope, personaje de sus comedias. Discurso leído el día 6 de junio de 1948, en su recepción pública*. Real Academia Española (Madrid, 1948). Morley, in his review, *loc. cit.*, p. 269, criticizes the following statement: "...jamás aparece en escena como personaje ridículo. Tan sólo en una comedia, *El esclavo de Roma*, hace un papel de gracioso, exhibiendo ante la temerosa cacería de fieras un miedo afectado para hacer reír. Esta excepción, declarada, me autoriza para usar el término absoluto que he empleado. Belardo siempre es un personaje serio y razonable, que se comporta con gravedad y postulando el respeto, y no ofreciéndose nunca a la risa o la chacota del espectador" (p. 74). Morley states in n. 3 that Belardo is also a comic figure in *Las paces de los reyes* and in *Si no vieran las mugeres*. We also point out the actual fear and flight of Belardo in this play. vv. 2424-5, 2456-8.

[7] *Ibidem*, p. 22.

[8] *Ibidem*, pp. 21-2.

[9] Hugo Rennert and Américo Castro, *Vida de Lope de Vega* (Madrid, 1919), p. 304, n. 3.

[10] *Op. cit.*, pp. 66-7.

[11] José F. Montesinos (ed.), "El cuerdo loco," *Teatro Antiguo Español*, IV, pp. 188-191.

que nos muestran su anhelo de inmortalidad. Quedan atrás los años en que su arte era pasatiempo y alarde de facilidad y de talentos. Se descubren hasta en pasajes disfrazados de despreocupada jovialidad o emponzoñados por la lucha del momento:

FILENO.   ¿Qué te han hecho?
BELARDO.   Ya ¡no nada!
            con los perros desta huerta
            traigo pendencia encubierta,
            y para mí declarada.
FILENO.   ¿Cómo ansí?
BELARDO.   Yo no lo.sé.
            Después de muerto, a la fe,
            dicen que han de conocerme.
FILENO.   ¿Después te han de conocer?
BELARDO.   Mientras vivo lo procuro;
            que, después de muerto, os juro
            de no se lo agradecer.
FILENO.   Qué, ¿hay a quien tu vida pese
BELARDO.   Es la envidia mal nacida.
FILENO.   Dales buen palo.
BELARDO.   En mi vida
            hice mal, aunque pudiese.
              Todos me muerden en vano;
            que al fin de tantos destierros,
            ellos se quedan por perros,
            y yo me quedo hortelano.
FILENO.   Ahora bien, con la paciencia
            viene el remedio.
BELARDO.   Ya tarda.[12]
(*Las paces de los reyes*, vv. 1321-41.)

D. LITERARY EXAMINATION

"Source"

The Ocampo version of the *Crónica general* is the sole source of the historical data in the play. The first act follows step by step the chronicle's account of Alfonso's youthful exploits: his appear-

---

[12] *Ibidem*, p. 190.

ance in San Román; the allegiance of the nobles; the refusal of Lope de Arenas to relinquish Zurita; the treachery and reward of Dominguillo.[13] The last two acts, containing the affair of the Jewess, contain embellishments of the poet, but in no way deviate from the Ocampo account.

Of special interest is the minimum of variation in the episode at Zurita. We reproduce a comparison of Dominguillo's plot to return to the castle in safety and then include, in parentheses, sections of the *Crónica* which are used almost verbatim by Lope:

Crónica de Ocampo	*Las paces de los reyes*
...mandad a un ome qualquier que me atienda qualquier golpe que yo le dé,	Si se hallase algún soldado 666 que me sufriese una herida
...fazer les he creer que maté un ome de los buenos de la hueste.	... ... decir puedo que salí 670 a emprender aquesta hazaña.

The volunteer (...era de Toledo, que auíe nombre Pero Díaz; Cf. vv. 686, 691) wounded, Dominguillo returns to the castle where (...acaesció que Lope de Arenas se estaua afeitando e faciendo la barua...; Cf. vv. 780, 790) he kills his master. He then returns to receive the reward from Alfonso (Estonces mandó saber quánto le abondaríe para su dispensa, e para su vestir, y mandógelo cada año dar, e mandól sacar los ojos: Cf. vv. 889-902). Lope's only alteration in this act is the creation of Costanza, wife of Lope de Arenas.

"Lope and the *Romancero*"

That the creator of the Spanish national theatre reproduced and glossed freely the popular living documentary of his country's past is far from surprising. On the contrary, this intimate and pulsating relationship with his heritage, reflected both in theme and in well-integrated inlaid fragments, is precisely what generates the lyricism of Lope's 'historical' dramaturgy.

---

[13] Cf. Ocampo, fol. ccclxxxvi. Consult also, the excerpts of a later edition of the chronicle, reproduced by Menéndez Pelayo, *Estudios sobre el teatro de Lope de Vega*, IV, pp. 79-87.

In his prologue to the edition of his *ocho comedias*, Cervantes recalls that, in the theatre of Lope de Rueda, behind a curtain there were "músicos cantando sin guitarra algún romance antiguo."[14] According to Menéndez Pidal[15] and Moore,[16] the use of *romance* lines as a significant part of the dialogue and not merely as a background element, was adopted by Juan de la Cueva who, in his *Comedia de la muerte del rey don Sancho y reto de Zamora por don Diego Ordóñez* (1579), glosses "Rey don Sancho, rey don Sancho, / no digas que no te aviso..." The task of eliminating the stiffness of these incorporations and of glossing and selecting to make them suit the particular situation, without sacrificing the tradition evoked by the graftings, was left to Lope. As evidenced by Moore's findings, the poet was accustomed to this procedure and frequently employed the same *romance* in many different plays.

In *Las paces de los reyes*, we find two borrowings from the *Romancero* and a *serranilla* which Moore claims to be based on a lost *romancillo*.

In the order of their appearance in the play, they are:

I. The first eight[17] lines (vv. 1356-9, 1364-7) of one of Lope's own contributions to the *Romancero*, "Hortelano era Belardo..."[18] These lines, unchanged except for the opening word of line two, which is "de" in the original *romance*, are here converted into a

---

[14] Cervantes, *Obras completas* (Madrid, 1952), p. 179.

[15] Menéndez Pidal, *La epopeya castellana a través de la literatura española* (Buenos Aires, 1945), p. 177.

[16] Jerome Aaron Moore, *The Romancero in the Chronicle-Legend Plays of Lope de Vega* (Philadelphia, 1940), p. 7.

[17] Courtney Bruerton, "On the Chronology of Some Plays by Lope de Vega," *Hispanic Review*, III (1935), p. 248, n. 6, mistakenly claims that *four* lines of the *romance* are used in *Las paces de los reyes*: after a four line interruption by Alfonso (vv. 1360-63), Belardo sings the second group of four lines.

[18] Moore, *op. cit.*, p. 82, n. 4, gives the following references to the location of the *romance: Ramillete de flores*, 1593, fol. 23. *Flor de rom. nuev.* (Parte VI), Toledo, 1594, fol. 12. *Rom. gen.*, 1600 and 1604, fol. 153. Durán, 1580. In modern anthologies, we have found it in: Lope de Vega, *Poesía lírica, antología, prólogo, edición y notas críticas y bibliográficas de* Luis Guarner (Madrid, 1935), vol. II, pp. 300-301; Lope de Vega, *Poesía lírica*, Selección, estudio y notas por J. Manuel Blecua (Zaragoza, 1939): Blecua opens his selection with this poem, pp. 26-29; Lope de Vega, *Poesías líricas*, edición, prólogo y notas de *Clásicos castellanos*, by José F. Montesinos (Madrid, 1941), I, pp. 22-5; and Lope de Vega, *Obras escogidas*, II, pp. 290-1.

song, sung by Belardo himself, while Alfonso tries in vain to capture the gardener's attention. This seems to be the only use made of this *romance* in Lope's dramatic works.[19]

II. The *canción* of the play (vv. 1372-1375), "Yo me iba, madre..."[20] This small poem, claimed by Moore to be based on a lost *romancillo*, is glossed twice again by Lope in *La venta de la zarzuela*.[21]

III. The first two verses (vv. 1833-1834) of the warning song delivered to Alfonso near the end of Act II comprise a gloss of the *romance* from the siege of Zamora cycle: "Rey don Sancho, rey don Sancho...,"[22] with the name Sancho changed to Alfonso. Moore also detects two more subtle reminiscences in the remainder of the warning song (vv. 1835-1836, 1841-1848):

> Because of the storm, interpreted by Alfonso as possibly indicative of the wrath of God, and because of analogies to the situation of King Rodrigo and his illicit relations with a woman he saw bathing in the Tagus, one recalls the old ballad, *Los vientos eran contrarios*, (9) in which the heavens rebel as Roderick lies with La Cava, and Fortuna appears to pronounce a warning of impending danger. The voice employed by Lope concludes the warning with a thought reminiscent of a ballad of the Rodrigo cycle:

Las paces de los reyes	"Amores trata Rodrigo"
La voz:	...Por lo cual se perdió
...Advierte que por la Cava	España
A España perdió Rodrigo.	Por aquel tan gran pe-
(vv. 1847-1848)	cado ... ... (11)[23]

---

[19] See Moore, *op. cit.*, p. 155.
[20] *Ibidem*, p. 83, n.: "Juan López de Úbeda's *Cancionero y vergel de plantas divinas*, Alcalá, 1588 (B. A. E., XXXV, p. 187)."
[21] *Acad.*, III, 59a, 61b.
[22] Moore, *op. cit.*, p. 83, n. 8, locates it in Timoneda *Rosa española*, fol. 26r; Wolf, *Primavera*, 44; Durán, 777.
[23] *Ibidem*, pp. 83-4: Moore gives the following references in his notes: (9) Timoneda, *Rosa española*. Juan de Mendaño, *Silva*, II, 1588. López de Tortajada, *Floresta de var. rom.* Wolf, *Primavera*, 5a. Durán, 602. (11) *Silva*, 1557. *Canc. de rom.*, Medina, 1570. Linares, *Flor de enamorados*, 1573. Wolf, *Primavera*, 3a. Durán, 589.

The *romance* has been found in varying forms in five other chronicle-legend plays studied by Moore.[24]

"Alfonso VIII — Crusader"

In the beginning of Act II, Garcerán makes allusion to events of the *Jerusalén conquistada*; notably, Alfonso's participation in the Crusade of Richard the Lion-Hearted. While this element is the principal theme of the *Jerusalén*, it appears in this play, as indicated by Menéndez Pelayo, "tímidamente indicada,"[25] as it does likewise in *La boba para los otros, y discreta para sí*[26] and in a poem of *El vega del parnaso*.[27]

According to Menéndez Pelayo,[28] this episode is attributable entirely to the invention of Lope. The poet himself, however, in his prologue to the *Jerusalén*, cites the work of various historians who include a Spanish king in a crusade:

> Algunos autores escriben esta jornada de Alfonso al Asia; pero difie/xvii/ren en que fuesse el VI el VIII o el IX. Gilberto Genebrardo, en el 4 libro de su Chronografía dice, que el VI y Michael Rizio en la historia de los Reyes de España. Francisco Tarafa dice que el IX Mateo Palmerio y otros que el VIII.[29]

---

[24] *Ibidem*, p. 157.
[25] Menéndez Pelayo, *Estudios*, IV, p. 95.
[26] Justo García Soriano (ed.), *Obras de Lope de Vega publicadas por la Real Academia Española* (Nueva Edición), "Obras dramáticas," XI (Madrid 1929), p. 496b, Alejandro, in the beginning of the third act, while talking to Marcelo about the Crusade proposed by Diana:

> ...pues a la Santa guerra
> fueron un tiempo Francia, Ingalaterra
> y Alfonso, rey de España...

[27] Lope de Vega, *Obras escogidas*, II (Madrid, 1953), p. 242: towards the end of the "Égloga panegírica al epigrama del serenísimo infante Carlos," the shepherd Tirsi mentions the ancient Montano and the times:

> Cuando cantó las armas castellanas
> del jerosolimita Alfonso nuestro...

[28] Menéndez Pelayo, *Estudios*, IV, p. 95.
[29] Lope de Vega, *Obras sueltas*, XIV, pp. xvi-xvii.

Because of Lope's conclusion that neither Alfonso VI nor Alfonso IX could have participated:

> ...viene a ser el Octavo, porque reinaba en Castilla por los mismos años de la conquista de Ricardo, Rey de Ingalaterra. Y si alguno digesse, que cómo pudo dejar a Castilla por más que quatro años, que duró la conquista, pues por lo menos fueron tres los que estuvieron sobre la ciudad de /xviii/ Tyro: respóndese, que cómo pudo estar encerrado siete años con aquella hermosa Judía, por quien se olvidó de sí mismo, hasta que los grandes de su reino se la mataron, y el ángel le apareció, y le amenazó con el castigo de que ninguno de sus hijos varones le heredaría: mejor pudo faltar aquellos quatro de su reino, pues consta de todas las Chrónicas de los Reyes de España las treguas que tenía con los moros por tres, por seis, y por diez años...[30]

Having been able to consult, of all the authors cited by Lope, only Francisco Tarapha,[31] we discover that the historian speaks, not of Alfonso IX as Lope states, but of Alfonso VII, whom he calls Alfonso VIII.

Fernández de Navarrete[32] points out that some nobles of the court of Spain did participate in crusades, but never a king of Spain. He speaks precisely of the *Jerusalén conquistada* and criticises Lope for his departure from the historical facts.[33]

"The Supernatural"

The supernatural intervenes twice in *Las paces de los reyes*: in Act II the appearance of the shadow (vv. 1855-1870), preceded by the warning which comes from off-stage (vv. 1833-1848) and in the last act, the vision of the angel (vv. 2616-2633). Menéndez Pelayo[34] notes a similarity with the element of the shadow in *El marqués de las Navas*, *El infanzón de Illescas*, *El duque de Viseo*, and more

---

[30] *Ibidem*, pp. xvii-xviii.
[31] Francisco Tarapha, *Chrónica de España* (Barcelona, 1562), fol. 125 v., "Este rey don Alonso boluiendo de una jornada que hizo a Jerusalén, cincuenta años después que auía gozado el reino..."
[32] *Loc. cit.*, pp. 37-204.
[33] *Ibidem*, p. 87; p. 87, n. 1.
[34] Menéndez Pelayo, *Estudios*, IV, p. 95.

remotely, in *El burlador de Sevilla*. Montesinos, in his edition of *El marqués de las Navas*,[35] includes an excellent chapter on Lope's use of the supernatural.[36] Having excluded "todos aquellos casos en que lo sobrenatural no consiste en una intervención directa de poderes de ultratumba y tiene sólo carácter de agüero, de presagio... igualmente las apariencias milagrosas de santos, de la virgen, tan frequente en el teatro religioso,"[37] he examines nineteen *comedias*. Comparisons of stage directions show great similarity,[38] as do other characteristics of the interventions. We shall examine the circumstances surrounding the apparition of the shadow in *Las paces de los reyes* and confront them with the conclusions and generalizations of Montesinos.

The setting is a gloomy one: Alfonso, alone in the palace gardens on a rainy night, suddenly exclaims:

¡Qué terrible escuridad!	1805
¡Qué relámpagos y truenos!	1806

and notes that the sky is agitated only above where he is. His observations on the wind, the raised dust and the roaring Tagus all intensify the scene and prepare the public for the appearance of the spectre.

The voice of warning is interpreted by the still intrepid Alfonso as nothing more than an "hechizo" of Leonor but he is stunned by the sight of the shadow. Its appearance is momentary and offers no satisfaction to the questions of Alfonso, who then concludes that the vision is the imaginary outcome of his own fear:

Mas ¿de qué me maravillo?	1858
¡Viven los cielos, que fue	1859
sombra de mi miedo mismo!	1860

Once again the spectre apears. Alfonso declares his ability to contend with it, be it human or otherwise:

---

[35] José F. Montesinos (ed.), "El marqués de las Navas", *Teatro antiguo español*, VI (Madrid, 1925).
[36] *Ibidem*, p.. 138-169.
[37] *Ibidem*, p. 141.
[38] *Ibidem*, p. 144, n. 1.

> ¿Eres sombra o eres hombre?   1867
> Habla y dime: "Yo te sigo,"
> que hombre soy para escucharte,
> ya seas muerto, ya seas vivo.   1870

These details of the use of the supernatural have been found by Montesinos to be common to many other dramatic works of Lope: "...el personaje así advertido, atribuye el portento a la debilidad de sus sentidos, a la tensión de sus nervios, a que trata de sobreponerse con una afirmación de su entereza, desafiando al espectro... Ni los espectros ni los difuntos intervienen en la acción generalmente; su /146/ papel se reduce a advertir o amonestar al héroe."[39]

The second instance of the supernatural has its origin in the *Crónica*, Lope's source. Its function has not been altered: the angel reprimands Alfonso, whose repentance is instantaneous.

"Conclusions"

Las paces de los reyes lacks the unity of texture and continuity of inspiration without which it could never be classified as one of Lope's best works.[40]

The first act is actually independent of the last two. This disregard for the revered unities was, of course, common, if not essential, in the production of the Fénix and was the target of Cervantes' well-known criticism: "...¿qué mayor disparate puede ser en el sujeto que tratamos que salir un niño en mantillas en la primera cena del primer acto, y en la segunda salir ya hecho hombre barbado?"[41]

Romera-Navarro[42] declares that Tirso, in his *Cigarrales*, "en su brillantísima defensa de la comedia nueva, es el que con más razonados y plausibles argumentos se declaró, como en la práctica lo veía todos haciendo, contra la unidad de tiempo."[43]

---

[39] *Ibidem*, pp. 145-6.
[40] Cf., however, Franz Grillparzer, "Studien zum spanischen Theater," *Sämtliche Werke*, XIV, p. 110, who classifies this as "Eines der besten Stücke von Lope de Vega."
[41] *Don Quijote*, I, xlviii.
[42] M. Romera-Navarro, "Lope de Vega y las unidades dramáticas," *Hispanic Review*, III (1935), pp. 190-201.
[43] *Ibidem*, p. 197.

Lope, whose real doctrine must be deduced from his creative works, does, of course, give an answer of his own:

> ...y cuando he re escribir una comedia,
> encierro los preceptos con seis llaves;
> saco a Terencio y Plauto de mi estudio,
> para que no me den voces.
> (*Arte nuevo de hacer comedias*, vv. 40-43.)

But it is Tirso who sets down the cogent reply to critics of the new school, pointing out the limitations of classical unity and the advantages of newly adopted liberties:

> Pues ansí como el que lee una historia en breves planas, sin pasar muchas horas, se informa de casos sucedidos en largos tiempos y distintos lugares, la comedia, que es una imagen y representación de su argumento, es fuerza que cuando le toma de los sucesos de dos amantes, retrate al vivo lo que les pudo acaecer, y no siendo esto verisímil en un día, tiene obligación de fingir pasan los necesarios para que la tal acción sea perfecta...[44]

Pre-dating by two centuries Hugo's "revolutionary" formula, Tirso also lauds the new *comedia* for injecting "industriosamente lo trágico con lo cómico, sacando una mezcla apacible...,"[45] and praises the quantity and quality of Lope's work.

One must definitely consider the vastness of the production of the "monstruo de la naturaleza" in any attempt at evaluation. Lope's lyric quality is much more consistently good than is his dramatic organization, to which he, unfortunately, did not often devote adequate time. High points in this play are isolated scenes such as the love dialogue between Lope de Arenas and Costanza[46] and the passionate philippic of Leonor, each jutting high above the steady facility imposed by the theme and by the poet's nature. De Latour justly qualifies the fishing scene "assez puérile,"[47] to the assent of Menéndez Pelayo, who adds that the scene "no parece inventada

---

[44] Tirso de Molina, *Cigarrales* (Madrid, 1954), 162.
[45] *Ibidem*, p. 164.
[46] Cf. Menéndez Pelayo, *Estudios*, IV, p. 92 and Grillparzer, *loc. cit.*, p. 110.
[47] *Loc. cit.*, p. 255.

sino para traer el funesto agüero del hallazgo de la calavera..."[48] It does have another purpose, as we indicated above, but, in spite of its intended importance, is a strikingly weak and artificial scene.

Likewise, the denouement has been criticized by Montesinos[49] and by Vossler;[50] in both instances because of the way the tragic conflict is side-stepped by the use of the Deus ex machina of a miracle. Criticisms of this nature must be tempered by the necessity of observing important traditional aspects of the legend. Menéndez Pidal[51] claims that more than seventy of Lope's extant plays were written to put in action the cronicles and medieval *romances*. He goes on to praise the manner in which these treatments were executed. The weaknesses of *Las paces de los reyes* come in great part, either directly or indirectly, from Lope's attempt to reanimate the chronicle account.

Elements added to the legend by Lope:

1. The discovery of Raquel by Alfonso is presented for the first time. Here, the girl's name is also given for the first time in true Spanish spelling: it was Rachel in the *Jerusalén conquistada*. This scene, as well as the naming of the Jewess seems to be a synthesis of elements already traditional: the legend as found in the Crónica, the unfortunate discovery of la Cava by Rodrigo and the biblical encounter of David and Bathsheba (II Samuel 11:2,3).

2. Raquel's family is presented for the first time and is ultimately lodged in the palace with her. This role of her family, here insignificant with respect to the action, will be greatly expanded in later treatments.

3. The 'voz' and the 'sombra' are introduced by Lope, in addition to the traditional angel. These innovations form part of the series of auguries which begin with the mere warnings and counsel of Garcerán, continue with the mysterious discovery of the skull and olive branch, with the innovation of the apparition and which culminate in the revelation of the messenger of God. None of this, with the exception of the angel, had ever before appeared in any version of the legend.

---

[48] Menéndez Pelayo, *Estudios*, IV, p. 96.
[49] Montesinos, *Teatro antiguo español*, V, p. 178.
[50] Vossler, *op. cit.*, 262.
[51] Menéndez Pidal, *La epopeya castellana*, pp. 188-89.

4. Leonor's role of judge and instigator of the conspiracy. Her suffering continues until patience finally surrenders. Lope removes her crown and shows us not the Queen but a woman who, because of her great love, can resolutely condemn her rival to death when it seems to be the only solution to her grief as well as one who can unwaveringly pardon without condition. Leonor is powerfully drawn in her appearance with the nobles. This scene contributes greatly to the dramatic impact of the play.

5. Raquel dies a Christian. Lope has also succeeded in humanizing the character of the Jewess. She is presented as a woman in love, without the slightest trace of malice. Her spontaneous conversion after having suffered the fatal wounds generates compassion and perhaps produced in the audience a recollection of the conversion of Galiana herself.

Unfortunately, however, the death scene is not the splendid one it could have been had it been prepared for adequately and given the power of the one in which Inés de Castro is killed in Vélez de Guevara's *Reinar después de morir*. Lope's scene is marred by the viciousness of the assassins, who give the impression of being sadists rather than saviours of the State carrying out a repugnant duty.

Chapter III

LITERARY TREATMENTS OF THE LEGEND AFTER LOPE DE VEGA

A. SUBSEQUENT TREATMENTS IN SPANISH LITERATURE

La judía de Toledo, published in 1667[1] and attributed to Juan Bautista Diamante, was accepted as this author's work until it was labeled by Ticknor as nothing more than a printed version of Mira de Amescua's *La desgraciada Raquel:*

> The notices of Mira de Mescua, or Amescua, as he is sometimes called, are scattered like his works. He is mentioned in Roxas, "Viage" (1602); and I have his "Desgraciada Raquel," both in a printed copy, where it is attributed to Diamante, and in an autograph MS.,[2] where it is sadly cut up to suit the ecclesiastical censors, whose permission to represent it is dated April 10th, 1635.[3]

---

[1] In Juan Bautista Diamante, *Comedias escogidas,* XXVII (Madrid: Andrés García de la Iglesia, 1667).

[2] Comedia Famossa *La desgraciada Raquel, i Rei Dⁿ Alphonso el 8º* Del Doctor Mirademescua [Ms. D.22, George Ticknor Collection, Boston Public Library].

[3] Ticknor, *History of Spanish Literature,* II, p. 330, n. 12. It seems to us that the date is April 12, rather than the 10th. Those who have not seen the MS. perpetuate this error for having consulted only Ticknor's *History.* Rennert, "Mira de Amescua et *La Judía de Toledo.*" *Rev. Hisp.,* VII (1900), p. 133, also reads 12 instead of 10. Other mistaken references to the date have been published: Barrera, *Catálogo,* pp. 124-5 cites April 10, 1605. According to Menéndez Pelayo, *Estudios,* IV, p. 97, this same error is also found in the Spanish translation of Ticknor's *History* (This undoubted-

According to Cotarelo y Mori,[4] the play was submitted to the ecclesiastical censors on April 1, 1625 and not approved until 1635. Rennert also recognized that the date of 1625 had previously existed on the MS:

> ...on lit sur la même page: "Md. 1° de Abril de 25." On a essayé de changer ce 2 en 3 avec de l'encre plus foncée.[5]

In two places, folios have been torn out and replaced by others, presumably to meet censorship requirements. Ticknor affirms that these added folios and the marginal corrections which appear throughout the play are in the hand of Mira de Amescua.[6] To our eye, unskilled as it is in graphology, the emendations seem definitely to be written by quite another hand. Rennert[7] has also arrived at this conclusion.

Even apart form graphological considerations, however, biographical data seem to preclude the possibility of Mira de Amescua's having been his own corrector:

> Desde 1632 estaba Mira retirado en su patria, sin acordarse para nada de la corte ni de sus teatros.[8]

It seems much more likely that the additions are the work of an adapter engaged either by the censors to patch up the play or by a producer to make the play presentable after the censors had been at it.

---

ly was Barrera's source.). Cf. also Lambert, "Alphonse de Castille et la Juive de Tolède," *Bull. Hisp.*, XXV (1923), p. 374: "daté de 16 avril 1635."

[4] *Op. cit.*, pp. 72-4.

[5] Rennert, "Mira de Mescua...," pp. 132-3.

[6] Ticknor, *Catalogue* (Boston, 1879), p. 231: " 'This manuscript, which is the one originally submitted to the censorship in April, 1635, and the one on which the permission to represent it is recorded, contains in several places, f. 7, etc. passages in the autograph of the author, Mira de Mescua, substituted for those required by the censor to be stricken out.' — Ms note by Mr. Ticknor."

[7] Rennert, "Mira de Mescua...," pp. 125-6: "Le manuscrit ...est d'une écriture petite et serrée; l'encre est pâle, mais le plus souvent bien lisible. Les corrections et additions sont écrites d'une main plus ferme mais irrégulière et avec de l'encre plus foncée."

[8] Cotarelo y Mori, *op. cit.*, p. 74.

Ticknor does not claim to have made a complete collation of the two versions in question. However, the results of our partial collation, and of the complete ones of Rennert and Murray show that, save for occasional very minor differences and the passages contained in the added folios, the MS. and the printed version are identical.

Among those who question Ticknor's affirmation there is no one who has examined the MS.; everyone seems to rely upon the forceful and dogmatic judgment of Menéndez Pelayo:

> Aun sin haber visto el manuscrito de Mira de Amescua, por no ser fácil el viaje a Boston, en cuya Biblioteca se custodia, me atrevo a dudar de esta afirmación de Ticknor, cuya autoridad bibliográfica es para mí mucho más respetable que su pericia crítica. La comedia de Diamante, tal como está impresa, no puede ser de Mira de Amescua ni de ningún otro poeta del primer tercio del siglo XVII. Será una refundición, acaso muy servil, pero está escrita en el estilo propio de Diamante, autor de las postrimerías del siglo XVII y de los primeros años del XVIII.[9]

Rather than censure Don Marcelino this instance of par-reaching dogmatism, let us concede that Mira is here ahead of his age in style. The evidence is conclusive - the work attributed to Diamante is nothing more than a servile plagiarism.[10]

After its publication in 1667, the diffusion of *La Judía de Toledo* in many editions[11] buried the work's true title and paternity until the revelation of Ticknor.

---

[9] Menéndez Pelayo, *Estudios,* IV, p. 97. Valbuena Prat, *Historia de la literatura española,* II, p. 429, "*La desdichada Raquel,* aunque notablemente superada por Diamante, interesa en la evolución de la leyenda de 'la judía de Toledo' — que va desde Lope a Grillparzer—." Such an affirmation would indicate that our legend, which of course neither began with Lope nor ended with Grillparzer, has not received from Valbuena the attention it deserved from such a conscientious scholar. It also shows the great influence of Menéndez Pelayo on modern criticism. Valbuena repeats the error concerning *La desgraciada Raquel* in his *Historia del teatro español* (Barcelona, 1956), pp. 413, 452.

[10] Since the edition of Murray, *op. cit.,* is unpublished, we use the published version of 1667 as a basis for our analysis.

[11] Cotarelo y Mori, *op. cit.,* p. 75, cites the following editions:

"1. La / Judía de Toledo, / Comedia famosa. / De / D. Juan Bautista Diamante. / Págs. 1 a 42 de *Comedias nuevas de los más célebres Autores,*

David, Raquel's father, comes to her as an emissary of the Jews of Toledo. Alfonso VIII has ordered their exile and, in a meeting called to discuss their fate, the rabbi Rubén has suggested that Raquel, the most beautiful of the Jewish women, go before the King to beg for the revocation of his decree. She accepts the mission and starts to attire herself in the mourning outfit prepared by her people. While dressing, some words of a song being sung outside reach her ears; she interprets the verses as a bad omen, finishes her preparations and leaves for the palace, accompanied by the Jewish populace.

As the king and the Jewess come face to face, they both feel deeply moved. Raquel presents the petition of her people while Alsonso stares fixedly at the prodigy of beauty which is kneeling before him. The effect is undeniable; Alfonso confesses to himself:

>...resuelto estuue a conceder su intento.
>Reprimirme es forzoso;
>no vi efecto de amor más poderoso.[12]

Raquel also, in another aside, reveals her confusion:

>Pensé vencer a Alfonso, y voy vencida;
>ni lleuo libertad ni llevo vida.[13]

The result of the audience is the revocation of the decree. Alfonso acts not at all out of consideration for the Jews; his interest lies solely in obtaining the love of this beatiful woman.

After acceding to the request of the Jews' emissary, Alfonso declares his passion to her. Raquel interrupts the King and there follows a long discussion, completely dominated by her. The confusion she experienced on first seeing Alfonso would indicate a

---

y realzados / Ingenios de España. / En Amstardam (sic), A Costa de David García Henríquez, 1726; 4.°; 2 hojas prels. y 506 págs.

2. Madrid, Imprenta de Juan Sanz; sin año (hacia 1728).
3. Barcelona, Pedro Escuder; sin año (hacia 1756), 39 páginas.
4. Valencia, viuda de José de Orga, 1764, 32 págs.
5. Madrid, Librería de Quiroga, 1792, 32 págs. Todas en cuarto y a nombre de Diamante.
6. Y, por último, en *Autores Españoles* (Dramáticos posts. a Lope: I, 1.) Edición que sigue a la de 1792."

[12] Diamante, "La Judía de Toledo," *Comedias escogidas*, XXVII, p. 421.
[13] *Ibidem.*

reciprocal attraction. Now, however, reason dominates her emotions; she asserts a personal *pundonor* and declares that she will not allow herself to be deceived by anyone: not even a king.

Raquel, with her instinctive passion and emotions subordinated to her reason, and with the unsought victim now in her power, shows another stage in the development of her character; that which will continue nearly to the end of this play and which will be exploited in other treatments of the theme — her ambition:

> Un rey rendido, es despojo
> de soberano ardimiento;
> si yo mando en su alvedrío
> ¿quién duda que de su imperio
> el mando también le ursurpe?
> Esto busco, aquesto quiero...[14]

Fernando Illán is ordered to take Raquel to a *quinta* of the King. After their departure, Álvar Núñez and Garcí López arrive with news of the general dissatisfaction caused by the revocation of the decree. They also report having seen Fernando and Raquel on the way to the *quinta*. At first, Alfonso denies knowing anything about Raquel but then becomes angry with the nobles and haughtily admits his love for her.

Raquel, installed in the *quinta,* succeeds in having Alfonso transfer all court business there. The King goes one step farther and entrusts her with all of his powers:

> Desde luego haré que vengan
> aquí las consultas todas
> a que las resuelvas tú,
> los goviernos, y las honras
> disponte tú a repartirlos,
> manda ninguno te oponga
> a tu gusto; y el que loco
> contradixere tus obras,
> pena eterna le condene...[15]

The lovers are interrupted by the arrival of David. The irate Jew curses his daughter for having dishonored her people by becom-

---

[14] *Ibidem.*
[15] *Ibidem*, pp. 433-4.

ing a concubine of the King. He becomes violent and Alfonso orders him driven from the house.

The act ends with a trace of a sincere love in Raquel; she tries to dissimulate the anxiety caused by her father's accusations and confesses the full importance of Alfonso in her life:

> Ya una vez me he rendido,
> tuya he de ser, pues para ti he nacido.[16]

Early in the third act, Raquel gives an account of a dream she has had; a carnation had grown between her arms, only to be wrenched out by a violent hand: she interprets this as another fatal omen:

> El corazón en el pecho,
> ... ...
> éste es el clauel sin duda.[17]

Alfonso departs for the hunt, having left the audiences to be heard by Raquel. She judges two petitions, and makes decisions which, in both cases, are obviously wrong.

Álvar Núñez reveals to Fernando Illán a conspiracy to kill Raquel, intending to enlist his aid. However, the loyal confidant of the King rebukes the nobles for this vile treachery and storms off to inform Alfonso of the plot. But this contingency, according to Álvar, has already been thought of by the conspirators:

> ...el Rey ha salido a caza,
> y auisados los monteros
> están, de que con la maña
> mayor que puedan, tan lexos
> le lleuen, que aunque el aviso
> de Fernando (porque es cierto,
> que no ha de dexar de darle
> auiéndonos descubierto)
> llegue a tiempo, nunca pueda
> boluer a estoruarlo a tiempo.[18]

---

[16] *Ibidem*, p. 436. [We now come upon an error in the pagination of this edition; after p. 436, numbers are repeated from 425 to the end. p. 436. From here on, we will cite these references as 425¹, 426¹, etc.]

[17] *Ibidem*, p. 425¹.

[18] *Ibidem*, p. 432¹.

LITERARY TREATMENTS OF THE LEGEND AFTER LOPE 69

David, having learned of the conspiracy, comes to warn Raquel — but too late. The nobles arrive; Raquel faces them arrogantly at first — then, sure that she must die, she laments her fate:

> Ambición, tú me vendiste,
> voluntad, tú me cegaste;
> fortuna, ya tú me olvidas?
> valor, ya tú no me vales?[19]

Álvar Núñez commands soldiers to take her into another room and kill her. The aging David tries to stop them, but his failing strength is of no avail. From within, come the last words of Raquel, indication that she did have a sincere love for Alfonso, but a love that always appeared to be suppressed by her dominating trait — ambition.

Alfonso arrives to find only David, who is lamenting the death of his daughter. The King swears vengeance — and here the play ends, Alfonso's sin still unexpiated and his revenge not satisfied.

Lambert[20] denies the influence of *Las paces de los reyes* on Mira. Certainly, there is no evidence of the slightest element's having been taken from Lope's play, in which the Queen has such an important role. Here, she never appears, and, as noted by Murray,[21] is only mentioned three times — and never by name.

In Mira's death scene, however, there is a reminiscence of the *Jerusalén conquistada*. In both treatments, Raquel gives in to her fate only after seeing that bravado and then supplication make no impression on the conspirators. Great similarity also exists in the last-minute effect the beauty of the Jewess has on her assassins.

Two other elements strongly indicate the *Jerusalén* as an influence on Mira:

1. Words of David in Act I:

> ...lo digan
> las *nabas*, donde le vi,

---

[19] *Ibidem*, p. 434¹.
[20] Lambert, "Alphonse de Castille...," p. 373.
[21] *Op. cit.*, pp. 118-9: (1) Alfonso doesn't permit Raquel to name the queen (*B.A.E.*, XLIX, p. 11, col. 2); (2) Álvar Núñez says the conspiracy will have the support of the queen (*Ibidem*, p. 16, col. 2); (3) David cites the suffering of the queen as cause of the nobles' haste to kill Raquel (*Ibidem*, p. 17, col. 2).

> siendo de sus huestes todas
> presuntuoso adalid,
> competir con lo bizarro,
> y triunfar de los gentil.[22]

As far as we know, besides the *Jerusalén conquistada,* there exists no other previous treatment which places the love affair after the battle of las Navas de Tolosa.

2. The use of "Raquel" as the name of the Jewess. Prior to Lope, the girl was referred to as Fermosa.

As in the case of Grillparzer, whom we shall later discuss, primary to Mira de Amescua is the portrayal and development of his characters. In effect, he amplifies the personal elements of the legend and relegates the action to secondary importance. This play, which lacks a sub-plot, may be said to be a concentrated study of Raquel, a character far superior to all the rest. The King, blinded by his passion, is nothing more than a puppet through whom Raquel illustrates the various stages of her development. This greater unity distinguishes Mira's treatment from Lope's play, whose double plot is clearly indicated by the double title.

The duration of the love affair is not mentioned.

Significant innovations made by Mira:

1. The first meeting of Alfonso and Raquel is dramatized; it is also a premeditated meeting. The fact that the most beautiful of the Jewish women is chosen to ask for the revocation of the decree ordering the exile of her people has no precedent. In fact, this is the first time that her relation to the *aljama* is given any significance.

2. The hunt is introduced as the cause of the King's absence at the time of the assassination. The nobles have not arranged this absence but they are quick to make use of it.

3. The conspirators are not the actual assassins of the Jewess. Álvar Núñez orders soldiers to take her into another room and kill her.

Mira de Amescua refers to the legend once more, in the first act of his play, *Obligar contra su sangre,*[23] published in 1638.

---

[22] Diamante, "La Judía de Toledo," *op. cit.,* p. 411.
[23] Mira de Mescua, "Obligar contra su sangre," *B.A.E.,* XLV, pp. 57-71.

In the first scene, the venerable Don Lope de Estrada rebukes Don Nuño de Castro for his part in the treacherous slaying of Raquel. King Alfonso has already retired to Burgos[24] and this old warrior, in his desire to serve as a loyal citizen and to avenge the grievance of his master, challenges all the conspirators to duel. The accused noble, respecting Don Lope's age, is anxious to avert the unfair contest; but the latter persists — and is killed.

Nuño relates the event to his sister, Sancha, and, in this conversation, we find perpetuated the hunt as the cause of Alfonso's absence:

>Y así, cuando, ausente Alfonso,
>Diestro cazador, previene
>A cuervos del monte flechas,
>Y a garzas del viento redes,
>De Raquel llegan al lecho...[25]

An innovation, which will be used in later treatments, is a noble's opposition to the conspiracy because of his undivided loyalty to the King. The very long relation of Nuño informs us that, when the rage of the nobles had broken out in shouts of "¡Muera Raquel!," the now deceased Don Lope had protested:

>Aunque Alfonso, en Castilla,
>Nuestro rey, más se divierte
>En el cariñoso halago
>Que en la voz del pretendiente,
>Su espíritu generoso
>Cuerdas enmiendas promete;
>Y así, pues sois desta causa,
>Como yo, todos jueces,
>No el furor pueda en vosotros
>Lo que la prudencia puede.[26]

— but his words went unheeded, as we know.

Apart from these two scenes, this cape and sword play in no way deals further with the legend.

---

[24] The traditional retreat of the King is Illescas.
[25] *Ibidem*, p. 61.
[26] Mira de Mescua, "Obligar contra su sangre," p. 61.

Fray Hortensio Paravicino is credited with the second *romance* dedicated to the legend — one which shows little improvement over Sepúlveda's. Originally entitled, *Romance a la Judía, que mataron del rey don Alfonso, en estilo antiguo*,[27] the poem of 84 verses was first published in 1641,[28] under the pseudonym of Don Félix de Arteaga. It is also included as number 929 in the collection of Durán,[29] with the title, *Muerte de la judía Raquel, manceba de Alfonso VIII* and with the real name of the author.

Besides modernization of the spelling of 11 words, the Durán version contains three other changes, the first and last of which seem to be misprints. We place the Durán readings in brackets:

Mas la muerte, al ayuntarlas [ayuntarla]	82
que Alfonso tollía las mientes [Que a]	23
Sonar la oía en el pecho [Sonaría oía]	65

There are two verses reminiscent of Mira de Amescua's treatment:

1. Alfonso is referred to as "El lidiador de las Navas."[30]
2. "Cataron al Rey en caza."[31]

The inclusion of these two elements by Paravicino seems to establish his inspiration by Mira. There existed no other source which included the mistaken placement of the battle of las Navas de Tolosa as well as the hunt as the cause of Alfonso's absence.

---

[27] As for the antiquity of the style, we refer the reader to Durán's note, *B.A.E.*, XVI, p. 12, n. 1: "He aquí un romance escrito en tonto, sobre un asunto muy patético e interesante. A mil leguas se descubre la afectación de usar el lenguaje antiguo por un poeta que no le conoce, y que cree usar de palabras viejas porque no son las usuales modernas. Así observa, entre las que usa, un grande anacronismo, por estar mezcladas las de una época con las de otras, sin atender que aquellas estaban olvidadas cuando las otras en uso. Fuera de esto, aunque las voces sean antiguas, no lo es la frase, la locución ni el giro que usa para expresar los pensamientos."

[28] Lambert, "Alphonse de Castille...," p. 373. We cite from Arteaga, *Obras póstumas, divinas, y humanas* (Alcalá, 1650).

[29] *B.A.E.*, XVI, pp. 11-12. We use this version for our analysis.

[30] *Ibidem*, p. 12.

[31] *Ibidem*.

We note two innovations by Paravicino:

1. No human messenger brings notice of the conspiracy to the King. Alfonso interprets the death of a dove as an augury of the misfortune which, at that same moment is befalling Raquel.

2. For the first time, Alfonso arrives before the Jewess dies. Note also the final touch; the fainting of the King is a detail invented entirely by Paravicino:

> Al fin con menguadas luces
> Miró de Alfonso la cara.
> Al... dijo, y calló con duda,
> Si fabló a Alfonso, o al alma.
> Mano y faz ayuntar quiso,
> Mas la muerte, al ayuntarla[s],
> A entrambos tolló el conhorte,
> Ella fina, él se desmaya.[32]

Alfonso VIII, rey de Castilla, príncipe perfecto, detenido en Toledo por los amores de Hermosa o Raquel, hebrea, muerta por el furor de los vasallos, was published anonymously in 1650. Don Luis de Ulloa y Pereira was revealed as the author when he published this poem in the edition of his *Versos,* in 1659.[33] We have examined two editions, that of 1674[34] and the one carried out by Don Cayetano Rosell.[35] Besides abbreviating the title to *Raquel,* Rosell limits himself to modernization of the spelling.

The poem is cited by Quintana[36] as the magnum opus of Ulloa and it is the only work of the poet cited by Valbuena Prat.[37] Their judgments are substantiated by Josefina García Aráez's recent full study.[38]

Miguel Artigas, in his prologue to the *Memorias* of Ulloa, believes that the *Raquel* must have been written around the year 1637.[39] Let us keep this date in mind while we analyze the poem.

---

[32] *Ibidem.*
[33] Lambert, "Alphonse de Castille...," p. 374, n. 3.
[34] Don Luis de Ulloa y Pereira, *Obras* (Madrid, 1674).
[35] B.A.E., XXIX, pp. 477-81.
[36] Quintana, *loc. cit.,* p. 143.
[37] *Historia de la literatura española,* III, p. 82.
[38] *Don Luis de Ulloa Pereira* (Madrid, 1952).
[39] Ulloa Pereira, *Memorias familiares y literarias* (Madrid, 1925), p. liv.

The work, composed of 76 *octavas reales*, is, according to Menéndez Pelayo a moral discourse with political implications. It uses the legend of Alfonso and Raquel only as a pretext:

> ...toma [Ulloa] el asunto de *Raquel* desde el punto de vista político, como una lección a los reyes viciosos y negligentes.
> ¿Esto acontece, y duermen los tiranos?
> Tal es la originalidad de este poema, y de ella nacen sus mayores bellezas. El aliento, más oratorio que poético, que en estas octavas se respira, es de una arenga tribunicia vehementísima, inflamada, sincera, y por lo mismo elocuente. El autor piensa menos en Alfonso VIII y en Raquel, que en Felipe IV y en sus mancebas. Por eso hizo una obra apasionada y viva en lo político y sentencioso, y muy fría en la parte afectiva y desinteresadamente poética del argumento...[40]

The principal source of Ulloa's poem is easily identified. The following verses are undeniably reminiscent of Mira de Amescua:

> Despues que coronado de victorias,
> De Alfonso Octavo el militar denuedo
> Dio materia feliz a las historias,
> Y puesto el orbe en respectivo miedo
> Consagró de las Navas las memorias.[41]

Identical with the chronological error introduced in the *Jerusalén* and propagated by Mira!

> Se repitió con públicos pregones
> Justo destierro del infame rito:
> Tembló la Sinagoga al gran decreto,
> ... ...
> Y en una junta que formó secreta
> Rubén, que por pontífice aquel año
> El crédito lograba de profeta,
> Menospreciando en el peligro el daño,
> Dijo que a hermosa virgen se cometa
> Solicite del Rey, el desengaño,

---

[40] *Estudios sobre el teatro de Lope de Vega*, IV, pp. 101-2.
[41] Ulloa, "La Raquel," *B.A.E.*, XXIX, p. 477.

Y que será, con ánimo constante,
Segunda Ester en caso semejante.
   Eligióse Raquel, en quien se vía
Toda la perfección sin competencia,
....
Vistió de luto en la primera audiencia...[42]

An exact duplicate of the action of the first act of Mira's play!

Menéndez Pelayo, in an attempt to show the extent to which Diamante used material from Ulloa's poem, collates[43] the invocation to loyalty of the nobles, which appears in both versions. This collation, reproduced with a minor change in the study of Srta. García Aráez,[44] unquestionably establishes the close similarity of these two treatments: throughout, the same ideas are reproduced with exactly the same words.

These similarities have, of course, been adduced in order to show Diamante's debt to Ulloa. Clearly, the influence of Mira de Amescua is ever-present in this poem, and we see once again the effect of the hasty and dogmatic judgment of Menéndez Pelayo. Much of the criticism dealing with Diamante, Mira and Ulloa must be revised because of the credit given to don Marcelino's refusal to accept Ticknor's revelation: Mira must be attributed the due of an innovator and the work of Ulloa must be considered in the light of a technically successful improvement upon the work of his predecessor, to which he remains, however, heavily indebted.

Srta. García Aráez presents two reasons for believing that Ulloa had been acquainted with Lope's *Jerusalén*. One is based on the use of a rare word;[45] the other is much less convincing: she compares two verses from the *Jerusalén*:

A vuestro rey, famosos castellanos,
prende la red de unas lascivas manos?

---

[42] *Ibidem.*
[43] *Estudios*, IV, pp. 98-100.
[44] *Op. cit.*, pp. 205-8: Srta. García Aráez omits 6 lines of Ulloa's poem which, in reality, have no counterpart in Mira's work.
[45] *Op. cit.*, p. 216: "Yo creo que había leído la *Jerusalén de Lope*, en la que aparece la palabra "epiciclo" refiriéndose a la habitación del rey Alfonso. Le parecería original y erudita y con afán cultista quiere también introducirla él, aplicándola a la de Raquel."

with Ulloa's more emphatic and elevated tone:

> No la Corona del mayor Planeta
> dejéis que asombre más planta lasciva.[46]

The duration of the affair, not even mentioned by Mira, is here given its traditional length of seven years. Of course, Ulloa would have been able to find this element in any of a multitude of chronicle accounts or in four of the six preceding literary treatments. There seems to be, however, aside from the influences already discussed, only that of Paravicino. This is seen in the end of the poems where there exists an evident parallelism: Raquel still has not died when Alfonso arrives at the palace; the King tries to bring her to consciousness; she looks at him, but can not speak. Even in the *bimembración* of the final verses the two poems are quite similar:

> ella fina, él se desmaya.[47] (Paravicino)
> Cuando espira Raquel y Alfonso llora.[48] (Ulloa)

The legend is next treated in Lanine Sagredo's *El rey don Alfonso el Bueno*, published in 1675.[49] The play was republished in 1761;[50] exactly the same, but with a new title: *La batalla de las Navas, y el rey D. Alfonso el Bueno.*[51]

Only Act I of this extremely romantic play[52] deals with our legend.

As the play opens, the Moorish hordes are in the process of defeating Castile in the battle of Alarcos. A subplot is introduced immediately: Álvar Núñez de Castro, noble in Alfonso's court has captured the Moorish maiden Zoraida in a skirmish from which

---

[46] *Ibidem*, p. 203.
[47] Paravicino, "Muerte de la judía...," *op. cit.*, p. 12.
[48] Ulloa y Pereira, "La Raquel," *loc. cit.*, p. 481.
[49] Don Pedro Francisco Lanine Sagredo, "El rey don Alfonso el Bueno," *Comedias nuevas de diversos autores*, XL (Madrid, 1675).
[50] Lanine Sagredo, *La batalla de las Navas, y el rey D. Alfonso el Bueno* (Valencia, 1761).
[51] This title is the one cited by Huerta, *Catálogo*, p. 31, and by Lambert, "Alphonse de Castille...," p. 375.
[52] Cf. Lambert, "Alphonse de Castille...," p. 376: "Dans cette pièce en deux journées chargées de matière..." We have used the same edition cited by this critic — and it has three acts.

all of her people fled. The two fall in love immediately, in spite of their irreconcilable religions.

At this moment, King Alfonso appears, his arm wounded, and confesses his defeat. The venerable Don Diego López de Haro, in an aside, rebukes the King:

> Tu culpa
> dio este triunfo al Sarraceno,
> pues con Raquel, una hebrea,
> ofende tu amor al Cielo.[53]

Alfonso's blind infatuation is revealed in his words of anguish:

> O fiero dolor! mas ¿qué
> me entristece cuando tengo
> a Raquel, que es la vitoria
> más grande de mis afectos...?[54]

Notice comes from Archbishop Don Rodrigo that the King of Navarre, instead of hastening to Alarcos with the help he promised, is treacherously laying waste the unprotected Castilian territories. Simultaneously, another message arrives from the Queen, announcing that Alfonso's cousin, the King of León, has joined forces with the Moors in Extremadura.

Alfonso swears vengeance and all but the King retire. A messenger approaches, but cannot summon the courage to deliver his tidings in person. He attaches the note to the point of an arrow which he, unperceived, shoots to Alonso's feet. The message, sent by a loyal vassal, reveals that, if not already dead, Raquel is now in very great danger. The King hastens to Toledo.

In the palace, the Queen receives word from the Archbishop that the Jewess has died — at the hands of "los ricos hombres del reyno."[55] She realizes just how much this will cause her husband to suffer and orders the Archbishop to arrest the assassins.

The nobles escape to Illescas. Alfonso pursues them but, as he arrives at the gate, is confronted by an angel with a flaming sword.

---

[53] Lanine Sagrado, "El rey don Alfonso...," op. cit., fol. 19, a.
[54] *Ibidem.*
[55] *Ibidem,* fol 23, a.

This messenger of God points out the disaster which has just befallen Castile and attributes it to the sin committed with Raquel. Alfonso's sudden repentance is immediately followed by the pardon of the angel, who then causes to apear, set in two clouds, likenesses of the Santo Don Fernando and of St. Louis, King of France. After having announced the traditional punishment, according to which Alfonso will be survived by no male heir, the angel predicts, as a consolation, the fame of these two future kings, both grandchildren of the King of Castile.

From Act II on, there is no more mention made of the material of our legend. Alfonso finally succeeds in winning the battle of las Navas, thanks to the timely apparition of Santiago, Zoraida is proven to be Don Diego's daughter and Alfonso ends the play with the order of her marriage to Don Álvaro.

This most original play does not seem indebted in any way to preceding literary treatments; it seems to be forged out of chronicle accounts and bedecked with details coming from Lanine's fertile imagination.

The one significant innovation is the compassionate Queen's order that the assassins be arrested.

In 1697, there appeared the prose *Retrato político del señor rey D. Alfonso el VIII, qve presentó a la S. C. R. M. del Rey nvestro señor don Carlos II, D. Gaspar Mercader y de Cerbellón.*[56]

Its theme, the history of Alfonso from the time of his ascension to the throne to his death, serves only as the point of departure for tangents of pure pedantry.[57]

Mercader seems to be the first to indicate the influence of *Las paces de los reyes*. The interpretation of the siege of the fort entrusted to Lope de Arenas could have been drawn from the *Crónica* as well as from Lope's play, but the discovery of Raquel by

---

[56] Lambert, "Alphonse de Castille...," *loc. cit.*, p. 376, cites 1679 as the date of publication. Since the edition we use contains a *dedicatoria* dated January 9, 1697 and *censuras* dated February 10 and 11 of the same year, it is assumed that we are in possession of the first edition and that the date found in Lambert's article is a misprint.

[57] Menéndez Pelayo, *Estudios*, IV, p. 98, n. 1: "Libro culterano y conceptuoso a un tiempo, y escrito en el más pedantesco gusto de las postrimerías del siglo XVII, pero con chispazos de ingenio y fantasía amena." Cf. Lambert, "Alphonse de Castille...," p. 376: "Cette oeuvre prétentieuse et ampoulée ne mérite guère d'être signalée que pour sa seule existence."

the King on the banks of the Tagus indicates that Mercader probably had read *Las paces*. In the apparition of the threatening angel before the death of Raquel Lope's influence is also apparent.

Mira de Amescua's ambitious Jewess seems to be recalled in the phrase: "...y viendo [Raquel] lo que podía lograr de un rey amante...,"[58] but there is no other trace of his influence.

Menéndez Pelayo feels that the author "Tuvo muy presente a Ulloa."[59] The general erudite tone of both treatments is a sign of resemblance, but we have found no concrete examples of Ulloa's influence.

The death of Raquel having ocurred during his absence from the palace, Alfonso returns to find her "...desgrañado el cavello, sirviendo para lazo más que para adorno."[60]

The treatment ends here, even one step earlier than did Mira de Amescua's play, owing to the respectfulness and compassion of the author: "Aquí es preciso correr la cortina al sucesso, porque sería falta de respeto, permitir a la consideración común un rey afligido, y lastimado..."[61]

After the resting period of a century, the legend is resuscitated once more in García de la Huerta's *La Raquel*, performed in 1778.[62] The success of the play was tremendous[63] and, according to Menén-

---

[58] Mercader y Cerbellón, *op. cit.*, p. 45.
[59] Menéndez Pelayo, *Estudios*, IV, p. 98, n. 1.
[60] Mercader y Cerbellón, *op. cit.*, p. 55.
[61] *Ibidem*.
[62] Cf. Álvarez Espino, *Ensayo histórico-crítico del teatro español desde su origen hasta nuestros días* (Cádiz, 1876), p. 260, where the first representation is said to have been given in 1770. We cite from Vicente García de la Huerta, "La Raquel," *El teatro español. Historia y antología* (Madrid, 1943). A *romance* of 36 lines, which served as the introduction for the first performance in the court, is found in B. A. E., LXI, p. 228.
[63] Ramón Mesonero Romanos, "Don Vicente García de la Huerta, noticia biográfica y juicio crítico," B. A. E., LXI, p. 206: "La aparición de *Raquel* en el teatro español, en 1778, fue para Huerta el apogeo de su triunfo; no de estos triunfos momentáneos y desabridos que hoy están en uso, y consisten en que cuatro amigos pidan a voz en grito que se les saque a las tablas al autor, sino triunfo tan espontáneo, inmenso y verdaderamente *nacional*, que acaso no tiene otro semejante en los fastos de nuestra gloria literaria. Baste decir que todos los teatros de España la pusieron simultáneamente en escena; que mientras el autor preparaba su impresión, fueron sacadas a mano más de dos mil copias para las Américas, y que reproducida después por la prensa hasta once veces en vida de su autor, llegó a poco

dez Pelayo, it is "la mejor del siglo XVIII,"[64] although he qualifies this eulogy by recalling, unnecessarily, that the century was anything but rich in theatre.

In spite of the author's adherence to the three unities, the heroic character, as pointed out by Martínez de la Rosa[65] and by Menéndez Pelayo,[66] overshadows the tragic element of the play and clearly stamps it with a romantic tone. In spite of the general pomp of the play, critics have been unanimous in praising its versification, entirely in hendecasyllables, which Martínez de la Rosa has termed "hermosísima."[67]

An influence of Lope de Vega seems apparent in the opening lines of Act I, where the words of Garcerán perpetuate the patriotic inclusion of Alfonso VIII in the Crusades:

> Toda júbilo es hoy la gran Toledo:
> el popular aplauso y alegría,
> unidos al magnífico aparato,
> las victorias de Alfonso solemnizan.
> Hoy se cumplen diez años que triunfante
> le vio volver el Tajo a sus orillas,
> después de haber las del Jordán bañado
> con la persiana sangre y con la egipcia:
> segundo Godofredo, cuya espada
> de celestial impulso dirigida,
> al cuello amenazó del Saladino,
> tirano pertinaz de Palestina;
> cuando el poder y esfuerzo castellano

---

tiempo a ser tan popular, que desde el Rey hasta el último manolo de Lavapiés repetían de coro aquellos magníficos versos de la exposición:

> Toda júbilo es hoy la gran Toledo; etc."

[64] *Estudios sobre el teatro de Lope de Vega*, IV, p. 104.

[65] D. Francisco Martínez de la Rosa, "Apéndice sobre la tragedia española," *Obras literarias*, II (París, 1827), pp. 270-1: "...llevado Huerta de su empeño de apartarse cuanto fuese posible de los modelos estrangeros, que estimaba en poco, se acercó demasiado en su tragedia a nuestras *comedias heroicas*, olvidando que una composición trágica presenta de suyo un fondo más verdadero, y requiere vigor y vehemencia en la expresión de los afectos, pero no exageración presuntuosa."

[66] *Estudios*, IV, p. 104.

[67] *Loc. cit.*, p. 284.

> cobró en Jerusalén la joya rica
> del Sepulcro de Christo...⁶⁸

Menéndez Pelayo[69] wisely conjectures that this influence was exerted by the *Jerusalén* rather than by *Las paces de los reyes,* since Huerta knew so little about the dramatic works of Lope that he did not include a single one of them in the sixteen volumes of his famous *Catálogo.*

Besides this historical error, Huerta conserves the chronoligcal one:

> le aclamaron las Navas de Tolosa
> por sus proezas Marte de Castilla.[70]

Of the ten years which have elapsed since the Crusade, the last seven have passed with the King involved in his love affair with Raquel. In Hernán García's expression of resentment, we see traces of the ambitious and tyrannical Raquel created by Mira:

> ...lamento la desdicha
> de este reino infeliz, presa y despojo
> de una infame mujer prostituida:
> del Rey el ciego encanto, las prisiones
> con que esta torpe hebrea le esclaviza:
> la soberbia, el orgullo, el despotismo,
> con que triunfa del reino cada día.
> La primera persona de la corte
> es Raquel; a su obsequio se dedican
> los grandes y pequeños, que presumen
> ser las bajezas puertas de la dicha.
>   Quién, Garcerán, no teme, aunque su ilustre
> nacimiento y conducta le distingan,
> caer en su desgracia? De su arbitrio
> penden honor, hacienda, fama y vida;
> agotados del reino los tesoros,
> tiene su profusión: su altanería
> por sumisión, adoración pretende;
> besarla el pie, doblarla la rodilla,
> el medio de medrar es en la corte.[71]

---

[68] García de la Huerta, "La Raquel," *loc. cit.,* p. 170.
[69] *Estudios,* IV, p. 105.
[70] García de la Huerta, "La Raquel," *loc. cit.,* p. 170.
[71] *Ibidem,* pp. 172-3.

Raquel, accompanied by Rubén and with a retinue of Jews, interrupts the dialogue of the nobles. Garcerán adulates her, but the ingenuous Hernán can not hide his indignation at the idleness of the King, which is enforced by the tyranny of this woman. The insolent noble enfuriates Raquel.

When Hernán and Garcerán depart, we hear Rubén speak for the first time in any treatment of the legend. He is no longer merely a clever rabbi, but rather a tutor and confidant of the Jewess:

>   Yo te he criado;
> por mi astucia, Raquel, y mi doctrina
> te has dirigido en toda tu privanza,
> desde el día feliz en que rendida
> al imperio quedó de tu hermosura
> de Alfonso octavo la soberanía.[72]

He advises her to kill Hernán and any other person who tries to oppose her.

An irate Alfonso arrives. Uprisings have occurred among a populace that is clamoring for the death of the King's concubine. Alfonso hastily departs, thinking only of calming the city: Raquel and Rubén remain alone. He displays false courage until they hear shouts coming from outside: "¡Muera Raquel, para que Alfonso viva!"[73] When, in the face of this danger, Raquel begs advice from her confidant, Rubén reveals his innate cowardliness and complete lack of personal interest in her fate; he flees, offering as his only advice — "Ceder a la desdicha."[74]

Alfonso, informed that Hernán is the leader of the conspiracy, breaks out in terrible threats when the latter hurriedly enters and postrates himself at the King's feet. After a long speech, Hernán succeeds in convincing Alfonso of his own and of the city's loyalty — and of the infamous effect of Raquel on everything. The theme of his argument is well summed up in the following verses:

>   Ya no conquista Alfonso; ya no vence
> ya no es Alfonso Rey; aprisionado

---

[72] *Ibidem*, p. 176.
[73] *Ibidem*, p. 181.
[74] *Ibidem*.

LITERARY TREATMENTS OF THE LEGEND AFTER LOPE   83

> le tiene entre sus brazos una hebrea;
> ¿pues cómo ha de ser Rey el que es esclavo?[75]

Alfonso's recognition of these truths is instantaneous. He confesses the sin of his entanglement and declares his intention to mend his ways:

> Salga Raquel del reino; los hebreos
> salgan también con ella desterrados;
> que no quiero delicias, ni riquezas,
> si en perjuicio han de ser de mis vasallos.[76]

All but the King rush out to announce the royal decree. Raquel enters and the visibly perturbed Alfonso tries to justify his action:

> si de mi alcázar, oh, Raquel, te aparto,
> cierta es mi muerte. Pues Alfonso muera;
> muera yo si a Raquel la vida salvo.
> Esto ha de ser, Raquel.[77]

Raquel, greatly dismayed, shows a sign of the arrogance advised by Rubén, rebuking the King for not having punished any of his subjects who had the audacity to try to interfere with the operation of the kingdom. But the disillusioned Alfonso does not give in to her frantic pleas. He reaffirms his intention of exiling the Jews — and leaves.

In Act II, Rubén appears as an ambassador of the *aljama*; he feels that Alfonso, no matter how hard he tries, will not be able to suppress his love for Raquel, if he sees her again. Raquel gives herself over completely to the counsel of her confidant and leaves to sollicit an audience. The malefic Jew, in a soliloquy, announces his intention to avenge himself on all the nobles if Raquel is once again to obtain the royal favor.

Garcerán arrives and informs Rubén that the public clamor has subsided upon receiving the following promises:

---

[75] *Ibidem*, p. 186.
[76] *Ibidem*, p. 188.
[77] *Ibidem*, p. 190.

> El haber ofrecido Hernán García
> de Raquel el destierro, y tu cabeza.[78]

The desperate Rubén now realizes the full importance of the imminent interview with the King.

Having first reflected with envy on the absence of great conflicts and obligations in the life of a common peasant, the troubled Alfonso, seeking the end of his misery, begs his confidant:

> Garcerán, si el amor que me has debido
> quieres pagar, con sola una fineza
> saldrás de obligaciones. Con tu acero
> abre este pecho, rómpeme las venas;
> mi espíritu desata de estos lazos;
> dame, dame la muerte...[79]

Garcerán, of course, refuses, and, with this, Raquel and Rubén arrive.

The lamentation of the Jewess, backed up by her great beauty moves Alfonso to the compassion she had expected: he orders the revocation of the decree. But the remedy of his lovesickness is not to be procured so easily. The shrewd Raquel, aware of her success, but wary of the vacillation of the King, who, in a moment of anguish, attempts to kill himself, demands sufficient power to preclude the possibility of another such conspiracy. She succeeds in obtaining a promise to spare the Jews and in having Alfonso entrust her with the supreme command of the kingdom.

Alfonso leaves before the arrival of Hernán García and Álvar Fáñez, who are anxious to announce the widespread joy caused by the banishment of the Jews. Instead of finding their king, however, they are once again confronted by his arrogant concubine. Both realize that it will be unbearable with her in power and, when she departs, Hernán suggests that another conspiracy will be their only solution; but this time they will avoid all forms of public manifestation so that no one will even suspect the plot until its pur-

---

[78] *Ibidem*, p. 199. Martínez de la Rosa, *loc. cit.*, pp. 268-9, criticizes this scene between Garcerán and Rubén and classifies it "...de fondo bajo."
[79] García de la Huerta, "La Raquel," *loc. cit.*, p. 203.

pose has been accomplished. With the self-justification of Hernán, Act II ends:

> pues hay casos tan raros y exquisitos
> en que es más fiel el menos obediente
> y más leal el que es menos sumiso.[80]

As the third act begins, the Castilian nobles have already congregated to discuss the remedy of their misfortune. Álvar Fáñez suggests the death of Raquel, but is opposed by Hernán, who shows a sudden change of heart and counsels them to make another appeal to the King's reason rather than resorting to violence. He cannot dissuade the group from its intention, but he does convince them to postpone the assassination until Alfonso leaves for the hunt. He claims this will diminish the inevitable grief of the King and the disrespect implied by such an action: actually, he intends to use this time to inform Alfonso of the plot.

The loyal noble is then informed by Garcerán that Raquel has ordered his exile, charging him with being a fomenter of sedition. Hernán hastens to the palace to reveal the conspiracy to Alfonso; but the King refuses to give him an audience and leaves for the hunt.[81]

Raquel and Rubén are already at work, mismanaging the government in favor of their own people:

> *Rubén.*
>   Ya la hebrea
> nación por mí las gracias te tributa
> por lo mucho, Raquel, que te interesas
> en su alivio. Los pechos, que pagaba
> los servicios, las cargas y gavelas
> están ya suspendidas, y dispuesto
> el reintegro también de todas ellas
> a costa del erario, como mandas;

---

[80] *Ibidem,* p. 218.
[81] Martínez de la Rosa, *loc. cit.,* pp. 273-4, criticizes the artificiality of having the King leave for the hunt, especially in this play, because it observes the unity of time. He feels it unlikely that the King would do this on such an important day, one with so many happenings, and speaks of the public's "atribuyendo la ausencia de Alfonso en tan crítica situación menos a su afición a la caza, que a lo que estorbaba al autor su presencia."

> y porque éste tampoco así padezca,
> al pueblo castellano se duplican
> los impuestos.[82]

The revelation of such oppressive abuses is interrupted by the confused rumble of many voices outside. Occasionally they distinguish a shout clamoring for the death of Raquel. Without the slightest hesitation, the cowardly Rubén deserts the Jewess and flees.

Hernán arrives and offers to help Raquel escape; but she refuses to believe that he is sincere, suspecting this to be nothing more than a ruse to enable him to kill her in secret. She sees her error as the Castilians, ed by Álvar Fáñez, burst into the palace. They pursue Raquel to the throne room, where she has taken refuge.

She faces them courageously, protesting that her only crime has been sincerely to return the love offered her by the King. Her pleas unheeded, the distraught Jewess dispairs of salvation and, with a fatalistic gesture, offers her breast to the conspirators.

Just at this moment, Rubén is discovered hiding behind the throne. Álvar offers him his life if he slays Raquel. The Jew does not vacillate; he stabs her with the sword given him by Álvar and the Castilians withdraw.

Alfonso arrives just in time to hear Raquel's dying words:

> Sí; yo muero; tu amor es mi delito;
> la plebe, quien le juzga y le condena;
> sólo Hernando es leal. Rubén, ¡qué ansia!,
> me mata y yo por ti muero contenta.[83]

These words are motivation for the three anticlimactic elements of the denouement: Alfonso kills Rubén,[84] pardons the loyal Hernán and forbears from his sworn vengeance when the conspirators file in and, prostrated at his feet, humbly offer him their lives.

The sources of *La Raquel* are evident: "De Ulloa y Diamante [Mira de Amescua] aprovechó tanto, que sus contemporáneos llegaron a acusarle de plagio."[85]

---

[82] García de la Huerta, "La Raquel," *loc. cit.*, p. 229.
[83] *Ibidem*, p. 243.
[84] Both Martínez de la Rosa, *loc. cit.*, pp. 276-7 and Álvarez Espino, *op. cit.*, p. 263 would suppress this element which, according to the latter, "afea la figura del rey sin agrandar la catástrofe."
[85] Menéndez Pelayo, *Estudios*, IV, 106.

Elements taken from Mira and Ulloa are the following:

1. The character of Rubén, invented by Mira and developed by Ulloa.

2. The decree which proclaims the exile of the Jews.

3. Alfonso's absence on the hunt when the assassination takes place.

4. The chronology which places the love affair after the battle of las Navas de Tolosa.

These four elements are common to the two previous treatments. García de la Huerta appears specifically to have been inspired by Mira in the fact that Raquel demands great power and authority before she accedes to Alfonso's plea that she remain in the palace.

Martínez de la Rosa[86] cites the influence of Ulloa in the complaint that Hernán García presents to the King and Menéndez Pelayo points out that the following citation from this play:

> Traidores!... Mas ¿qué digo? Castellanos,
> Nobleza de este reino...,

tiene su origen en este final de una octava de la *Raquel*, de Ulloa:

> Traidores, fue a decir; pero turbada,
> Viendo cerca del pecho las cuchillas,
> Mudó la voz, y dijo: "Caballeros,
> ¿Por qué infamáis los ínclitos aceros?"[87]

Significant innovations made by García de la Huerta:

1. The role of Rubén as tutor and confidant of Raquel.

The rabbi, mentioned by Mira and Ulloa, here appears for the first time.[88] He is now not only a mere instigator, but a most evil influence; he counsels Raquel on every move she makes.[89]

2. Raquel dies at the hands of a Jew.

---

[86] *Loc. cit.*, p. 267.
[87] *Estudios*, IV, p. 106.
[88] Cf. Lambert, "Alphonse de Castille...," p. 375, n. 1.
[89] Martínez de la Rosa, *loc. cit.*, pp. 280-1, feels that Huerta's Rubén has been made too despicable.

Rubén, in order to save his life, which is threatened by the nobles, pierces the breast of the unfortunate girl; but his treachery is paid for by his death at the hands of the vengeful Alfonso.

The legend of Alfonso and Raquel also proved interesting material for Spanish authors of the nineteenth century. Its first appearance, probably in the second decade,[90] was the *Diálogo trágico: La Raquel*.[91] This short anonymous work, written for two actors, represents nothing more than the denouement of Huerta's *Raquel*.

The *Diálogo*, entirely in hendecasyllables, consists of a monologue by Raquel before she goes to an audience, another by the King just after his return from the hunt, noise from within, which signifies the assassination, a short dialogue preceding the death of Raquel, an anguished monologue by the distraught King, interrupted by a voice (probably that of the traditional messenger angel) — and the repentance of Alfonso.

A close look at the verses themselves reveals the undeniable influence of Huerta:

Huerta

¿Puede dejar de amarle siendo amada?[92]

Diálogo

Amar y ser amada es mi delito.[93]

In the following example, the author simply amplifies one of Huerta's verses:

---

[90] Wolfgang von Wurzbach, "Die 'Jüdin von Toledo' in Geschichte und Dichtung," *Jahrbuch der Grillparzer Gesellschaft*, IX (1899), p. 115, cites Valencia, 1813 as the place and date of publication. Lambert, "Alphonse de Castile...," p. 381, cites from the edition of "Valencia: en la imprenta de Ildefonso Mompié, 1817." The edition we use carries no date.

[91] *Diálogo trágico. Titulado: La Raquel. fácil de executar en casas particulares sacado de la historia, y adornado con intervalos de musica. por un aficionado*. Con licencia. Se hallará en la librería de Don Isidro López, Calle de la Cruz, y en el Puesto de Josef Sánchez, Calle del Príncipe [s. a.].

[92] "La Raquel." *loc. cit.*, p. 239.

[93] P. 4.

Huerta

De mi pecho arrancar vuestro retrato.[94]

Diálogo

¡Cielos! sin destrozar mi amante *pecho*
de él no puedo *arrancar* el dueño mio;
amor por conservar en él su *imágen*...[95]

It is enough merely to acknowledge the existence of this treatment: no new element is introduced and, with the possible exception of a few poetic verses spoken by Raquel, we cannot but agree with Wurzbach's assessment of the *Diálogo* as a *sehr uninteressantes Gespräch*.[96]

The legend received a romantic treatment in Eusebio Asquerino's drama in four acts, *La Judía de Toledo o Alfonso VIII*, published in 1842.[97]

Suffering from defects common to the period, the play contains various subplots which destroy all unity of action and make for confusion.

Following the proclamation of the Queen's banishment of the Jews, Raquel receives the visit of a masked suitor, Count don Pedro, one of the richest nobles of Castile, but to whose love the Jewess does not correspond. Noise is heard in the vestibule and Raquel, thinking that her brother Samuel has returned, orders Pedro to hide. But the author of the noise is not Samuel; another masked pretender enters in the form of Enrique, who in reality is Alfonso VIII. He attempts to dispel her fear of being banished; but without revealing his identity:

Calma
el hondo dolor del alma,
que no saldrás de Toledo.
Al padre del rey prestó
el vuestro algunos tesoros

---

[94] "La Raquel," *loc. cit.*, p. 207.
[95] P. 4.
[96] Wurzbach, "Die 'Jüdin von Toledo'...," *loc. cit.*, p. 115.
[97] Don Eusebio Asquerino, *La Judía de Toledo o Alfonso VIII, drama original en cuatro jornadas y en verso* (Madrid, 1842).

para hacer guerra a los moros,
y Alfonso no lo olvidó.[98]

More noise from the entrance and Enrique hides. Samuel enters with two other Jews and, when they speak disparagingly of the kingdom, Enrique comes into the open. As Samuel tries in vain to unmask the stranger, a bailiff arrives to arrest the three Jews, who have been denouced as conspirators. He is drawn aside by the disguised King, who pulls back a corner of his mask and whispers a few words. The bailiff obsequiously takes leave of Enrique and carries off only two of the Jews, leaving Samuel and Raquel with their masked visitor.

Once the officers of the law have departed, Don Pedro comes out of hiding. Enrique, upon seeing another masked visitor, suspects a rival and fears infidelity on the part of Raquel. She denies ever having loved Pedro and professes her love for Enrique. This infuriates Pedro, who challenges his rival to a duel. The two leave and the confused brother follows precipitately, swearing vengeance on the victor.

In Act II, Rodrigo, the King's confidant, brings a parchment to Raquel and Samuel which exempts them from the banishment for the reason above alluded to by Enrique. Samuel, believing that the noble has obtained their pardon only in order to continue to dishonor his sister, takes her to the palace where, in front of the Queen, he rips the parchment to pieces and declares that they will not save themselves at the cost of their honor. The Queen, infuriated by this audacity, commands the arrest of the Jew as the King arrives. Raquel, without looking at his face, throws herself at his feet, begging compassion for her brother. Upon noticing the King's surprise, the Jewess raises her head, recognizes her lover, exclaims "¿Es Enrique? ¡Ah!"[99] — and faints; the King revokes Leonor's order of arrest.

Another interesting fact is revealed in this act. In a conversation between Don Pedro (who escaped from the duel with only a wounded arm) and Esteban Illán, we learn that the latter had years ago loved a married Jewess, who was killed by her jealous husband.

---

[98] *Ibidem*, p. 17.
[99] *Ibidem*, p. 47.

Just as these two nobles are criticizing the idleness of the King, an armed Alfonso appears, ready to march against the Moors.

After the army's departure, the vengeful Queen arrests Samuel and his sister, who are imprisoned in the tower of San Román and guarded by —of all people— Don Pedro. The compassionate noble decides to free them but just then news of Alfonso's defeat at Alarcos is brought by irate citizens, who attribute all the blame to the Jewess. Illán arrives and, in a conversation with Samuel, discovers that Raquel is the fruit of his youthful escapade.

Leonor comes upon the scene, seeking the death of the Jewess, but, upon hearing the plea of Illán, she calms the populace and authorizes Samuel and Raquel to depart from the kingdom, never to return.

So that no one is missing for the finale, Alfonso arrives and approves of Raquel's exile. The curtain falls as the distraught girl departs, having to lean on her brother for support.

This most anticlimactic denouement is important only in that it contains one of the three significant innovations of Asquerino:

1. The exile of the Jewess instead of her assassination.

The others are:

2. Raquel's having a Christian father.
3. The existence of a rival for Raquel's love.

Clear-cut sources are not in evidence, perhaps having been obscured by the very personal ideas of Asquerino, who has given a cape and sword twist to the traditional treatment of the legend.

We do detect the influence of some preceding work in the banishment of the Jews: but it could have come from Mira, Ulloa or García de la Huerta. It also seems likely that Lanine's *El rey don Alfonso el Bueno* served as inspiration. Both authors terminate the love affair immediately following the defeat at Alarcos and there is a certain reminiscence of Don López de Haro, father of the supposed Moorish Zoraida and of the love of Álvar Núñez for the unbeliever in parallel elements which appear in more synthesized form in Asquerino's play.

In 1849, Joaquín Pardo de la Casta published his novel, *Raquel*,[100] in book form. In a short preface, the author, about whom

---

[100] Joaquín Pardo de la Casta, *Raquel, novela original*, I, II (Valencia, 1849). (To our knowledge, this novel has never been considered in any preceding study of the legend of the Jewess of Toledo.)

we unfortunately know nothing, claims to have begun publishing this work in the newspaper *Esmeralda* when he was only eighteen years old. Aside from the literary inexperience of its author, the novel ails from romantic extravagances of the period, which are most evident in the action and in the plot structure.

Betsabé, hunchbacked servant of the jeweler, Isaac, and his daughter, Raquel, is attempting to persuade her eighteen year old mistress to accept Don Álvaro, Count of Fuen-Saldaña, as her lover. But Raquel's love for Enrique, archer in the King's service, leaves no room for the Count, whom she, in addition, despises.

As a discouraged Betsabé departs, Enrique arrives. The ensuing conversation reveals that, since the first meeting of these two lovers, the Jews have had a staunch protector in the King.

Later, Alfonso confides in the Count and tells of his love for the Jewess, Raquel. Don Álvaro stifles his surprise and rage and swears vengeance. He finds a partner in crime in the Queen who, ignored by her husband since a few days after the return from their wedding in Burgos, has finally learned of Raquel through Alfonso's majordomo. They plot to have Raquel poisoned by Don Álvaro's intermediary, Betsabé. The Queen then recounts an experience which has made her certain of the success of their conspiracy. She recently went to consult the magic mirror of a necromancer. There were two mirrors in a small room and already seated at one was another woman. The Queen's glass cleared and she saw a most gratifying picture: the corpse of a beautiful young woman and, in the background, a man and woman who appeared to be Alfonso and herself and who "...se prodigaban tiernas caricias".[101] Just then, the other woman shrieked and fainted. Leonor recognized her face as that of the corpse and saw an identical picture fading from the second mirror.

Raquel, who had nearly fainted upon discovering that her father was carrying on the nefarious practices of the deceased magician Rugeri, is led by the mirror's picture and by the coincidence of Enrique's failure to come to her during all of Alfonso's absences from Toledo to suspect the true identity of her lover, but she is not convinced.

---

[101] *Ibidem.*, I, p. 94.

Betsabé reveals in a monologue her personal reasons for wanting to wreak vengeance on two of the principal characters. Her mother had been burned as a witch on the orders of the Emperor, Alfonso VII, and Betsabé, as a young girl, had been spurned in love by Isaac. She managed to be taken in by him as a servant and secretly poisoned his beautiful young wife, Rebeca. To avenge her mother, she wants to kill the Emperor's grandson, Alfonso VIII, and to repay Isaac fully, she wants to kill his daughter.

This deep-seated hate makes Betsabé readily accede to the proposition of the Count, who had held her son Gorrión hostage in case more than financial persuasion were necessary. Don Álvaro is now exhorted by Betsabé to plot Alfonso's death. They agree that both Raquel and her lover shall be poisoned at the same time.

Don Álvaro, on the way to the magician's den, sees Alfonso return to Toledo. The Count quietly slips into the cave and hears Isaac reading from a chapter in Rugeri's book, "Horrorosos efectos del veneno Armenium:" "...el veneno es tan rápido y sus estragos tan horrorosos, que le hacen casi inútil; porque ¿quién se servirá de él, siendo así que la persona que lo prueba se siente morir casi al mismo tiempo que entra en su cuerpo?"[102] Don Álvaro gleefully buys a vial of the horrible poison, and leaves. Isaac, ashamed of this evil practice and afraid his daughter will learn of it, determines to request the King's permission to leave Toledo and move to Valencia. He departs for home as Volume I ends.

The second volume treats the day after the return of the King. Great celebrations are in order and the reader is to be besieged with an over-abundance of details.

Gorrión comes upon the scene, bragging to his friend Dominguillo of one hundred gold pieces which he has just acquired. He tells of having overheard the plot formed by his mother and Don Álvaro and of having stolen the gold from the Count's home. He is anxious to try his luck at gambling and, in answer to Dominguillo's warnings about losing it all to professionals, responds: "...sé un secreto por cuya revelación daría el rey mucho dinero. Si pierdo el que tengo, se lo revelo, y si por el contrario gano, me lo callo."[103]

---

[102] *Ibidem*, p. 205.
[103] *Ibidem*, II, p. 80.

Isaac obtains an audience with the King and makes his request. He foolishly bases it on the fear of having his daughter taken advantage of by Christian nobility and is jailed by the infuriated King, who is ignorant of the identity of this insolent subject.

Raquel had given in to her curiosity that afternoon and gone to see the King pass in a procession. She recognized him as her Enrique and is now at home, disconsolate, believing that only death will bring an end to her grief. She asks Betsabé for water and the treacherous servant gives her the poisoned drink.

The poison has bareley begun to take effect when the King arrives, disguised as Enrique. Raquel at first upbraids him for deceiving her and rejects his advances but, upon realizing that she is actually dying, she decides to make happy use of her last minutes with the man she loves. The late hour makes her express wonder about the return of her father, who had left that morning to request permission to move to Valencia. Alfonso realizes that he has jailed Raquel's father and promises to set him free that very night. She requests another drink: it tastes odd and, when Alfonso asks to drink from the same glass, a premonition makes her smash it on the floor. She dismisses Alfonso, begging him not to forget to free Isaac.

As the King leaves, Raquel is convulsed with pain. Don Álvaro, who had been hiding in the room all the time, comes out to sollicit her forgivenness. She pardons him and begs him to run for a doctor.

Evidently, Gorrión lost his money; he arrives at the palace to inform Alfonso of the plot. The King writes an authorization for Hernando de Besanzon to kill Don Álvaro and has the court doctors sent to try to save Raquel.

Countess María has learned by eavesdropping of Alfonso's authorization to kill Don Álvaro. She sends a page to warn him to leave Toledo.

When Isaac arrives home from jail, he finds the vial which had contained the Armenium. Raquel hears his confession of having sold the instrument of her death and, with her dying words, tells him that Betsabé administered the poison. Just then, the voice of the frantic servant is heard outside. The guards would not let her leave the city and she has come back seeking the aid of the Count.

Isaac waits for her to enter and stabs her. She then confesses the murder of Rebeca, which earns for her another *puñalada*.

Don Álvaro arrives with a doctor, whom he dismisses upon learning that Raquel is already dead. He meets María's page and decides to follow her counsel. But he is met by Hernando at the city gate and killed.

An epilogue resolves the fate of virtually every character, including Isaac's dog, Sart. The author suggests that Alfonso's grief was finally assuaged, either by time or by "...la presencia del ángel, que según nos cuenta la crónica se le apareció en Illescas por mandato de Dios..."[104] This reference to the *crónica* would indicate a knowledge of the traditional account of the legend. The only other unquestionable source of inspiration seems to be Cazotte:[105] the magic of Ruben is here represented in the practice inherited by Isaac.

This novel also contains many elements which appear in Asquerino's play: the idea of a rival lover, the use of Raquel's house for so many important scenes and the alias used by the King. However, further investigation is required to determine whether the novel installments appeared before or after 1842.

The only significant innovation is that Raquel is poisoned.

In the Biblioteca Nacional de Madrid, there is a manuscript, dated 1859, of Pedro Pardo de la Casta's romantic drama, *Raquel, o los amores del rey Alfonso VIII*.[106] On the last page is the censor's approval, dated April 29. The play was published by the author the same year in Zaragoza[107] and, according to Lambert,[108] had a second edition in La Coruña in 1862. Starting with Act III, the two versions show significant variations, which we shall indicate, but the drama, in general, is nothing but a theatrical adaptation of the novel just treated. The only deviations in plot are slight and entirely

---

[104] *Ibidem*, p. 188.

[105] See pp. 103-106.

[106] Don Pedro Pardo de la Casta, *Raquel, o los amores del rey Alfonso VIII, drama trágico en 5 actos y en prosa*, 1859 [Ms. 14.478. N.º 9, Biblioteca Nacional, Madrid].

[107] D. Pedro Pardo de la Casta y Esteban, *Raquel, o los amores de Alfonso VIII, rey de Castilla, drama histórico, en cinco actos y en prosa* (Zaragoza, 1859).

[108] Lambert, "Alphonse de Castille...," p. 391, n. 3.

a product of the imagination of the playwright, who does not hesitate to reproduce verbatim page after page of dialogue. It would apear that Don Pedro was very likely dealing with the work of one of his relatives, to which he was quite faithful in his manuscript version. However, for the stage performance which, as indicated by the *reparto,* actually did take place, he made modifications which deleted the tragic quality of the denouement and other minor changes of questionable taste.

According to both the manuscript and the printed version, the action passes in 1136, an apparent liberty termed "singulièrement audacieuse"[109] by Lambert. Unfortunately, this critic knew nothing about Don Joaquín's novel, the source of this error. We reproduce the opening words of its two volumes:

> Volume I: El arrabal de la ciudad de Toledo presentaba en los últimos años del siglo XII...[110]

> Volume II: El repique de las campanas despertó a los habitantes de la vieja ciudad de Toledo al amanecer el día 20 de mayo del año de Cristo 1136.[111]

The date mentioned in Volume II is reproduced in the play, but its appearance in the novel seems to be due to a typographical error or to an unconscious slip of the author, who had started the action of his work "...en los últimos años del siglo XII..." and who frequently refers to the battle of Alarcos as a past event.

The opening scene, a reunion of drunken soldiers of the count of Fuen-Saldaña, which establishes a tone meant to represent the lassitude of the whole kingdom while Alfonso is sacrificing his duties to his illicit love for a Jewess, corresponds to I, v of the novel.

Enrique's visit follows, but here a new element is interjected. Following the departure of this suitor, Isaac arrives home worn out from his work and goes to bed. Raquel, also very tired, lies down to rest on the divan. Silently, Betsabé places a ladder outside so that Don Álvaro may enter. Her lies of assurance that she is slowly winning over her mistress are interrupted by the voice of Raquel,

---

[109] *Ibidem,* p. 391.
[110] Joaquín Pardo de la Casta, *Raquel,* I, p. 9.
[111] *Ibidem,* II, p. 5.

who is dreaming and speaking of Enrique. Don Álvaro's instinctive anger at having a rival named gives way to his lascivious intention of enjoying the favors of the Jewess under the disguise of her beloved Enrique. He dims the lights and is drawing near the sleeping beauty when suddenly a scuffle is heard in the garden, along with cries for "socorro" coming from Fortún, Don Álvaro's lackey. The thwarted noble leaves via the window as Act I ends.

Alfonso reveals his secret to his confidant, who, with the Queen, plots Raquel's death.

Almost all of Act III seems to be derived from the element of magic introduced in Cazotte's story. Isaac, carrying on the practice of Rugeri, whose cave he has inherited, along with all his aparatus and formulas, receives successive visits from the Count, Leonor and Raquel. The printed version offers two significant variants in this act. First, the magic mirror reveals only the picture of the King and the Queen, omitting the cadaver of Raquel. In the manuscript version, Isaac's monologue about wanting to leave Toledo follows the third visit and the identity of all of his clients passes unknown. The printing has Raquel faint from the mirror's message and from the shock of having discovered that her father is the magician. Betsabé, in her appeal to Isaac for aid, reveals to him that this visitor is his own daughter. The magician's monologue is here placed before the visit of Raquel. His daughter's presence in the cave arrouses his suspicion: he makes her admit that she is suffering because of a man and her final confession, that this man is not a Hebrew, infuriates Isaac and perhaps justifies better the tenor of the petition he will later present in court.

Act IV and the beginning of Act V in both versions faithfully reproduce the action of the novel through the poisoning of Raquel and her interview with Alfonso, disguised as Enrique. At this point, the two versions begin to differ greatly. Following the manuscript, the poison Armenium, which, according to Isaac's diabolical description, we should have thought more potent, finally convulses Raquel in scene four. Before her death, Don Álvaro arrives in time to throw himself at her feet and receive the pardon of his waning victim. As the absolved noble leaves, Isaac precipitately arrives and, finally, Raquel dies in her father's arms.

The King appears in his archer's disguise, disconsolately laments the death of his beloved, learns who the culprits are and authorizes

Hernando to slay Don Álvaro. Alfonso then condemns Betsabé to be burned, orders that Raquel be buried with dignity and the curtain falls as the King laments his own "...cáliz de tan amarga hiel."

In the printing, after Alfonso departs, Isaac arrives from jail. He sees the empty vial which contained the Armenium and fortunately happens to have an antidote (Again, we are forced to wonder about this poison of "horrorosos efectos," which took some four hours to do its job in the novel, four scenes in the manuscript version and which is here so easily counter-acted.). As it is administered, the weakened Raquel falls back, unconscious.

Betsabé, thwarted at the city gates, now returns to seek the aid of Don Álvaro. She is confronted by Isaac, who announces that she will be burned, as was her mother. With a satanic grin, Betsabé also confesses having killed Rebeca.

The King then arrives, masked, and believes Raquel to be dead. He orders the execution of Betsabé and, while crying disconsolately at the feet of the still inanimate Raquel, drops a parchment he had brought. Don Álvaro arrives and Hernando, acting on the King's authorization, slays him outside in a duel. He and Alfonso then depart for war. Once they have left, the antidote takes effect: Raquel regains consciousness as Isaac is unrolling the parchment which, of course, contains permission for father and daughter to move to Valencia. And here the play ends.

The censor's approval in the printing, as well as in the manuscript, is dated April 29, while the former was dedicated on June 6, indication that the reforms were made between these dates, without necessitating further submission to the censor.

The pristine version of the drama does not quite deserve all of the severe criticism which Lambert directs at the edition he handled. But, of course, literary criticism leveled at the play goes back ten years at least, to the novel which, page by page, was faithfully copied by its adapter.

The legend inspired a *drama-lírico* in 1891, the *Raquel*,[112] of Ángel Lasso de la Vega. García de la Huerta and Asquerino appear to be the only predecessors to have influenced the author, whose

---

[112] Ángel Lasso de la Vega y Argüelles, *Raquel, drama-lírico en un acto y en verso* (Madrid, 1891).

significant innovation is that Rubén assumes the role of a suitor of Raquel.

As the action commences, Toledo is anxiously awaiting the return of Alfonso, who has just conquered the Saracen host (Here we find the anti-historical element introduced by Lope and perpetuated by García de la Huerta.).

The King passes in front of the house of Raquel, who, upon seeing the conquering hero, is perplexed as she recognizes her own lover of bygone days. At this most inopportune moment, Rubén declares his love and receives the decisive rejection of the Jewess. The jealous Rubén senses what he classifies as an "infausto amor" — and departs.

After his triumphal entry, Alfonso returns, masked, to Raquel's house, with the intention of resuming the love affair which was interrupted by the Crusade. Unfortunately, he encounters a disillusioned Raquel, who declares the continuation of their affair to be impossible. The impetuous Alfonso will not be denied; he carries her off as the first scene ends.

Raquel, alone in the palace, soliloquizes on a dream in which she herself was Florinda, La Cava; she interprets this as an omen of her own death.

Suddenly, a tumult is heard outside and voices clamoring for Raquel's death can be distinguished. Before these Castilian conspirators can arrive, however, Jacob, Raquel's father, Rubén and other Jews arrive upon the scene. The jealous lover kills Raquel and Alfonso immediately enters, swearing vengeance. A choir calms the King, moves him to contrition and ends the work with a justification of the assassination:

> A su muerte nos ob[l]iga
> tu infausta pasión.
> Esa muerte te desliga
> de torpe baldón.[113]

---

[113] *Ibidem*, p. 16.

In the same year, there appeared another *drama-lírico*, *Raquel*,[114] by Mariano Capdepón, with music by Antonio Santamaría.[115]

There can be little doubt that García de la Huerta's *La Raquel* served as Capdepón's chief source.

In the palace, the imminent exile of the Jews has just been proclaimed. Lara confesses to the King his love for a Jewess and requests permission to marry her, thus exempting her from banishment. Alfonso gives his consent and reveals that he too has a similar love for a Jewess, which he has not been able to consummate.

Lara arrives at the house of Raquel to give her his good news. She interprets the permission given to Lara as a sign of the King's disinterest in her, but gains hope when Lara reveals that he did not mention her name when he told the King of his love for a Jewess.

Her doubts are fully dispelled by her pretender's next speech:

> Y me han dicho que el monarca
> con delirio ciego amó
> a una hebrea.
> ... ...
> ...y aun temen,
> y no es vano su temor,
> que si torna el Rey a verla
> ... ...
> no resista a los encantos
> de la hermosa que adoró[116]

At this moment, a group of Jews arrives to request that Raquel interceda for them in an attempt to avert their exile. From comments made, Lara realizes that Raquel is the woman loved by Alfonso; he curses her and storms off as Act I ends.

On the day consigned to the exile, Raquel and Rubén arrive at the palace. The jealous and vengeful Lara has ordered the guards not to admit them, but the two ambassadors of the Jews succeed in entering disguised as priests.

---

[114] Mariano Capdepón, *Raquel, drama lírico en tres actos* (2.ª ed.) (Madrid, 1891).
[115] Lambert, "Alphonse de Castille...," p. 393.
[116] Capdepón, *op. cit.*, p. 12.

Alfonso, as soon as he sees Raquel, exclaims:

¡Triunfa mi amor! Quien reina en mi albedrío
bien merece ceñir esta corona.[117]

Raquel is put upon the throne and the indignant Lara, unable to restrain himself, calls her a "ramera vil." The infuriated King condemns this audacious subject to death. Before the guards escort the prisoner from the room, Lara reveals that Raquel is the Jewess he himself had loved.

In the third act, the conspiracy has already been organized when Lara appears, having escaped from confinement. He is anxious to be the assassin of Raquel and procures from the cowardly Rubén, whom he has caught spying, the key to a secret tunnel that leads to Raquel's dwelling.

While the nobles conspire, Alfonso begins to grow suspicious of Raquel, who, out of compassion, has made repeated intercessions to try to save Lara's life:

Dicen que no se olvida amor primero;
¿Fue quizás el amor de mi judía ambición solamente?[118]

The King leaves for the hunt and the uprising begins. Raquel attempts to flee by way of the secret passage but, upon opening the door, is confronted by Lara. The noble raises his sword — but can not strike the blow, and lets it fall at his feet. He urges her to flee. Alfonso enters, feels that the situation confirms his suspicions and calls Raquel an "impúdica judía" and a "ramera ambiciosa." The wretched girl seizes Lara's sword and, in proof of her love for Alfonso, throws herself upon it. The disillusioned King tries to follow his beloved by killing himself, but the conspirators arrive and restrain him.

The romantic denouement and the suicide of Raquel are the only innovations of Capdepón and are, aside from the element of the rival lover, which is perhaps the influence of Lanine, Asquerino or Lasso de la Vega, the only deviations from Huerta's tragedy.

---

[117] *Ibidem*, p. 19.
[118] *Ibidem*, p. 31.

The next treatment in Spanish literature is the two page chapter, entitled "La judía Raquel," in V. García de Diego's, *Antología de Leyendas*,[119] first published in 1953.

Rather than finding, as might have been expected, a traditional account of the theme, we discover several unprecedented elements in this original interpretation.

The Jewess here lives on the inheritance left by her deceased father and has been warned of "amores con un rey" by a gypsy.

One day, she meets a gallant young hunter and falls in love with him. When, after some time, she discovers that her hunter is Alfonso VIII, "...la joven se horrorizó ante el abismo que se abría a sus pies y los separaba; su unión con el Rey era imposible. Sin embargo, su amor, más fuerte que su vida, le impedía renunciar a él y se dejó arrastrar por su fatal destino con su corazón fundido en el de aquel hombre. La predicción de la gitana se había cumplido."[120]

An unmentioned period of time elapses before the jealous Queen and the nobles plot the assassination of Raquel, which is carried out while the King is away on oficial business.

Upon his return, the infuriated Alfonso exiles all of the conspirators, including the Queen, and constructs a magnificent tomb for Raquel. It is while praying at this very tomb that the traditional angel appears and announces to him the loss of his male heirs and the future defeat at Alarcos. He thinks it is the voice of his deceased Raquel speaking to him — and so, leaves his idleness and sets about reconquering his territories from the Moors.[121]

---

[119] V. García de Diego, *Antología de leyendas de la literatura universal*, 2 vols. (Barcelona, 1955).

[120] *Ibidem*, I, p. 206.

[121] A tragedy, *Raquel*, dealing with the legend was written in the eighteenth century by José March Borrás; concerning its exact date and its contents, we have found nothing. Murray, *op. cit.*, p. 173, reports having found, in the *Catálogo general* of the Sociedad de Autores Españoles (Madrid: R. Velasco, 1913), mention of a nineteenth century play entitled *La Judía de Toledo*, by Francisco Villegas; but he was unable to locate the play itself. In a note to page 99 of the *Catalogue* of his collection, George Ticknor writes: "*La Judía de Toledo*, attributed here to Diamante, was written by Mira de Mescua, and was founded upon a play of Gabriel Téllez, entitled *La villana de Vallecas*." The highly amusing play of intrigue has absolutely nothing to do with the subject of our legend; perhaps Ticknor confused the numerous titles of Tirso's plays and there is still another treatment which we have not yet uncovered. See also p. 128, n. 208.

B. THE LEGEND IN FRENCH LITERATURE

The French treatments of the theme of the Jewess of Toledo show a greater deviation from the traditional legendary accounts than do those of any other literature.

The first is *Rachel ou la belle Juive*,[122] by Jacques Cazotte. This version of the legend, written between 1778 and 1788, is cited as an illustration of Cazotte's interest in occultism and as the author's only story which shows any appreciable debt to previous European literature.[123]

Cazotte, having classified his treatment as a "nouvelle," writes:

> La nouvelle qui suit est tirée de la *Chronique générale* espagnole. Elle fournit le sujet de deux romans, fort rares aujourd'hui et presque inconnus, et de quatre tragédies dans la même langue. Le dernier de ces drames, mis au théâtre par don Vincent Garcia de la Huerta, est le seul qui y soit demeuré. C'est une des tragédies les moins irrégulières de cette nation.[124]

The three other plays most probably are those of Lope, the one attributed to Diamante and Lanine Sagredo's.[125] The reference to *romans* may very well have arisen from Cazotte's attempt to render *romance* in French.[126]

In a prologue to his short story, Cazotte cites the following as historical background:

> Le roi Alphonse, personnage mis sur la scène, est Alphonse Raymond, fils de Raymond comte de Bourgogne, et mari de la célèbre Urraque.[127]

---

[122] Jacques Cazotte, "Rachel ou la belle Juive," *Bibliothèque Nationale* (Paris, 1865).

[123] See Edward Pease Shaw, *Jacques Cazotte* (Cambridge, 1942), p. 69.

[124] Cazotte, *op. cit.*, p. 149.

[125] Lambert, Alphonse de Castille et la Juive de Tolède," *Bulletin Hispanique*, XXV (1923), p. 382: "Les trois autres tragédies dont il s'agit sont probablement celles de Lope de Vega, de Diamante et peut-être celle de Lanini ou le drame inconnu de Mira de Amescua." See p. 65.

[126] Lambert, "Alphonse de Castille...," p. 382, offers two possibilities: (1) "...que Cazotte a confondu *roman* et *romance*." (2) "...que Cazotte parle... des *romanciers* qui attribuent á son héros d'avoir détruit deux cent mille Maures dans une seule bataille."

[127] *Cazotte*, op. cit., p. 149.

Further on, he adds more erroneous data, confusing Toulouse with Tolosa and changing the name of the Queen:

> ...après avoir gagné une victoire mémorable dans les plaines de Toulouse, il vient s'établir tranquillement à Tolède, avec son épouse Ermengère.[128]

After such an introduction by the author, we should not be surprised to see a striking departure from traditional elements of the theme, in spite of Cazotte's professed debt to the *Crónica general*.

García de la Huerta had transformed Mira de Amescua's scheming rabbi into the insidious confidant and tutor of Raquel. Cazotte makes him even more despicable in the role of an unscrupulous magician. Whereas, in García de la Huerta's *Raquel,* Rubén himself was the reason for the rise to favor of Raquel, and while his successes were the fruit of his own intelligence, Cazotte explains each event as a work of magic.

Garcerán Manrique de Lara, confidant of the King, encounters a boastful Jew, who claims to possess magical powers. The noble, who has suspected infidelity on the part of his beloved Diane, requests a view of her at just that moment. A magic mirror is produced and Diana is seen — being unfaithful to her suitor.

Astounded, Garcerán returns to the palace and recounts the event to Alphonse.[129] The King refuses to believe the story and orders the Jew brought to the court.

Ruben arrives, presents his mirror and declares that it will reveal to them the object they desire to see. Alphonse, not taking the Jew at all seriously, says to Garcerán: "Au moins..., si cette farce doit finir par un spectacle, il faut qu'il soit agréable... demandons à voir la plus belle femme qui soit en Espagne."[130]

The glass clouds, and when it clears the image of Rachel is revealed. Alphonse, overcome by her beauty, orders her found and brought to the palace. Ruben claimes to know her and announces that he himself will be able to bring her if he may only have a picture

---

[128] *Ibidem*, p. 150.
[129] Cf. Murray, *op. cit.*, p. 190: "Manrique de Lara, a favorite of Alfonso's, tells the Kings that he has proof that the King's mistress is unfaithful."
[130] Cazotte, p. 156.

of the King to give to her. Alphonse delivers the picture and Rubén departs.

As soon as Rachel arrives, Alphonse instanteneously falls in love with her. Queen Ermengère withdraws to Oreïa and Alphonse and Rachel live together in the palace.

Time has elapsed when Fernand de Lara brings news of the vehement dissatisfaction and complaints of the populace about Rachel and the whole Jewish community. He succeeds, finally, in convincing the King to exile the Jews.

The cunning Rubén counsels Rachel to request a final audience with the King. At that moment, if she touches Alphonse with his own picture, the magician assures that the King will not be able to let Rachel leave him.

The audience conceded, the Jewess prostrates herself at Alphonse's feet, touching him with his picture. The effect is just as Ruben predicted it would be: Rachel, slowly moving away, is stopped by the cry of Alphonse: "Non, lui dit-il, non, divine Rachel! Vous ne me quitterez point."[131]

Rachel once again takes her place in the palace, but the patience of the populace of Toledo has reached its breaking point. A conspiracy is organized and the assassination of the concubine is to be carried out instantly, while Alphonse is away, hunting.

In the murder scene, the nobles, having entered the palace, find Rachel with the cowering Ruben. Their leader, Alvar Fanès, confronts the magician: "Lève-toi, malheureux! lui dit-il, tu trembles pour ton odieuse vie, tu as un moyen de la sauver; prends ce poignard, perce le coeur de ton indigne complice, ou, dans ce moment, je te fais vomir ton âme sacrilège."[132] Ruben strikes the fatal blow, sinking the dagger into the breast of Rachel.

Meanwhile, Alphonse, informed of the conspiracy by the loyal Fernand de Castro, stops the hunt and gallops back toward the palace, closely followed by the messenger. At the moment of Rachel's death, Alphonse wavers in the saddle; Fernand catches up and grasps the King just as he is about to fall. At first unable to revive the unconscious King, Fernand opens Alphonse's shirt and finds upon his chest a picture of Rachel. He takes the picture and

---

[131] *Ibidem*, p. 172.
[132] *Ibidem*, p. 183.

throws it into a mud puddle, whereupon Alphonse immediately regains consciousness.

The arrival of the King is fearfully awaited by the conspirators, but they are astounded upon hearing his first words: "Je ne rentrerai pas dans la ville que Rachel et tous les juifs n'en soient bannis, et je ratifierai tout à que vous aurez jugé à propos de faire pour tranquilliser ma nation: mais si Rachel est morte? ...Mes sujets auront pu vouloir sa mort, mais aucun ne sera chargé du crime..."[133]

Cazotte faithfully follows the plot of García de la Huerta's *Raquel,* with the exception of the denouement. Here, the odious Ruben is not the victim of Alphonse's wrath and the King's return from enchantment eliminates the need for a truly tragic end. The innovation of Cazotte is his introduction and extensive use of magic.

It has been said that perhaps the story is little more than an attack directed by a member of religious French society against charlatan magicians: "Cazotte was bitter enough against the popular magicians of France to symbolize their whole class in the unlovely figure of Ruben."[134]

Quite possibly, the legend served as source material for Scribe's, *La Juive, opéra en cinq actes,*[135] presented for the first time on February 23, 1835. Arvin speaks of the "historic evocations"[136] of the opera, but mentions concretely no source.

With the action reduced and altered to accommodate the medium of opera, it is impossible to recognize the specific influence of any previous treatments of our theme. However, the love of a great noble for a Jewess named Rachel, the indignation of the court and its assassination of this paramour of extreme beauty indicate a parallelism close enough to include *La Juive* in our study.

---

[133] *Ibidem,* p. 185.
[134] Shaw, *op. cit.,* p. 71.
[135] Eugène Scribe, "La Juive," *La France Dramatique au Dix-Neuvième Siècle* (Paris, 1835). For a reference to two French treatments we do not study, see p. 128, n. 208.
[136] Neil Cole Arvin, *Eugène Scribe and the French Theatre* (Cambridge, 1924), p. 18.

C. THE LEGEND IN ENGLISH LITERATURE

There is also a treatment of the legend of Alfonso and Rachel in English, the chapter entitled "The Fair Jewess," in Telesforo Trueba y Cossío's *The Romance of History. Spain*,[137] a collection of legends in two volumes, published in 1830.

Trueba takes no stand as to the historicity of the love affair:

> Alonzo was one of the most chivalrous characters that adorn the Spanish history; his life was romantic, and rendered interesting by the story of the unfortunate Jewess, Rachel, which is admitted as true by credible historians, although treated by many others as fabulous.[138]

Menéndez Pelayo[139] affirms that the work is almost entirely based on García de la Huerta's *Raquel*. In effect, immediately following the introduction to the chapter is a picture of the two lovers, reclining on a couch, with a four verse caption, taken from the *Raquel*.

> Pues si Raquel a Alfonso tiraniza
> quien quebranta sus hierros y cadenas,
> quien a su rey liberta de un desdoro
> ¿no obra como leal?[140]

There is no evidence of influence other than that of García de la Huerta, to whose treatment Trueba adheres closely with respect to the external features of characters and plot. The principal modification here is a softening of the severe judgment merited by García de la Huerta's Jewess, who was characterized by calculating ambition. A new Rachel is presented from the start, in the unique interpretation of her first encounter with Alfonso:

> It was not the dazzling allurements of empire that had seduced the heart of Rachel. When she first saw the King,

---

[137] Telesforo Trueba y Cossío, "The Fair Jewess," *The Romance of History. Spain* (London: Frederick Warne and Co., 1872), pp. 200-214.
[138] *Ibidem*, p. 199.
[139] *Estudios sobre el teatro de Lope de Vega*, IV, p. 106, note 2.
[140] Trueba y Cossío, *op. cit.*, p. 200.

he was enjoying in strict incognito the sport of the chase, of which he was passionately fond. The impression which his gallant bearing and winning manners made on the fair Jewess, was equal to the passion with which he in return was inspired by her beauty. This passion could not but gather additional strength from the conviction that neither sordid interest nor proud ambition had awakened it. Alfonso was loved for himself alone, and not from any adventitious allurement which he might gather from his rank and power.[141]

Once Rachel is established as the King's lover, Ruben, spokesman for the Jewish populace — and here the uncle of the Jewess — uses her to bring royal favor to his people. This abuse of her position exasperates the nobles who, under the leadership of Álvar Fáñez, plot the assassination of Rachel.

Trueba here interpolates one of the few interpretations of the Jewess' beauty which can be found throughout the treatments of the legend: "The olive hue of her race was not discernible in Rachel, and it was this circumstance that procured for her the title of the *fair* Jewess."[142]

On the morning of the day assigned to the assassination, Rachel relates to Alfonso the details of a strange dream from which she has just awakened. While on a hunt, she witnessed the slaying of a boar which, upon dying, was changed into her uncle Ruben. She fell asleep again — and again dreamt of the hunt. This time, the hunters killed a timid doe. The doe, as it was dying, began slowly to assume the form of Rachel; then a voice spoke to the dreamer, saying: "Rachel! Rachel: Beware the chase, for it is the chase that will cause thy doom!"[143]

Alfonso tries to comfort her and asks her to accompany him on the hunt planned for that day. Rachel refuses and the King departs.

Early in the afternoon, Alfonso witnesses the killing of a boar and of a doe by the skillful hunter, Rodrigo Roelas. Recalling the dream of his beloved, he races back to the palace, arriving only in time to see the bloody head of Ruben being waved in the air on

---

[141] *Ibidem*, p. 204.
[142] *Ibidem*, p. 210.
[143] *Ibidem*, p. 214.

the point of a lance. Alfonso has also arrived in time to hear the dying words of Rachel.

Manrique de Lara reveals that the Jewess has been killed by a slave.

The vengeful Alfonso is calmed immediately as he recognizes the humility of his vassals and understands that they have acted sincerely in consideration for the whole kingdom. He pardons them all.

Significant innovations of Trueba:

1. Alfonso and Rachel meet for the first time during the hunt.
2. Ruben is Rachel's uncle.
3. A slave kills Rachel.
4. The malefic confidant of the Jewess meets his end at the hands of the populace.

D. THE LEGEND IN GERMAN LITERATURE

The first appearance of the theme in German Literature was *Rahel oder die schöne Jüdin* (1789), drama in three acts by Johann Christian Brandes. The play was published one year later.[144] Lambert[145] affirms that this is nothing more than an imitation of García de la Huerta's *Raquel* and cites Brandes' own confirmation of this debt:

> J'avais poussé mon travail à ce point d'achèvement lorsqu'on m'envoya la nouvelle espagnole sur Rachel. Je la lus et je trouvai que mon devancier de la Huerta avait choisi avec prudence et goût parmi les données de l'histoire, mais sans utiliser tous les éléments qui convenaient à sa tragédie. Ce fut l'occasion pour moi de remanier à nouveau mon drame et d'y compléter, d'après l'histoire que j'avais sous les yeux, ce que devait y être complété.[146]

---

[144] Johann Christian Brandes, "Rahel oder die schöne Jüdin," *Sämtliche dramatische Schriften*, III (Hamburg, 1790): We have not been able to locate this play.

[145] Lambert, "Alphonse de Castille," p. 385.

[146] *Ibidem*.

In 1789, the German translation of Cazotte's short story was sent to Brandes who, upon reading the French version of the theme, modified his play — but very slightly, as indicated by Lambert:

> Cependant, à part quelques détails tels que le début du 3ᵉ acte, où les préparatifs des conjurés sont empruntés au récit français, Brandes suit scène par scène son modèle espagnol dont il traduit textuellement des passages entiers. Il ne s'en cache du reste pas dans sa préface, où il indique en même temps comment il a voulu préciser la donnée du drame original et rendre plus sympathiques les personnages d'Alphonse et de Rachel...
> Le dénouement s'écarte plus particulièrement de la pièce espagnole; mais c'est surtout par suppression, car Brandes conserve exactement les scènes du meurtre de Rachel par Ruben et de sa mort dans les bras du roi; et il se borne à retrancher celle du retour des conjurés; Alphonse jure de venger son amante qu'il suivra bientôt dans la tombe. En somme, à part cette dernière variante, la *Rahel* de Brandes n'est guère qu'une réplique, presque une traduction de la *Raquel* de García de la Huerta. Et elle n'a exercé à son tour aucune influence, à différence de la nouvelle de Cazotte, qui ne la vaut pourtant même pas.[147]

Alphons und Rahel, another poetic treatment, was written by Gottlieb Konrad Pfeffel in 1797, and published for the first time in *Almanach pour dames*, in 1799.[148] Lambert cites *Rachel ou la belle Juive* as the sole source of Pfeffel: "Ce poème en 40 strophes de 4 vers n'est qu'un simple résumé de la *Belle Juive*, à laquelle le bon Pfeffel ajoute seulement les élégances les plus ampoulées de son style."[149] The poem is written in nine syllable verses arranged in quatrains (ABBA); the A verses are in masculine rhyme and the B verses in feminine.

It is very possible that Cazotte's story, as affirmed by Lambert, was the only source of *Alphons und Rahel*: there is no element in the poem which could not have been found in the French treatment. The necromancer Ruben, his magic mirror, the pictures of Rahel

---

[147] *Ibidem*, pp. 385-6.
[148] Cited in *Ibidem*, p. 386. The edition which we have used is that published in Pfeffel's *Poetische Versuche*, VII (Tübingen, 1804), pp. 204-212.
[149] Lambert, "Alphonse de Castille...," p. 386.

and Alphons, the death of the Jewess at the hands of her counselor, Alphons' attack of unconsciousness during his race to the castle, his immediate recuperation as the picture of Rahel is taken from his neck by a loyal noble, who throws it into a puddle, the sense of guilt with which Alphons is suddenly seized, his humiliation before his loyal subjects and the mutual forgiveness: all are elements of *La belle Juive* which have been reproduced by Pfeffel.

Metric exigencies have been the cause of an abbreviation of the love affair from seven to six years (sieben: 2 syllables; sechs: one). They may also explain the transformation of the name of the Queen from the rather unwieldy Ermengère to Agnes. Two charming anachronisms convince us of the poet's complete lack of historical intentions.

>   Die Wanduhr stockt, der Fürst erbleichet,[150]
>   ... ...
>   Ihr Bild, gemalt von Rubens Hand.[151]

In addition to these deviations in minor detail, Pfeffel introduces two significant innovations in the treatment of the theme:

1. Ruben, the necromancer, is an emissary of Asmodeus, king of the demons.

Pfeffel has increased the tragic significance of the King's extramarital love by giving first a picture of the complete conjugal happiness of the royal couple:

>   Doch eine schön're Siegeskrone
>   Gab Agnes ihm am Brautaltar.
>
>   Der Tugend und der Liebe Glück
>   Fand er in ihr; mit Blumen zierte
>   Sie seinen Herrschertab, und führte
>   Die goldne Zeit ins Reich züruck.[152]

---

[150] Pfeffel, "Alphons und Rahel," *loc. cit.*, p. 206.
[151] *Ibidem*, p. 208.
[152] *Ibidem*, p. 204.

Then, in his eternal combat against virtuous good fortune:

> Asmodi sah mit stiller Wuth
> Die festverschlungnen Herzen brennen;
> Vergebens sucht er sie zu trennen;
> Sein Gifthauch nähret ihre Glut.
>
> Oft thut er, was er selbst nicht kann,
> Durch Metzen oder Lotterbuben
> Itzt war ein Jude, namens Ruben,
> Ein alter Kabbalist, sein Mann.[153]

2. Ruben, after killing Rahel at the order of the nobles, commits suicide:

> Er eilt, mit fürchterlichen Brüllen,
> Den Spruch der Rache zu erfüllen,
> Und stösst dann selbst das Herz sich ab.[154]

The denouement is rapid and recalls *Las paces de los reyes*: Alphons and the Queen embrace and peace is restored.

Die Jüdin von Toledo,[155] by the renowned Austrian playwright, Franz Grillparzer, is by far the most important treatment of our legend in German literature and, in our opinion, superior in literary quality to all manifestations of the theme discussed in this study. The play was finished in 1855, but remained in the author's desk until after his death; its première was presented in the Burgtheater of Vienna on January 23, 1873.

There exist many studies, above all dealing with sources, dedicated to this play, with whose composition Grillparzer was occupied for 42 years.

The first reference to the theme is an entry Grillparzer made in his diary in 1813: "Alphonse VIII, king of Castile, falls in love with a Jewess. His grandees, who attribute a misfortune in war that has befallen him to this condemnable love, have the girl mur-

---

[153] *Ibidem*, p. 205.
[154] *Ibidem*, p. 210.
[155] Franz Grillparzer, "Die Jüdin von Toledo," *Gesammelte Werke*, V (Wien: Kunstverlag Anton Schroll, 1923).

dered. Alfonso became insane over this. In the year 1194."[156] Lambert[157] and Lenz[158] have both commented on the similarity which exists between this notation of Grillparzer and Mariana's account of the legend — and they are correct. No one, however seems to have remarked how well the character interpretation of Rahel in *Die Jüdin*, which seems original and has no literary counterpart, corresponds to Mariana's description: "...Cierta judía, que fuera de la hermosura, ninguna otra cosa tenía de estimar."[159]

Dorothy Lasher-Schlitt[160] and Lenz [161] concur in the opinion that the voluptuous and capricious Marie von Smolenitz-Daffinger served as a real-life model for Rahel. The dramatist's sentiments were always in conflict between love and contempt for this woman who exerted upon him some mysterious power. Thus, with this strict parallelism of Alfons and Rahel on one side and Grillparzer and Marie on the other, the play is, to some degree, a projection of the life of its author and it emphasizes character study.

Lenz[162] believes it possible that the first two acts were finished in 1833 and work resumed in 1837, when the passion for Marie had subsided. From the beginning of the third act, the pessimism[163] of Grillparzer appears in the form of his interpretation of the eternal struggle between the individual and the state. After having dedicated two acts to the portrayal of Rahel, her function becomes little more than that of the instrument by which the character of the King is developed and matured. Lenz has indicated that the message of the play must be interpreted as the inexorable and inevitable victory of the state over the individual. Dorothy Lasher-Schlitt shares this opinion.[164]

---

[156] Cited, translated from German, by Harold F. H. Lenz, *Franz Grillparzer's Political Ideas and 'Die Jüdin von Toledo'* (New York, 1938), p. 38.
[157] Lambert, "La Juive de Tolède de Grillparzer," *Rev. de Lit. Comp.*, II (1922), pp. 242-3.
[158] *Op. cit.*, p. 38.
[159] See p. 22.
[160] Dorothy Lasher-Schlitt, *Grillparzer's Attitude Toward the Jews* (New York, 1936), pp. 73, 77.
[161] *Op. cit.*, p. 39.
[162] *Ibidem*, pp. 40-41.
[163] See Alfred Berger, "Das 'Glück' bei Grillparzer," *Jahrbuch der Grillparzer Gesellschaft*, X (Wien, 1900), pp. 70-79.
[164] *Op. cit.*, p. 88.

The literary sources of *Die Jüdin von Toledo* can be reduced to two, *Las paces de los reyes* and *La belle Juive*. Grillparzer read Lope's play in 1824[165] and, although his diary contains no mention of Cazotte, his debt to him seems certain, as we shall see.

E. Reich[166] denies the influence of Lope. This critic seems to be guided more by a patriotic refusal to compromise the originality of Grillparzer than by an objective judgment; the influence of Lope is undeniable.

Pollak[167] reveals the general method of Grillparzer, which seems applicable to his *Jüdin von Toledo*:

> ...for the portrayal of his characters and the development of his plots, he went to no source but his imagination: for his literary background he turned to volume after volume of recondite lore.[168]

Farinelli's conclusion as to the degree of Grillparzer's debt to predecessors seems the most just:

> Es est möglich, und mir ist es beinahe zur Sicherheit geworden, dass Grillparzer bei der Lektüre von Lope's 'Las paces de los reyes y Judía de Toledo', das Stück wie er oft zu thun pflegte, so mit eigenen Gedanken vermischte, dass er danach den Plan einer eigenen Tragödie über den gleichen Stoff schon damals fertig durchdachte.[169]

That Grillparzer read and first obtained the idea of the theme from Lope, Mariana and Cazotte is of little importance. The debt of superficial elements of plot count for little next to the essence of this play: character portrayal, dramatic effect and psychological penetration.

---

[165] Lambert, "La Juive de Tolède de Grillparzer," p. 247.

[166] E. Reich, "Zur Entstehungsgeschichte der *Jüdin von Toledo* Grillparzers," *Deutsche Zeitung*, nr. 6374, Sept. 27 (Wien, 1899); cited by Arturo Farinelli, *Grillparzer und Lope de Vega* (Berlin, 1894), p. 143.

[167] Gustav Pollak, *International Perspective in Criticism* (New York, 1914).

[168] *Ibidem*, p. 26.

[169] *Op. cit.*, p. 143.

As the curtain rises, Rahel, her sister Esther and her father, Isaak, are in the palace gardens. The latter two are trying to dissuade the beautiful and impetuous Rahel from her caprice of wanting to be in the very place forbidden to the Jews. She, boasting of her extreme beatuty, reveals that she has come only to be seen and admired by Alfons. The timorous father, forgetting his fear for a moment, recriminates his daughter and heaps the guilt for this senseless venture on his second wife:

> Ja, wie deine Mutter, gelt?
> Die sah auch nach schmucken Christen,
> War nach Misraims Töpfen lüstern.
> Hielt' ich sie nicht streng bewacht,
> Glaubt' ich — nu, Gott wird verzeihen! —
> Deine Torheit stamme dorther,
> Sei ein Erbteil schnöder Christen.[170]

He then proceeds to extol the virtues of Esther's mother. The fact that Rahel is the daughter of the lesser loved of Isaak's two wives and only the half-sister of Esther serves to separate her from her own family, making her stand out even more vividly as a symbol of impulsiveness and arrogance.

The royal guard is heard drawing near. Esther and Isaak flee, imploring Rahel to follow. She remains for a moment but panics when alone and runs after her family.

In another part of the garden, Alfons, who has just returned from his wedding in Burgos, is about to reveal the surprise which has been prepared for his spouse — the garden has been arranged à la anglaise! The King is disappointed when she shows no sign of pleasure, and he attributes this to a general condition of the English:

> So sind sie nun, Britanniens Kinder, alle;
> Trifft man aufs Haar nicht den gewohnten Brauch,
> So weisen sie's zurück und lächeln vornehm.[171]

Upon the insistance of Alfons, Eleonore perfunctorily thanks the nobles responsible for the transformation.

---

[170] Grillparzer, "Die Jüdin von Toledo," *loc. cit.*, p. 450.
[171] *Ibidem*, pp. 457-8.

A shout is heard and a terrified Rahel apears. She throws herself at the Queen's feet to beg protection for her family, which is being pursued by the guards. Eleonore turns her back on the supplicant without speaking a word. Rahel, desperate, appeals to the King, who listens compassionately and tries to dispel her anguish; he pardons the three Jews and orders that they be escorted outside the gardens. Upon hearing this, Rahel simulates a fear that she will be killed once taken from the presence of the merciful King; she prostrates herself at his feet and lays her cheek in his lap. The scandalized Eleonore asks Alfons to retire to the palace. When he answers that he can not, because "Ihr seht, ich bin gefangen,"[172] the Queen haughtily leaves, followed by her retinue.

Esther and Isaak are now brought before Alfons. They reveal that Rahel has come simply to see him. The young king draws to one side his confidant, Garcerán — a connoisseur of women — and begs confirmation of his own inexpert opinion concerning the beauty which is before them:

> Verstell' dich nicht! du bist ein feiner Kenner.
> Ich selbst hab' nie nach Weibern viel gesehn,
> Doch diese scheint mir schön.[173]

After Garcerán's prudent answer, Alfons decides to send the family away. His confidant, however, advises that the populace, already incensed against the Jews, perhaps would be touched off if it were to see these people with a royal escort in broad daylight. They are sent to Alfons' summer house for a few hours, that they may then leave under the protection of night.

As the second act begins, Alfons, disguised as a soldier, arrives at the temporary refuge of the Jews. Garceran meets him outside and, after the King reveals his identity, relates the frivolous antics of the Jewess. This disguise of the King is an indication of the guilt he feels for again wanting to see the beautiful girl.

Isaak also comes outside and, not having recognized the King, tells of the impression Garceran has made on his daughter:

---

[172] *Ibidem*, p. 464.
[173] *Ibidem*, p. 466.

Ah, Ihr seid's hoher Herr, der uns beschirmt.
Mein Rachelchen, sie spricht gar viel von Euch,
Sie hat Euch lieb.[174]

This is the first appearance of the opportunist in Isaak who will from here on, always try to advance and enrich himself by means of his daughter's beauty. Grillparzer has injected here an ambiguous detail. It is difficult to ascertain the truth of Isaak's statement — because it accords no better with the frivolous nature of Rahel than it does with the unscrupulousness of her father.

The account of the happenings inside the house continues: Rahel, captivated by all the majestic attire that has been found, is trying it all on, opening all the chests, and:

> Zuletzt — im Nebenzimmer hängt ein Bild
> Des Königs, unsers Herrn, den Gott erhalte!
> Das nimmt sie von der Wand und trägt's herum,
> Nennt es Gemahl, spricht's an mit süssen Worten
> Und drückts an ihre Brust.[175]

Alfons, on hearing this, dashes to the door.

Inside, Rahel is adapting the room to her whims. In answer to the qualms of her sister:

> Der König hat das Haus uns eingeräumt.
> Solang wir es bewohnen, ist's das unsre.[176]

She has placed an armchair in the center of the room and, seated there, pretending to be the Queen, she directs herself to the picture of the King, which she holds before herself:

> Die Jüdin, sie gefiel Euch, leugnet's nur!
> Und sie est schön, bei meinem hohen Wort,
> Nur mit mir selber etwa zu vergleichen.
>
> (Der König, von Garceran und Isaak gefolgt,
> ist gekommen und hat sich hinter den Stuhl

---

[174] *Ibidem*, p. 475.
[175] *Ibidem*, p. 476.
[176] *Ibidem*, p. 477.

gestellt, die Arme auf die Rücklehne gelegt,
sie betrachtend.)

Ich, Eure Königin, nun duld' es nicht,
Den eifersüchtig bin ich wie ein Wiesel.
Ob Ihr nun schweigt, das mehrt nur Eure Schuld.
Gesteh! Gefiel sie Euch? Sagt ja![177]

Alfonso responds with the requested answer, astounding the girl, who takes refuge in a corner. The King's request that she return the picture makes her boldness return. She refuses — and drives a pin into the heart of the painted figure. Alfons shrieks, swears that he felt the prick and charges Rahel with the practice of nefarious arts. Esther protests, characterizing her sister as a spoiled and daring child, but denying her knowledge of forbidden arts.

At this moment, Garcerán gives notice of the arrival of the Queen, with her retinue. Alfons, deeming it wiser that his presence pass unknown, hides in the next room.

Manrique de Lara, first noble of the court and father of Garcerán, is shocked by the total disorder of the room. He orders Rahel to remove the robe which she is wearing and starts toward the other room to inspect it for damage. But Garcerán stops him at the door with the statement that there is one degree of obedience above that due a father. Eleonore, upon hearing this, is certain of Alfons' presence and, without any show of anger, leaves the house.

Alfons comes out of hiding and, indignant because of the unjust accusations which now must be directed against him, commands Rahel to leave his picture and orders Garcerán to depart with the three Jews. Rahel leaves a picture, but not the King's — one of herself!

Alone, Alfons picks up the picture, which seems to burn in his hands. Thunderstruck at the audacity of the Jewess, he rushes out in her pursuit.

By Act III, Isaak has already become director of affairs of state and is filling his post with the characteristic abuse which has, throughout the treatments, characterized the advisor of the King's concubine.

---

[177] *Ibidem*, p. 479.

Alfons, upon leaving Rahel after a boat outing, confesses to Garcerán: "Sieh, Garcerán, ich fühle ganz mein Unrecht..."[178] The effect of Rahel's love diminishes as the King begins to recriminate himself for the negligence of his duties. This is the first treatment which presents a real conflict in the mind of the King. He decides to leave his paramour and return to the command of his army.

Rahel begins to flirt with Garcerán, having succeeded in getting him to sit at her side. She has heard of his amorous escapades and, attributing to him a virility and passion which Alfons lacks, says:

> Ihr seid nicht wie der König, Euer Herr,
> Der rauh selbst in der Zärtlichkeit Begegnung,
> Der jedes milde Wort sogleich bereut,
> Und dessen Neigung ein verstecktes Hassen.[179]

She asks him how many lovers he has had. Garcerán directs the same question to her and her answer is an excellent self-portrait:

> Ich habe nie geliebt. Doch könnt' ich lieben,
> Wenn ich in einer Brust den Wahnsinn träfe,
> Der mich erfüllte, wär' mein Herz berührt.
> Bis dahin mach' ich die Gebräuche mit,
> Die hergebracht im Götzendienst der Liebe,
> Wie man in fremden Tempeln etwa kniet.[180]

Esther arrives with news that Manrique, with the authorization of the Queen, has united the nobles to discuss the problems of the kingdom. This overt rebelliousness infuriates Alfons, who curtly takes leave of Rahel and departs for the court, having already sent Garcerán ahead to dissolve the assembly.

As spokesman for the group, Manrique outlines the precarious situation of the kingdom attributable to the King's negligence, especially with respect to the war against Islam. The only solution seems to be the removal of Rahel, for which he offers two alternatives: that the Jewess be paid to go into voluntary exile or that the exile be state-ordered. At this moment, the Queen rises. Man-

---

[178] *Ibidem*, p. 497.
[179] *Ibidem*, pp. 497-8.
[180] *Ibidem*, p. 499.

rique first suggests that this discussion may not be appropriate in the presence of a woman but, on reflection, adds:

> Zwar, wenn Ihr reden wollt, wohlan, so spricht.
> Welch Blumenschicksal, welche Schmeichelstrafe
> Glaubt Ihr dem Fehl der Buhlerin gemäss?[181]

The answer of Eleonore is pronounced in a soft but determined voice — "Den Tod." Astonishment grips the nobles, who would prefer not to show such disrespect for Alfons before his refusal to accept their counsel. The Queen volunteers to propose the girl's exile to Alfons as Garcerán arrives to break up the meeting.

No one is in sight when the King arrives. He goes directly to his wife's chamber, repents to her of his sin and declares his intentions of ending this illicit affair. Eleonore, always rational, and without the slightest emotion at having recovered the affection of her husband, provokes his rage by complaining about the pictures that he and Rahel wear around their necks. Alfons, insulted by her unwillingness to believe in his repentance, recriminates his consort for having given support to the conspiracy.

In the middle of the ensuing invective, Manrique, unseen by Alfons, appears at the door and receives from the Queen a signal that the death of Rahel is their only solution. In this, Eleonore is not faithful to her agreement with the nobles; Alfons has already declared that his relations with Rahel are at an end. The Queen hates her adversary; she has suffered on her account as long as possible and is now possessed by an uncontrollable desire to avenge herself on the author of her misery. Without being seen by Alfons, Eleonore retires.

Hoofbeats drawing away from the palace make Alfons realize that he is alone. A servant informs him that everyone, including Garcerán, has departed, without leaving a single horse.

By the time Alfons arrives, the assassination has been accomplished and the conspirators have fled, leaving only Esther and Isaak. The cowardly father has hidden under a rug and still does not know that his daughter is dead. Alfons gets details of the murder scene from Esther and swears a terrible revenge on all of the assas-

---

[181] *Ibidem*, p. 510.

sins. The noble Esther tries to calm the King and to avert his plan of vengeance. Her plea goes unheeded and the distraught King enters the room containing the body.

The conspirators file in, headed by Manrique, Garcerán, Eleonore and her son. They drop their swords to the ground, intending humbly to offer their lives in payment for their crime. Slowly, the door opens and the King emerges, with a look of stupefaction on his face. He says:

> Ich sehe Schwerter. Kommt ihr, mich zu töten?
> Vollendet euer Werk. Hier meine Brust,[182]

ripping open his tunic. Eleonore at once notes that the picture of the Jewess no longer hangs from his neck. He says he threw it to the ground when the sight of Rahel shocked him from his illusion. The charm of the girl was her superabundance of life, her overflowing gaiety, her capricious whims; in short, her physical and superficial beauties. Her death represents the end of all this and also of the captivity of the King, who now can find no beauty at all in her:

> Ein böser Zug um Wange, Kinn und Mund,
> Ein lauernd Etwas in dem Feuerblick
> Vergiftete, entstellte ihre Schönheit.[183]

He recriminates the grandees for their assassination of the girl but also admits his own guilt. In effect, he says that everyone is guilty, with the sole exception of his son, Enrique, to whom he transfers all of his regal powers, concluding: "Ich bin nur der Feldhauptmann meines Sohns."[184] His last command as King is to organize a Crusade for their penitence; and he leaves at the head of his nobles.[185]

---

[182] *Ibidem*, p. 540.
[183] *Ibidem*, p. 543.
[184] *Ibidem*, p. 544.
[185] Some consider that this marks the rejuvenation of the King; Lenz, *op. cit.*, p. 45, justly criticizes this theory, affirming: "But, despite Alfonso's admission of guilt and his assurances that he will now better himself, a distinct lameness pervades his entire transformation...; this lameness is a very real one, inasmuch as Alfonso is not uplifted but is crippled by the change, losing life itself when Rahel dies."

Esther, shocked by the suddenness with which Alfons has forgotten her sister, pronounces a condemnation of Christians and begs her father to hurry away with her. The avaricious Jew detains her: "Doch such' ich erst mein Gold."[186] This attitude disgusts her; even Rahel's own flesh and blood apparently has not felt her death. Esther eradicates her condemnation with magnanimous words of pardon, which end the play:

> Denkt Ihr noch das,
> Im Angesicht des Jammers und der Not?
> Dann nehm' ich rück del Fluch, den ich gesprochen,
> Dann seid Ihr schuldig auch, und ich — und sie.
> Wir stehn gleich jenen in der Sünder Reihe;
> Verzeihn wir denn, damit uns Gott verzeihe.[187]

Elements which indicate the influence of Lope de Vega:

1. The Queen is sketched as a cold rational woman. Lope's Raquel had characterized Leonor as "un ángel tan helado..." (v. 1178) Grillparzer interweaves with her coldness his own conception of typical English austerity:

> Und die ich, grad' heraus, noch wärmer liebte,
> Wär' manchmal, statt des Lobs, auch etwas zu verzeihn.[188]

2. The role of Garcerán, which is identical in both plays. He is the loyal confidant who tries to dissuade Alfonso from his imprudent plans without having to be disobedient.

3. The Queen suggests the death of Rahel.

Grillparzer is indebted to Cazotte only for the pictures of the lovers and for their seemingly supernatural power. Here, however, the element of magic never really enters the question; it is perhaps hinted, but then overplayed by the psychological essence of the play.

The Austrian dramatist has made use of these superficial elements to mold his own ideas into the most complex treatment of the theme to date.

---

[186] Grillparzer, p. 546.
[187] *Ibidem*.
[188] *Ibidem*, p. 547.

Significant innovations of Grillparzer:

1. The constant sense of conflict and contrast.

Rahel is clearly differentiated from all the other characters, but most specifically from the Queen and from her sister. The rectitude and coldness of Eleonore is contrasted in the inconstant and impetuous Rahel; the two women are direct opposites in every respect. The sisters, daughters of different mothers, represent the two extremes of morality. Isaak and Esther represent the worst and the best of Judaism.[189]

The tragic and personal conflict in the mind of Alfons is projected as a conflict between the king and the State, brought about as a result of the same illicit love. Farinelli[190] points out the personal conflict as the most significant distinction between this treatment and Lope's. Alfons here is clearly the protagonist; Rahel is little more than the instrument of the sin and of the final repentance of the King.

2. Esther, sister of Rahel and character of little importance in previous treatments, is definitely the most noble and magnanimous character in the play. She inspires our pity infinitely more than her dead sister, who truly, "fuera de la hermosura, ninguna otra cosa tenía de estimar."[191]

---

[189] Cf. Lasher-Schlitt, *op. cit.*, p. 90: "Whereas Rahel shows practically no typically Jewish traits and Esther shows only good and admirable qualities, Isaak is the embodiment of all that is low, mean, and cheap."

[190] *Op. cit.*, p. 145.

[191] Murray, *op. cit.*, p. 207, cites two examples to show that Grillparzer made use of the *Raquel* of García de la Huerta:

"1. The scene in which the nobles freely confess their responsibility for the death of Raquel, and offer their lives in payment for the crime...

2. The ending of the play, in which Alfonso changes swiftly from anger at the nobles for the murder of Raquel to an attitude of self-incrimination for the tragedy." Farinelli, *op. cit.*, p. 147, says that the play of Huerta exerted no influence at all, being discarded, with Diamante's play, as inferior to Lope's. Lambert, "La 'Juive de Tolède' de Grillparzer," *loc. cit.*, pp. 238-9, makes no mention of any influence by Huerta. Murray's second point certainly does not seem valid, but the first does indicate a close similarity between the two treatments and could represent the influence of García de la Huerta.

Lion Feuchtwanger has dedicated a novel entirely to the legend, *Spanische Ballade* (1955),[192] which must be briefly mentioned as its most recent treatment.

The novel is divided into three parts, each preceded by the translation of a few lines of the *Crónica general* (Ocampo version) and a few of Sepúlveda's *romance*.[193] Part One deals with events preceding Raquel's attachment to Alfonso, Part Two with the course of their love and Part Three with the disaster at Alarcos and the ensuing death of the Jewess. Lope's influence is evident: even Belardo appears, though in a very unflattering characterization;[194] Feuchtwanger may be assumed to be unaware of Lope's habit of introducing himself under this name.

As distinguished from all previous treatments, Alfonso does not fall instantaneously under a spell when he first meets Raquel, daughter of the new Minister of Finances, Yehuda Ibn Esra.[195] Their first interview is characterized by a complete lack of awe on the part of the seventeen year old girl and by her quietly arrogant criticism of the King's austere palace in Burgos. Time passes and they infrequently see each other in Toledo; Alfonso gradually becomes interested in the girl. For the first time in any treatment, we are told of other affairs of the King:

> ...he had slept with women camp followers or with captured Moslem girls: with them one could behave and talk exactly as one felt inclined. Once, too, he had had an affair with the wife of a knight from Navarre, but it was

---

[192] Lion Feuchtwanger, *Spanische Ballade* (Hamburg, 1955). For our analysis, we use the English translation, *Raquel. The Jewess of Toledo*, Translated from the German by Ernst Kaiser and Eithne Wilkins (New York, 1956).

[193] *Raquel*, pp. 1, 149, 271.

[194] Belardo is introduced as "the castellán" of La Galiana (p. 98) and often referred to: "Belardo's round, fat, sly face and his upright and yet crafty manner" (p. 154); he treacherously admits de Castro to Raquel's chamber — "the cunning, frightened, servile, stupid gardener Belardo" (p. 377); he strikes the first blow at Raquel (p. 380) and then lies to the King, swearing that he tried to protect her but couldn't (p. 390).

[195] This character does not seem to be an historical one. His predecessor as Finance Minister, however, Ibn Shoshan, mentioned by Feuchtwanger on p. 9, does appear in Graetz, *Volkstümliche Geschichte der Juden*, II, p. 465, as a rich and well respected Jew who was historically contemporary to Alfonso VIII.

an unsatisfactory affair, and he was thoroughly relieved when she returned to her native country. Then there had been the brief association with Doña Blanca, one of Leonor's ladies in waiting; that, too, had been tormenting, and in the end, half willingly and half unwillingly, Doña Blanca had taken the veil.[196]

Raquel's lack of humility irks and stimulates Alfonso to the point of ordering the reconstruction of the Moorish palace, La Galiana, and giving it to the Jewess as a present.

Part Two tells of the profound love shared by Alfonso and Raquel. He is loved for his gallantry, strength and physical attractiveness, but is dismayed to see that the two sources of what he himself is — Christianity and Knighthood — do not impress the girl in the least.

The novel, which, in many ways, is an apology of the Jewish character, implies that Raquel will bring about a favorable transformation of the roughly hewn Alfonso. She, of course, becomes the object of the hate of Leonor, who goads Alfonso to complete the necessary preliminaries for the return to war against the Moslems, which will separate the lovers.

Raquel bears Alfonso a son[197] and the mother, having long meditated on the uniqueness of her situation, suffers under the illusion that she has been chosen to bear the long-awaited Messiah; she calls her baby Immanuel. Previously having refused to become a Christian for Alfonso she now will hear nothing of his wish that their child be baptized.

Alfonso foolishly chooses to wage open battle on the plains of Alarcos and suffers the inevitable humiliating defeat at the hands of vast Moslem hordes. In Toledo, defeated Crusaders and townspeople alike are unanimous in their condemnation of Yehuda and his beautiful daughter, who allegedly have brought this disgrace on the kingdom; in three places, Raquel has been suspected of witchcraft.[198] Leonor commissions Gutierre de Castro, to maintain order in Toledo until the return of the King, cunningly hinting in her order to protect the hated *aljama* that a few might have to be killed to

---

[196] *Raquel*, p. 103.
[197] *Ibidem*, p. 262.
[198] Feuchtwanger, *Raquel*, pp. 248, 342 and 369.

assure the safety of the rest. Gutierre marches on La Galiana, is eagerly admitted by Belardo and the death scene[199] takes place on Raquel's dais. Gutierre smashes Yehuda's skull with the flat of his sword and Belardo strikes the first blow at Raquel, one which is followed by a wave of others.

The Canon, Don Rodrigue, informs the wounded King of Raquel's death; Alfonso screams and loses consciousness.[200] Upon hearing of the ambiguous orders issued to the ruthless Gutierre de Castro, he knows Leonor is to blame. She admits the revenge of her *noche Toledana*[201] when accused by Alfonso. There is no reconciliation; the Queen soon departs for Burgos and a return of Alfonso's love for her seems impossible. Much of the King's irrational character seems to have died with Raquel. In his appointment of the peaceful Ephraim to replace Yehuda, in his truce with the Moslems and in his anticipation of a prosperous, warless future, he justifiies the final judgment of the young scholar, Benjamín Bar Abba:

> The King *had* changed. Raquel had brought it about. It had been the same as in the fairy tale she had loved so much: the wizard had breathed life into the lump of clay, but in doing so the wizard had died.[202]

Elements indicating the influence of Lope de Vega:
1. The presence of Belardo (See pp. 51-52).
2. The account of Santiago's having given Alfonso his sword.[203]
3. References to Raquel's having caught a skull on her hook while fishing.[204]
4. The character Don Nuño Pérez[205] may very well have been taken from Lope's play, either from the Hartzenbusch or the Academy edition. (See our note to v. 1632 of *Las paces de los reyes*.)

The Queen's responsibility for the death of the Jewess could also have been a posible influence of Lope, but the much greater

---

[199] *Ibidem*, pp. 380-1.
[200] *Ibidem*, p. 384.
[201] *Ibidem*, p. 388.
[202] *Ibidem*, p. 430.
[203] *Ibidem*, p. 81.
[204] *Ibidem*, pp. 250, 375 and possibly 159.
[205] Mentioned in *Ibidem.*, pp. 109 and 286.

extension of the novelistic genre prohibits too close a comparison with previous more restricted treatments of the theme.

Significant innovations of Feuchtwanger:

1. Raquel is portrayed as an almost faultless person who, by her life, her love — and her death, brings about the salvation of Alfonso.

2. The Jewess bears Alfonso a son.

3. The father of Raquel assumes a position of great importance in the action of the novel. For the first time, he is also presented in the favorable light of integrity and of a heroism which is always at the service of his people.[206]

---

[206] Feuchtwanger had already alluded briefly to the legend in his novel, *This is the Hour,* Translation by H. T. Lowe-Porter and Frances Fawcett (New York, 1951), p. 104:

> "On this evening Pepa sang one of her romances, a second, then a third. She sang the romance of King Alfonso who falls in love with a Jewess, Raquel la Fermosa, Rachel, the Fair, and lives with her for seven years abandoning his Queen, the English Leonora. Then the grandees revolted and beat the Jewess to death. The King mourns her extravagantly. " 'Torn from him,' " sang Pepa, " 'Torn from his lovely Jewess, Stood Alfonso sad and yearning, Grief and burning.' " But then an angel comes and reproaches him for his sin. He repents and as a penance puts to death a thousand Moors."

In answer to a letter written by Murray (See Murray, *op. cit.*, p. 218), in which he asked about the sources for this passage, Feuchtwanger replied: "...the *romance* which I let my Pepa sing, mainly follows the *romance* by Sepúlveda except for little traits which I added from the play by Lope." We have not been able to locate Marie Itzerott's play, *Ein Liebesopfer zu Toledo* (Drama in 5 Akten, Oldenburg und Leipzig, 1904), and rely entirely upon a review by Fritz Telmann (*Litterarisches Echo*, VII (1905), p. 1481, quoted by Murray):

> "In ihrem 'Liebesopfer zu Toledo' versucht Marie Itzerott dem Stoff der Jüdin von Toledo eine neue Wendung zu geben. Bei ihr opfert sich die Jüdin, die den geliebten König um ihretwillen in Gefahr weiss, indem sie sich bei einem gespielten Akt der Untreue erwischen lässt: der König verlässt erzürnt die Geliebte, zu seinem Heile, denn schon wollen ihm seine Widersacher aus dem Verhältnisse zu einem Kinde des verhassten Volkes den Strick drehen, die Jüdin stirbt durch Selbstmord. Bis auf diese Schlusswendung des Dramas, die übrigens in ihren verschiedenen Phasen recht ungelenk herbeigeführt wird, gibt es wenig Originelles in

Thus, we see that more than seven centuries have not sufficed to exhaust the creative interest of this most human love story. The legend has often dipped below the line into the subliterary realms of the entertainment industry, and may be expected to do so again,[207] but, in the bare, stripped prose of the *Crónica*, in Lope's dramatization of this account, in the rich versification of García de la Huerta's classical tragedy and in Grillparzer's masterful interpretation, it does attain lasting literary value.[208]

---

dem Stück. Es ist Epigonenkunst, die nie banal wird, aber auch nicht ergreift oder erschüttert."

Wurzbach, *Ausgewählte Komödien von Lope de Vega*, III, p. 68, n. 3, cites another treatment which we have not been able to examine; a poem of little merit — "Rahel von Toledo," by Günther Walling (in den früheren Ausgaben von Max. Berns "Deklamatorium," Reclams Universal-Bibl. N. 2291-95, S. 395).

[207] Its next treatment will be an announced motion picture based upon Feuchtwanger's novel and produced by Metro-Goldwyn-Mayer.

[208] Jerome W. Schweitzer, "The Jewess of Toledo: Three Unstudied Dramatic Adaptations of the Raquel-Alfonso Legend," *Romance Notes*, Vol. IV, No. I (1962), pp. 21-25, studies P. E. Chevalier's three-act melodrama, *Rachel ou la Belle Juive*, Paris (1803), which shows the influence of García de la Huerta and Cazotte, Hippolyte Lucas' four- act historical tragedy, Paris (1849), with like title, inspired by Sepúlveda, and Lázaro Montero de la Puente's four-act tragedy, *Doña Fermosa* (1955), "evidently based on a motion picture scenario alluded to by Gómez Salazar." Extensive research on literary manifestations of the legend has been done by J. Gómez de Salazar (See his article, "Alphonse VIII et Doña Fermosa," *Evidences*, No. 22 (December, 1951), p. 39 b.). In a conversation with him, we learned of an imposing file on treatments of the theme, which he intends to publish.

EL FENIX
DE ESPAÑA
LOPE DE VEGA
Carpio, Familiar del Santo
Oficio.

SEPTIMA PARTE DE SVS
Comedias. Con Loas, Entremeses,
y Bayles.

DIRIGIDAS A DON LVYS FERNANDEZ
de Cordoua, Cardona, y Aragō, Duque de Seßa, Duque de Soma, Duque
de Baena, Marques de Poça, Conde de Cabra, Conde de Palamos,
Conde de Oliuito, Vizconde de Iznajar, Señor de las
Baronias de Belpuche, Liñola, y Calonge,
gran Almirante de Napoles.

Año.   1617.

CON PRIVILEGIO.

En Madrid. Por la viuda de Alonso Martin.

A costa de Miguel de Siles mercader de libros.

Vendese en su casa, en la calle Real de las Descalças.

Title page of the Madrid edition of the *Séptima parte*

A CRITICAL EDITION OF

LAS PACES DE LOS REYES Y JUDÍA DE TOLEDO

A. INTRODUCTION

Owing to the chronological significance of *Las paces de los reyes* as a treatment of the legend of the Jewess of Toledo, the analysis and interpretation of the play are given in PART TWO, Chapter II.

B. EDITIONS

Included in only the second of Lope's *Peregrino* lists,[1] *Las paces de los reyes y Judía de Toledo* was first printed in the *Séptima parte* of his *comedias*, published in 1617 both in Madrid[2] and then in Barcelona.[3] Unfortunately, no autograph nor manuscript copy of this play has yet been found; neither do we have any report of the existence of a *Dedicatoria*.[4] Hartzenbusch includes *Las paces de*

---

[1] See S. G. Morley, "Lope de Vega's 'Peregrino' Lists," *University of California Publications in Modern Philology*, XIV (1929-1930), pp. 345-66.

[2] El Fénix de España, Lope de Vega Carpio, Familiar del Santo Oficio, *Séptima parte de sus comedias. Con Loas, Entremeses y Bailes. Dirigidas a Don Luis Fernández de Córdoua, Cardona y Aragón, Duque de Sessa, Duque de Soma, Duque de Baena, Marqués de Poça, Conde de Cabra, Conde de Palamos, Conde de Oliuito, Vizconde de Yznajar, Señor de las Baronías de Belpuche, Liñola, y Calonge, gran Almirante de Nápoles.* Con privilegio. Madrid: Por la viuda de Alonso Martín. A costa de Miguel de Siles, mercader de libros. Véndese en su casa, en la calle Real de las Descalças, 1617 (4 pages + 306 fol., 4º).

[3] El Fénix de España, Lope de Vega Carpio, Familiar del Santo Oficio, *Séptima parte de sus comedias*... Con licencia. Barcelona: en Casa Sebastián de Cormellas al Call, y a su costa, 1617 (4 pages + 302 fol., 4º).

[4] See Juan Millé y Giménez, "Apuntes para una bibliografía de las obras

los reyes in the third volume of his edition[5] of Lope and its last significant appearance is in vol. VIII of the Academy edition,[6] directed by Menéndez Pelayo.

In addition to the *Peregrino* dates of 1604 and 1618, there is one other which aids in the attempt to date the composition of this play.[7] In June, 1616, Lope registered a petition to prevent Pedro de Ávila from printing 24 *comedias*. The publisher, whose correct name was Francisco de Ávila, received the support of the actor Balthasar de Pinedo, to whom Lope had sold many of his *comedias*. Baltasar submits in a letter a list of twelve plays, including *Las paces de los reyes*, which he claims to have bought from Lope and sold, in turn, to Ávila, at the price of 50 *reales* for the dozen.

Bruerton[8] reports that the date is considered by Montesinos to be not much earlier than 1618. In the later study of Morley, in collaboration with Bruerton, the play is dated 1604-1612 (probably 1610-12).[9] The less varied first act, with its lack of a single *romance* passage and its inferiority, indicated by Menéndez Pelayo,[10] with respect to the last two, may possibly have been written at an earlier period in the poet's life. Bibliographical elements do not aid

---

no dramáticas atribuidas a Lope de Vega," *Revue Hispanique*, LXXIV (1928), pp. 473-4.

[5] Juan Eugenio Hartzenbusch (ed.), "Comedias escogidas de Frey Lope Félix de Vega Carpio," III, *B. A. E.*, XLI, pp. 567-87.

[6] Menéndez Pelayo (ed.), *Obras de Lope de Vega, publicadas por la Real Academia Española*, VIII, pp. 521-59.

[7] See Ángel González Palencia, "Pleito entre Lope de Vega y un editor de sus comedias," *Boletín de la Biblioteca Menéndez y Pelayo*, Año III, núm. 1, pp. 17-26.

[8] Courtney Bruerton, "On the Chronology of Some Plays by Lope de Vega," *Hispanic Review*, III (1935), pp. 248-9.

[9] S. G. Morley and C. Bruerton, *The Chronology of Lope de Vega's Comedias* (New York, 1940), p. 227. Their opinion was formed by the following statistical evidence: 7 *romance* passages occur in 1610 and later (p. 227) and the averages of the 29 definitely dated plays of the period 1609-18 are 7 *romance* passages and 27.1% (p. 65); the number of *redondilla* passages increased in the period 1609-18 (p. 51), but the percentage dropped, due to the reappearance of *liras* and to the increase in the use of *sueltos* and *tercetos* (p. 118) — they note, however, that the play's longest *redondilla* passage is somewhat unusual for the period (p. 227); the presence of *liras* suggests a date, if not before 1604, probably not earlier than 1609 (p. 227); the heavy use of *tercetos* seems to suggest ca. 1611 (p. 227). Our own totals vary slightly but the differences, accounted for on page 248, note 3, do not, in any way, affect the dating of Morley and Bruerton.

[10] *Estudios sobre el teatro de Lope de Vega*, IV, p. 92.

in dating the play, although, as we see, the figure of Belardo is that of our poet in a mature period of his life, characterized by critical disillusion (vv. 1392-1415), due especially to persecution, and by his hope for immortality (vv. 1315-20, 1321-4, 1325-7, 1329-31, 1333 and 1334-9).

Observations on the two editions of 1617, based on textual findings, are the following: B was copied from M; very poor impressions in the latter caused the compositor of the former to make errors (vv. 1862, 2235, 2308; Cf. also v. 379); B has attempted to correct an error of M in line attribution and made an unintelligent change (vv. 1572-5); we find a possible indication that the composition of M was done from dictation (v. 2518). Our conclusion as to the precedence of M is borne out by Hoge[11] and we might consider the announced intention of Entrambasaguas to use the Madrid edition of the *Séptima parte* for his proposed edition.[12]

The edition of Hartzenbusch leaves much to be desired as a scholarly work. Its shortcomings in this sense are many, but it did serve the purpose of making much of Lope's vast production accessible to the great public for the first time.[13] We were less surprised to find in his edition errors (*reparto*, vv. 1910 and 1922) and arbitrary and unnecessary emendations which we question (vv. 73, 102, 296, 326, 351, 433, 440, 453, 536, 671, 691 ff., 892, 945, 979, 1019-20, 1035, 1036, 1059, 1127, 1144, 1202, 1298, 1348-9, 1597, 1704, 1726, 1826, 1827, 1933, 1950, 1965, 1996, 2044, 2045, 2111, 2162, 2258, 2496, 2525, 2526-7, 2610 and 2777), than we were to find that, in each of the enumerated cases, the Academy edition uncriti-

---

[11] Lope de Vega, *El Príncipe Despeñado. A Critical and Annotated Edition of the Autograph Manuscript* — by Henry W. Hoge (Indiana University Press, 1955), pp. 7-8.

[12] Joaquín de Entrambasaguas, "Proyecto de una edición de las 'Obras completas' de Lope de Vega," *Revista de Bibliografía Nacional*, V (1944), p. 203.

[13] See Menéndez Pelayo's introduction to the Academy edition, Vol. II, p. xviii, concerning the edition of Hartzenbusch: "Es cierto que muy rara vez acudió a los manuscritos, y que en algún caso introdujo correcciones arbitrarias, pero sean cualesquiera los reparos que el progreso de los métodos pueda poner a su edición de Lope, así como a las de Tirso, Alarcón y Calderón, nadie le negará el mérito de haber presentado por primera vez en forma legible la mayor parte del tesoro de nuestra antigua escena."

cally duplicates the reading of its predecessor. It is apparent that Menéndez Pelayo did little more than reprint the edition of Hartzenbusch, removing the indications of scene, modernizing the orthography and making minor changes, none of which indicate that he ever consulted either edition of the *Séptima parte*.[14]

The Madrid edition of the *Séptima parte* (referred to in the notes as M) is therefore the basis for our edition. The three other printings used for our collation,[15] that of Barcelona, Hartzenbusch's and Menéndez Pelayo's Academy edition are referred to as B, H, and Acad., respectively.

We present all variants except those in which M and H differ in orthography only. In the text, accentuation, punctuation and spelling have been modernized, except where phonetic or stylistic values would have been affected. We modernize *ss* to *s* (passadas-pasadas), *y* to *i* (traycion-traición), *v* to *u* (vna-una), *u* to *v* (adarua-adarva), *u* to *b* (barua-barba), *x* to *j* (caxas-cajas), *z* to *c* (quinze-quince), *ç* to *z* (cabeça-cabeza), *b* to *v* (boluerè-volveré), *q* to *c* (quando-cuando), but retain the old forms such as vitoria, deciende, acidente, deste, aqueste, vos pensastes, escuridad, honraldo, guardalle, agora, fuérades, etc. In variant notes, we follow the spelling of M and B, except where one or both is cited along with a variant of H or Acad., in which case we use the modern spelling. We have thought it convenient to include at the bottom of each page two separate sections of variants: those in stage directions and those in textual readings. Our notes follow the text.

---

[14] Cf. Morley and Bruerton, *op. cit.*, p. 72, who state that Menéndez Pelayo, for his edition of "Niña de Plata," follows H. as usual instead of Parte IX."

[15] We do not collate the version of the play published by Aguilar in *Obras escogidas de Lope de Vega*, I (Madrid, 1946), pp. 483-519, which is simply a reprint of H, as suggested by the scene division it adopts. Nowhere is there evidence that the *Séptima parte* was consulted and, although the preliminary remarks of Sainz de Robles are taken almost verbatim from Menéndez Pelayo, in all cases of variant readings in the two modern editions (vv. 16, 32, 182, 207, 280, 281, 611, 825, 826, 869, 901, 1321, 1762, 1896 and 2450) the play follows Hartzenbusch and not Don Marcelino.

COMEDIA
FAMOSA DE LAS PAZES DE LOS REYES, Y IVDIA
de Toledo.

Hablan en ella las personas siguientes.

Don Esteuan Yllan,	Garceran Manrique,
El Conde don Manrique,	El Rey Alfonso, ya hombre,
Fernan Ruyz,	Doña Leonor Reyna,
Lope de Arenas,	Don Blasco, y Raquel Iudia,
El Rey Alfonso niño,	Sibila su hermana,
Costança dama,	Belardo ortolano,
Dominguillo truhan,	Sileno viejo, y Dauid Iudio,
Vn criado, y don Nuño,	Leui su hijo, y Vn musico,
Doña Eluira, y vn Alcalde,	D. Millā. Beltran de Rojas,
Pero diaz, soldado,	Enrique niño. Vn Angel,
Don Yllan, mancebo,	Clara, dama.

Ponense encima del muro de Toledo, don Esteuan Illan, y el Conde don Manrique.

Manri. Toledo, por Alfonso Rey legitimo
de Castilla, Toledo por Alfonso
hijo del Rey don Sancho el desseado,
y del Emperador de España nieto.
Illan. Toledo por Alfonso Castellanos,
no por Fernando de Leon su tio,
Alfonso es vuestro Rey, Alfonso viua.

Reparto and opening lines in Madrid edition, fol. 99r

Comedia famosa de

Las paces de los reyes y Judía de Toledo

Hablan en ella las personas siguientes:

Don Esteban Illán.	Raquel, judía.
El conde don Manrique.	Sibila, su hermana.
Fernán Ruiz.	Belardo, hortelano.[16]
Lope de Arenas.	Fileno, viejo.[17]
El rey Alfonso VIII, niño.	Clara, dama.
Doña Costanza, dama.	Un músico.
Dominguillo, truhán.	David, judío.
Liseno, criado.	Leví, su hijo.
Don Nuño.	Una sombra.
Doña Elvira.	Beltrán de Rojas.[18]
Pero Díaz, soldado.	Enrique, niño.
Don Illán, mancebo.	Mendoza, criado.
Garcerán Manrique.	Un ángel.
El rey Alfonso VIII, hombre.	Acompañamiento.
Doña Leonor, reina.	Un barbero.
Don Blasco.	Soldados.[19]

---

[16] M, ortolano (but *ortelano*, always, in the text).
[17] M, B, Sileno.
[18] All four editions include, before Beltrán de Rojas, a Don Millán. There is no speech for a Don Millán in any of the versions. M, B, H, give spelling Esteban Millán in v. 207, corrected by Acad. M, B, in stage directions, use same spelling once (ACT I, n. 10), corrected by H, Acad. to Esteban Illán. In both instances of the use of the "M" in M, B, it is in dealing with the personaje, Don Esteban Illán; H emends one of the two and Acad. both, but neither strikes the surplus name from the *reparto*. It was undoubtedly included originally to designate Don Illán, *mancebo* who, however, had been listed previously.
[19] M, B include an *Alcalde* and H, Acad. transform the músico requested by Leonor (v. 1525) into *músicos* and add *Gente*.

ACTO PRIMERO

Pónense encima del muro de Toledo don Esteban Illán y el conde don Manrique. (1)

CONDE. ¡Toledo por Alfonso, Rey legítimo
de Castilla! ¡Toledo por Alfonso,
hijo del rey don Sancho el Deseado,
y del Emperador de España nieto!
DON ESTEBAN. ¡Toledo por Alfonso, castellanos, 5
no por Fernando de León, su tío!
¡Alfonso es vuestro Rey, Alfonso viva!

Salen todos los que pudieren con armas desnudas, y Fernán Ruiz y Lope de Arenas. (2)

FERNÁN. ¿Quién alborota la ciudad, soldados?
¿Qué es esto de decir que viva Alfonso?
¿No sabéis que Toledo se defiende 10
por el Rey de León, y que yo tengo
su alcázar por Fernando, y que los muros
no se darán al de Castilla en tanto
que tenga los quince años que su padre
mandó en su testamento? ¿Qué dais voces? 15
CONDE. Fernán Rüiz, aunque Fernando lleva
de Toledo las rentas, y se llama
injustamente su señor, bien sabes
que Alfonso, su sobrino, es Rey legítimo;
bien sabes que ha querido y procurado 20
quitarle el reino, y que guardó su vida

---

(1) H, Vista exterior de la iglesia de San Román en Toledo. / ESCENA PRIMERA. Don Esteban Illán y el conde don Manrique, en la torre de la iglesia.
(2) H, ESCENA II.

	la gran lealtad de los hidalgos de Ávila,	
	que le han criado y defendido siempre.	
	Toledo quiere darse a su Rey; deja	
	que el Rey goce a Toledo.	
Fernán.	Si se guarda	25
	la ciudad por Fernando, ¿cómo quieres	
	que la pueda cobrar el niño Alfonso?	
Don Esteban.	¿No fue concierto que, si entrar pudiese	
	Alfonso en la ciudad, se obedeciese?	
Lope.	Así es verdad, Esteban; mas ¿no miras	30
	que es imposible entrar? ¿Por qué alborotas	
	desde esa torre la ciudad? Advierte	
	que es alto San Román, pero no es fuerte.	
Don Esteban.	Si yo os mostrase el Rey; si Alfonso mismo	
	estuviese en Toledo, caballeros,	35
	¿sería justo obedecerle?	
Fernán.	¿Cómo	
	puede ser que, guardándose las puertas	
	con tanta vigilancia, Alfonso entrase?	

Pónese en lo alto el rey Alfonso, niño. (3)

Don Esteban.	Castellanos, ¿no es éste el rey Alfonso?	
	¿No es éste vuestro Rey?	
Fernán.	¡Cielo! ¿qué veo?	40
Don Esteban.	Éste es Alfonso, si os preciáis de godos.	
Conde.	Hablad, señor; decid quién sois a todos.	
Alfonso.	Generosos castellanos,	
	yo soy el Rey de Castilla.	
	No os parezca maravilla	45
	que me tengan estas manos;	
	ellas y Ávila me han dado	
	la vida que el desvarío	

---

(3) This stage direction appears in M, B between vv. 42-3; H, ESCENA III, which he puts here.

31. M, B, alborota.
32. Acad., desde esa torre a la ciudad.

    del Rey de León, mi tío,
    tantas veces me ha quitado.   50
     Manrique me trujo al muro
    de Toledo, y dentro dél
    me puso un pecho fiel,
    hidalgo, noble y seguro.
     Éste es Esteban Illán,   55
    que por alcázar me ha dado,
    mientras ando desterrado,
    la torre de San Román.
     Aquí estoy. Si no estoy bien,
    si no estoy en lo que es mío,   60
    combatidme; que yo os fío
    que me defiendan también.
     ¡Ea, volved las espadas
    contra vuestro Rey; subid!

FERNÁN. Rey, mi señor, oíd.
ALFONSO.   Decid.   65
FERNÁN. Todas están envainadas;
    y nunca permita Dios,
    por su poder soberano,
    que espada de castellano
    salga jamás contra vos.   70
     El alcázar que tenía
    os dejo; pero no puedo
    esperaros en Toledo.
    Vos sabéis la lealtad mía;
     mas sobre vuestra crianza,   75
    Laras y Castros tenemos
    bandos, que averiguaremos
    algún día lanza a lanza.
     Bien me entiende el Conde.

CONDE.   Aquí,
    y siempre que tú quisieres;   80
    que he sido leal.

---

 63. M, B, espaldas.
 73. H, Acad., esperar más en Toledo.
 79. M, B, as the speech of the Conde, Bien me entiende el Conde aquí.

FERNÁN.	Sí eres; pero aprendiste de mí.
CONDE.	Yo te buscaré.
FERNÁN.	Ya sabes que te aguardaré, Manrique.

Vanse todos los de abajo, menos Lope de Arenas. (4)

LOPE.	Aunque Toledo se aplique	85
	a dar a Alfonso las llaves,	
	el castillo de Zurita	
	no he de dar, aunque el Rey venga,	
	hasta que quince años tenga.	
CONDE.	Lope, a los nobles imita.	90
LOPE.	Si es testamento del Rey,	
	su padre, ¿por qué he de dar	
	lo que le podréis tomar?	
	Guardalle es más justa ley.	
	¿Qué sé yo cuál de vosotros,	95
	si con las fuerzas se ve,	
	querrá ser rey?	
CONDE.	Yo no sé	
	que haya tal hombre en nosotros;	
	porque quien al Rey guardó	
	de la furia de su tío,	100
	y con tal hidalgo brío	
	le amparó y defendió	
	desde que, envuelto en pañales,	
	de tantos fue perseguido,	
	¿cómo, de ambición movido,	105
	podrá hacer bajezas tales?	

---

(4) M, B, Vanse..., sino es Lope; H, ESCENA IV. / El Rey, Don Esteban y el Conde, en la torre; Lope de Arenas, abajo; Acad. erroneously alters: El Conde, en la torre; Lope de Arenas abajo.

96. M, B, fuerças se vee (see note).
98. M, B, tal nombre.
102. H, Acad., y le defendió.

ALFONSO.   Lope de Arenas...
LOPE.   Señor...
ALFONSO.   ¿Por qué el castillo me niegas?
   ¿No sabes tú que le entregas
   a tu Rey?
DON ESTEBAN.   ¡Qué gran valor!   110
LOPE.   Quien me le ha entregado a mí,
   a vuestro padre obedece.
ALFONSO.   ¿Esa respuesta merece
   tu Rey?
LOPE.   Siendo justo, sí.
   Si habéis de tener quince años,   115
   servíos, señor, por Dios,
   de que le tenga por vos.
ALFONSO.   Bastan estos desengaños
   de la lealtad de mi gente
   para dármele.
LOPE.   No puedo.   120
ALFONSO.   Pues pondrá luego Toledo
   su gran corona en mi frente;
   que yo te le iré a quitar
   con las armas.
LOPE.   Bien podéis;
   mas mientras no le toméis,   125
   señor, no os le puedo dar.
                    Vase. (5)
ALFONSO.   ¿Qué os parece deste hidalgo?
CONDE.   Que con su buena intención
   piensa que a haceros traición,
   y no a defenderos, salgo.   130
   Tomad la corona aquí,
   y sacad luego la espada.
ALFONSO.   Ya la tuviera sacada
   a estar, como en vos, en mí.
   Ceñídmela, Conde, os ruego;   135

---

(5) H, ESCENA V.

129. M, B, piensa que es hazeros traycion.

	que vos veréis el estrago	
	que en estos villanos hago.	
CONDE.	Vamos, y ceñilda luego;	
	que sin duda seréis vos	
	de tantas virtudes lleno,	140
	que os llamen Alfonso el Bueno.	
ALFONSO.	Conde, el bueno sólo es Dios.	
CONDE.	[*Aparte a don Esteban.*]	
DON ESTEBAN.	¿Qué os parece del rapaz?	
	Que ha de ser para su tierra,	
	un César para la guerra	145
	y un Numa para la paz.	

Vanse, y salen Costanza y Dominguillo, truhán.
(6)

COSTANZA.	Tarda de venir don Lope;	
	novedad hay en Toledo.	
DOMINGUILLO.	Pensar, señora, no puedo	
	en qué su tardanza tope.	150
	Fernán Ruiz el castellano	
	tiene en aquesta ocasión,	
	por Fernando de León,	
	el alcázar toledano.	
	Las puertas están guardadas	155
	de armas y gente por él.	
COSTANZA.	Yo tengo el corazón fiel,	
	y de las cosas pasadas	
	voy sacando las presentes.	
DOMINGUILLO.	Amar y temer, es ley	160
	de amor.	

---

(6) H, ESCENA VI.

143-6. M, B give all four lines to Manrique. We follow correction of H, by which v. 143 is made an aside and the next three are given to don Esteban.

COSTANZA.	La lealtad del Rey

tiene mil inconvenientes.
    Dicen muchos que es razón
que se guarde el testamento.

DOMINGUILLO.	Lo mismo, señora, siento,	165

y es lo demás confusión.
    Al Rey ¿por qué se han de dar
las fuerzas que a cobrar viene,
mientras su edad no las tiene
para saberlas guardar?   170
    Que estén por él es mejor,
que no que alguno las tenga
que antes que él a reinar venga.
Pero admírame tu amor:
    pensaba yo que estuvieras   175
más celosa de las damas
de Toledo, si es que amas
lo que cuidadosa esperas,
    que no de los cortesanos
que andan al lado del Rey.   180

COSTANZA.	Si amor tiene ya por ley,

sospechas y celos vanos,
    yo sé que el mayor amor
es desear una dama
la vida de lo que ama.   185

Sale un criado. (7)

CRIADO.	El Alcaide, mi señor,

ha llegado en este punto
a la puerta del castillo.

COSTANZA.	Toma, Liseno, este anillo;

---

(7) H, ESCENA VII.
  162. M, inconueniensas; B, inconuenienças.
  165. M, B, Lo mismo señor assiento.
  167. B, porque le han de dar.
  182. M, B, H, varios. We follow correction of Acad. to meet the exigencies of the *redondilla's* rhyme scheme.

	di que mi bien todo junto.	190
	¿Viene bueno?	
CRIADO.	Y con cuidado de defender esta fuerza.	
COSTANZA.	¿A quién?	
CRIADO.	Al Rey.	
COSTANZA.	¿Qué le esfuerza?	
CRIADO.	Dice que haberlo jurado a Gutier Fernández, que es quien la fuerza le entregó.	195
COSTANZA.	Al Rey se la diera yo, y quejárase después.	
DOMINGUILLO.	¡Cómo! ¿Por qué causa o ley, si hizo pleito homenaje?	200
COSTANZA.	Domingo, no cabe ultraje en servir a Dios ni al Rey: Dios sobre todo, el Rey luego. Voy a ver mi Lope.	
	Vase. (8)	
DOMINGUILLO.	Di: ¿qué hay en Toledo?	
CRIADO.	No vi cosa que llegase a fuego. Que don Esteban Illán al Rey metió de secreto en la ciudad, y a este efeto la torre de San Román de alcázar le sirve agora.	205 210
DOMINGUILLO.	Pues si Alfonso está en Toledo, pierda quien le guarda el miedo: lo más fuerte vive y mora.	
CRIADO.	¿Qué importa, si tantas fuerzas	215

---

(8) H, ESCENA VIII; M, B place *Vase* after *Di*, first word of Dominguillo's speech.

201. M, B, cabe al trage.
202. B, vi al Rey.
207. M, B, H, Esteban Millán.
214. M, B, lo mas fuerte viua.

	no se le dan, y ésta, que es	
	de las más fuertes que ves?	
DOMINGUILLO.	¡Qué bien su partido esfuerzas!	
	Vete con Dios.	
CRIADO.	Voy a ver	
	si se acaba de apear.	220
	Vase. (9)	
DOMINGUILLO.	Camino he venido a hallar	
	para tener de comer.	
	Si dar la fuerza al Rey pruebo,	
	bravamente le serví;	
	mas ¿cómo lo digo ansí,	225
	si a Lope de Arenas debo	
	la misma vida que vivo,	
	la crianza y ser que tengo?	
	Pero si a pensarlo vengo,	
	de todo mi bien me privo.	230
	Lo vivido ya pasó,	
	lo que falta es lo que importa,	
	y aunque es la vida tan corta,	
	¿dónde puedo tener yo	
	mi remedio más seguro?	235
	De don Lope soy privanza,	
	que es la más cierta esperanza	
	del fin del bien que procuro;	
	y yo sé que en toda España	
	dirán, viendo mi intención,	240
	que fue a don Lope traición	
	y para mi Rey hazaña.	

Vase, y sale acompañamiento y, detrás, don Manrique, don Esteban Illán, don Nuño, doña Elvira, mujer de don Manrique, y el Rey, niño. (10)

---

(9) H, ESCENA IX.
(10) H, Iglesia Mayor de Toledo. / ESCENA X; M, B, Millan.

235. M, siguro.

CONDE.	Hoy, que venís a armaros caballero,
	heroico Alfonso, claro decendiente
	de Sancho, igual en armas al primero 245
	y en la desdicha que lloráis presente,
	oíd, como legítimo heredero
	de aquel Príncipe invicto y excelente,
	a qué debe quedaros obligada
	al diestro lado la ceñida espada: 250
	la ley de Dios, Alfonso, su fe santa,
	habéis de defender siempre con ella,
	y para dilatarla en gloria tanta,
	habéis de hacer que el Moro tiemble della.
	Al Betis, al Genil, que se levanta 255
	a ver del Tajo la corriente bella,
	habéis de dar un tajo de tal modo,
	que su cristal se vuelva en sangre todo.
	La patria y reino vuestro defendido
	será de vos; daréis, Alfonso, amparo 260
	a la justicia y leyes que ha tenido
	del uno y otro vuestro abuelo claro.
	Las damas, pues que dellas habéis sido
	y sois de quien sabéis fénix tan raro,
	tendrán defensa en ese blanco acero. 265
	¿Haréislo así?
ALFONSO.	Manrique, en vos lo espero,
	con cuyo amparo de su fe divina
	seré defensa, y de mi patria amada.
CONDE.	Costumbre es de Castilla, peregrina,
	que os ciña quien veréis la ilustre espada: 270
	corred al santo Apóstol la cortina,
	por quien fue de los moros restaurada;
	que su imagen es hecha de tal modo,
	que os la pondrá y hará dichoso en todo.
ALFONSO.	¿La imagen me podrá ceñir, Manrique, 275
	la espada?
CONDE.	Sí, señor; que está labrada

---

244. Acad., descendiente.

| | con artificio igual, que a quien se aplique
| | a sus pies, le podrá ceñir la espada.
| ALFONSO. | Dejadme que al Apóstol le suplique
| | la haga de vitorias siempre honrada.   280
| CONDE. | Subid las gradas al altar; que luego
| | oirá el Apóstol vuestro santo ruego.

Descubran sobre un altar y gradas Santiago a caballo, armado, con una espada dorada en las manos. (11)

| ALFONSO. | Apóstol, primo de Cristo,
| | Diego, santo caballero
| | de los cielos, cuyo acero   285
| | España dichosa ha visto
| | tantas veces en defensa
| | de su cerviz oprimida:
| | tomad esta tierna vida
| | en vuestra virtud inmensa.   290
| | Un rey de Castilla soy,
| | que en las mantillas lo fui;
| | nunca al Rey mi padre vi;
| | señor, este nombre os doy.
| | Sed mi padre en defenderme   295
| | de mi tío, que es León,
| | y quiere en esta ocasión
| | como a cordero ofenderme.
| | Ceñidme de vuestra mano
| | esa espada; que os prometo   300
| | hacer que os tenga respeto
| | el más rebelde africano.
| | Yo os juro, si llego a ser
| | hombre, de hacer que esa espada,
| | de rojo color bañada,   305

---

(11) H inserts these directions between vv. 274-5; H, Acad., Descubren.

280. Acad., victorias.
281. Acad., del altar.
296. H, Acad. use lower case for *león* and make the pun less effective.

se vea resplandecer
en los más hidalgos pechos
que tenga toda Castilla,
porque con esa cuchilla
tomen vuestro nombre a pechos. 310
Cruz y espada de Santiago
haré que se llame en ellos,
porque por vos y con ellos
haga en los moros estrago.

*Cíñele la imagen la espada, con música, y luego
le echa la bendición, y él se baja de las gradas.*

Don Esteban. Ya que ceñida el Rey la espada tiene, 315
será bien que le calce vuestra esposa
las espuelas.
Conde. Illán, Elvira viene
para servir a Alfonso cuidadosa.
Sentaos, señor.
Alfonso. Hidalgos, si conviene,
por ser costumbre, que esta dama hermosa 320
me calce las espuelas, llegue luego;
pero si no, que no me calce os ruego;
que si juré para ceñir la espada
defender a las damas, no es defensa
que me calce señora tan honrada; 325
antes parece que le hago ofensa.
Elvira. Si fuera la mujer más celebrada
que tuvo Roma en su grandeza inmensa,
no mereciera a vuestros pies llegarme.
Dejad que os sirva si queréis honrarme. 330
Alfonso. ¿No se puede excusar?
Don Esteban. De ningún modo.
Alfonso. Calzadme pues.
Elvira. A vuestros pies se humilla

---

320. M, castumbre.
326. H, Acad., les hago ofensa.

	esta esclava, señor.	
ALFONSO.	Injusto apodo;	
	sois del mundo la otava maravilla.	
CONDE.	Ya que sois, señor, Rey, honraldo todo,	335
	como es costumbre antigua de Castilla:	
	mandad, haced mercedes.	
ALFONSO.	Justo fuera,	
	si de qué las hacer, Conde, tuviera.	
	Yo, niño rey, diez años perseguido,	
	sin patria, sin palacio, sin posada,	340
	por una y otra parte siempre huído,	
	¿qué puedo dar, pues nunca tuve nada?	
	Mas ya que hoy tomo el cetro, y me he ceñido,	
	para cobrar mis reinos, esta espada,	
	busquemos a los moros, porque quiero	345
	daros lo que ganare con su acero.	
DON ESTEBAN.	Bien dice el Rey en esto.	
CONDE.	Tan bien dice,	
	que le bendice, Esteban, todo el suelo.	

Sale Nuño. (12)

NUÑO.	Sí; pero no ha de entrar en la conquista	
	de las tierras extrañas el que tiene	350
	tantas guerras y engaños en las propias.	
	Cobre Alfonso las suyas, y cobradas,	
	podrá poner la mano en las ajenas.	
CONDE.	Don Nuño dice bien, que será justo	
	que dé principio a las que están más cerca.	355
NUÑO.	Cobremos el castillo de Zurita	
	de don Lope de Arenas, y entretanto	
	podrá quedar el Rey entreteniéndose.	
ALFONSO.	¡Cómo! ¿Quedarse el Rey? ¿Sabéis, don Nuño,	
	qué corazón gobierna aqueste pecho?	360

---

(12) H, ESCENA XI.

334. Acad., octava.
347. M, B, tambien.
351. H, Acad., y daños en las propias.

	¿Para quedarme me ceñís la espada?
	Pues ésta no es espada que se queda;
	que quien me la ciñó no me la diera
	si no supiera el temple que tenía.
	Advertid que es espada de Toledo: 365
	¡mirad qué lindo acero! Este es un tajo
	que en el agua de Tajo toma el temple;
	este un revés que no le hará en su vida
	a las obligaciones que he jurado.
	Pues quien sabe que corta desta suerte, 370
	también sabrá cercar ese castillo.
	Sígame el que quisiere; ¡ah, caballeros!
	que de Santiago son estos aceros.
	Vase. (13)
CONDE.	¿Hay valor semejante? Bien parece
	nieto de tal abuelo.
NUÑO.	Y de tal padre 375
	heroico hijo.
ELVIRA.	Es sol que resplandece
	del alba hermosa de tan noble madre.
DON ESTEBAN.	Si como en la virtud en la edad crece,
	[ese nombre de sol es bien le cuadre].
CONDE.	Bien cuadra a quien está de bondad lleno. 380
DON ESTEBAN.	Pues, señores, seguid a Alfonso el Bueno.

Vanse, y salgan Lope de Arenas y doña Costanza. (14)

LOPE.	En tanto que el fiero Marte
	su esfera sangrienta cierra,

---

(13) Omitted in H, Acad.
(14) H, Jardín del castillo de Zurita. / ESCENA XII.

367. H, Acad., agua del Tajo.
368. M, B, este es vn reues; correction necessary to reduce syllable count to 11.
376. M, B, El sol que resplandece.
379. M, B, del alua hermosa de tan noble madre. This exact repetition of v. 377 is obviously an error in typesetting; we adopt the conjectural reading proposed by H and followed by Acad.
382. M, tauto.

                    y a la paz la fiera guerra
                    humilla el rojo estandarte;   385
                      mientras el son animoso
                    de la trompeta sonora
                    cesa, me agrada, señora,
                    la paz del ocio amoroso.
                      Quéjaste de verme fiero;   390
                    vesme aquí tierno en tus brazos,
                    adonde con varios lazos
                    vencer esas hiedras quiero.
                      No tiene aqueste jardín
                    más hojas en tantas flores   395
                    que el alma te dice amores,
                    principios de amor sin fin.
                      Ya no me podrás culpar
                    que vengo airado y feroz.
COSTANZA.   Baja, don Lope, la voz,   400
                    que hay quien te pueda escuchar;
                      y amores, aunque a mujer
                    propia, donde son verdades,
                    no sé si son necedades,
                    mas suélenlo parecer.   405
LOPE.   ¿Quién en el jardín está?
COSTANZA.   Dominguillo agora entró.
LOPE.   Criado que crío yo,
                    sin causa recelo os da.
                      Es Dominguillo la llave   410
                    de cuantos secretos tengo;
                    siempre con él voy y vengo,
                    todo cuanto intento sabe.
                      Aunque fuérades mi dama,
                    y no mi propia mujer,   415
                    jamás supiera ofender
                    con su lengua vuestra fama.
                      Es por todo extremo honrado,
                    aunque no es muy bien nacido.
COSTANZA.   Ya del jardín se ha salido,   420
                    viendo que me he recatado.
                      Para sólo hablar de amor

	con debida honestidad,	
	siempre fue la soledad,	
	Lope, el testigo mejor.	425
	De una dama supe un día	
	que tanto se recataba,	
	que a los árboles miraba,	
	y esto a las hojas decía:	
	"Que veáis me causa enojos	430
	mis amorosas congojas,	
	porque, como tenéis hojas,	
	estáis cerca de ser ojos".	
Lope.	Costanza, el bien sin testigos	
	muchos dicen que no es bien;	435
	no te espantes de que den	
	parte dél a sus amigos.	
Costanza.	Sí, esposo; pero los más	
	toman tanta parte dél,	
	que se les quedan con él,	440
	y no le vuelven jamás.	
	En tu vida, donde quieras,	
	dos veces lleves amigo.	
Lope.	Ya no dirás que contigo	
	no hablo de amor de veras;	445
	ya, Costanza, no podrás	
	culpar la guerra.	
Costanza.	Ya puedo	
	presumir que de Toledo	
	vienes, señor.	
Lope.	¿Eso más?	
	No sé por dónde los cielos	450
	os dieron este rigor,	
	que jamás habláis de amor	

---

433. H, Acad., están cerca: H appears to have been bothered by the logical inconsistency of the original; this inconsistency is not, in our opinion, serious enough to make emendation essential.

440. H, Acad., se nos quedan: this correction also seems unjustified: the reading in M, B is, to be sure, somewhat peculiar; but it is not impossible. It could very well be a contamination of *se les queda* with *se quedan con él*; cf. *quédeselo* for *quédese con él*.

	que no nos piquéis con celos.	
	Di agora que allá me vino	
	este tierno sentimiento.	455
COSTANZA.	Tú juzgas tu pensamiento;	
	yo voy por otro camino.	

Sale Domingo. (15)

DOMINGUILLO.	¿Agora en jardines verdes,	
	Lope de Arenas, estás?	
	¿Agora al sueño te das,	460
	cuando es razón que recuerdes?	
	¿Agora a escuchar las fuentes	
	destos bellos cuadros bajas,	
	y los pífanos y cajas	
	de un ejército no sientes?	465
	¿Agora con tu Costanza	
	das a las aves envidia,	
	y Alfonso no te fastidia	
	con tanto pavés y lanza?	
	¿Agora tratas de amor,	470
	niño ciego, la conquista,	
	cuando otro niño con vista	
	viene a conquistar tu honor?	
	¿Agora estás descuidado,	
	cuando Alfonso, cuidadoso,	475
	con ejército famoso	
	hace selva lo que es prado?	
	que siembra por su horizonte	
	sus lanzas en tanto exceso,	
	que no hay bosque más espeso,	480
	ni más enramado monte.	
	El no oír me maravillo,	

---

(15) H, ESCENA XIII.

453. H, Acad., no me os piquéis.
482. The verse may possibly be a contamination of *Del no oír me maravillo* with *El no oír me maravilla*.

          el relinchar los caballos,
          porque tardan de alojallos,
          Lope, en tu mismo castillo.   485
              Ponte a la defensa luego;
          que, aunque es niño, es español,
          y rayo de tanto sol
          que puede abrasarte en fuego.

LOPE.   Necio vienes, Dominguillo,   490
          pues no has visto en tantos días
          que no hay humanas porfías
          contra tan fuerte castillo.
              Reírme quiero de ti
          y de Alfonso, que los dos   495
          parecéis niños, ¡por Dios!
          él en venir contra mí,
            y tú en decir que me guarde.
          Los años de Troya son
          pocos en esta ocasión,   500
          aunque a sus pies los aguarde.
              Alfonso no tiene culpa
          en esta temeridad;
          que su poca y tierna edad
          de todo error le disculpa.   505
              De los condes y vasallos
          me río, pues le han traído.
          Pero, ¿ves todo el rüido
          de armas, cajas y caballos?
              A dos meses de esperar   510
          quedará tan sordo y quedo,
          que se vuelvan a Toledo
          a comer y a descansar.

COSTANZA.   ¿No sabes tú que este fuerte
          es y ha sido inexpugnable?   515

    483-4. M, B have reverse order for these two lines. We adopt correction of H, which relieves the passage of an *hipérbaton* perhaps too extreme for Lope and permits a more logical understanding of the meaning as *alojar... en el mismo castillo.*
    495. M, B, aunque los dos.
    504. M, B, que su boca, y tierna edad.

DOMINGUILLO.	¿Es mucho que en esto os hable, y que tema desta suerte?
LOPE.	No es mucho; pero es error dar temor el que le tiene, a quien con ánimo viene 520 de ganar fama y honor. Venid, Costanza, conmigo.
COSTANZA.	Yo sola, aunque soy mujer, puedo el fuerte defender.
DOMINGUILLO.	Lo mismo, señora, os digo. 525
COSTANZA.	Dadme un pavés y una lanza.
LOPE.	¡Al muro, Costanza, al muro!

Vanse don Lope y Costanza. (16)

DOMINGUILLO.	¡Oh, cómo parte seguro, con su querida Costanza, en la fuerza deste fuerte, 530 porque no sabe que soy quien al Rey le ha de dar hoy, a ella luto y a él la muerte! Yo sé en el fuerte un portillo por donde pienso salir, 535 ir, venir, entrar, huir a la plaza del castillo. Presto verá lo que pasa; que daña con gran rigor en el cuerpo el mal humor 540 y el ladrón dentro de casa.

Sale un alarde, con cajas y bandera, don Nuño, don Manrique, don Esteban, el Rey, con gola y bastón, y Pero Díaz, soldado. (17)

---

(16) H, ESCENA XIV.
(17) H, Vista exterior del castillo de Zurita. / ESCENA XV. We follow spelling of M, B, *Díaz*, and add the necessary accent H, Always *Diez*, with

524. B, defende.
536. H, Acad., entrar y huir.

ALFONSO.	Aquí podeis hacer alto.
NUÑO.	¡Qué bien gobierna!
CONDE.	Harto bien.
ALFONSO.	Era aquel sitio también
	de agua y hierba escaso y falto. 545
	Fuera desto, no tenía
	de ningún modo reparo.
NUÑO.	Todo lo que dice es claro.
DON ESTEBAN.	Alguna deidad le guía.
ALFONSO.	Estará Lope de Arenas 550
	confiado en que este fuerte
	es como el nombre lo advierte.
NUÑO.	Ya parece en las almenas.
DON ESTEBAN.	A lo menos sus soldados
	y una gallarda mujer; 555
	que él debe de pretender
	tener los puentes guardados.

Pónese en el muro doña Costanza. (18)

ALFONSO.	¿Podré, belicosa dama,
	llegaros a hablar seguro?
NUÑO.	No te acerques tanto al muro. 560
DON ESTEBAN.	Bien podrá, pues que le llama;
	que Lope no ha pretendido
	ser traidor, sino cumplir
	el homenaje.
ALFONSO.	Hasta oír,
	quise llegarme atrevido; 565
	que sois mujer principal,
	y de damas como vos
	confío mucho, ¡por Dios!
COSTANZA.	Tenéis condición real.
ALFONSO.	¿Cómo os llamáis?

---

the single exception of v. 733, *Díez*; Acad., uniformly Díez. M, B, *Diaz* until Alfonso changes it to Diez, making use of the similarity between the name and the number (vv. 726, 728, 729).

(18) H, ESCENA XVI.

Costanza.	En sabiendo quién sois, os lo diré.	570
Alfonso.	Soy el Rey.	
Costanza.	Parabien os doy.	
Alfonso.	De ese parabién me ofendo; que no soy rey desde ayer: desde la cuna lo fui.	575
Costanza.	No os doy parabién aquí, Rey, de vuestro mismo ser. De la espada y del bastón y de la guerra primera, ¿no era justo que os le diera?	580
Alfonso.	Tenéis, señora, razón; y creed que me ha pesado que hayáis al muro salido.	
Costanza.	¿Tan mal os he parecido?	
Alfonso.	Antes, de veros me agrado; pero, a la guerra primera, me pesa mucho de ver por defensa una mujer.	585
Costanza.	¿Paréceos cosa ligera?	
Alfonso.	Cuando me ceñí la espada, juré siempre defendellas; pues si vengo contra ellas, queda la jura quebrada.	590
Costanza.	Cortesano sois; no es mucho: los reyes nacen con canas.	595
Alfonso.	Parece que en las ventanas requiebros tiernos escucho.	
Don Esteban.	Déjate de entretener damas en esta ocasión.	
Alfonso.	Decid quién sois, si es razón.	600
Costanza.	Del Alcaide soy mujer.	

---

590. M, ciñi.

Descúbrese. (19)

ALFONSO.	Gocéisos por muchos años.
COSTANZA.	Muchos más os gocéis vos.
ALFONSO.	Pues ¿cómo os envía a vos
	en sucesos tan extraños? 605
COSTANZA.	Débele de parecer
	que basta para el rigor
	de un niño conquistador,
	defensa de una mujer.
ALFONSO.	Mal su buen crédito abona, 610
	pues no se asegure en nada:
	ni los muros de mi espada,
	ni su honor de mi persona.
COSTANZA.	Antes, como no ofendéis
	con la persona el honor, 615
	menos el muro, señor,
	con la espada que traéis.
ALFONSO.	No os pongáis en ocasión
	de que sepáis lo que valgo;
	que hombre y rey, a serlo salgo. 620
COSTANZA.	No os enojéis.
ALFONSO.	No es razón;
	pero, porque habéis salido,
	y cumplir lo que he jurado,
	tratemos de paz.
COSTANZA.	Yo he dado
	un medio.
ALFONSO.	¿Qué medio ha sido? 625
COSTANZA.	Entre dentro un caballero,
	y con don Lope lo trate,
	seguro que no le mate.
ALFONSO.	¿Quién irá?

---

(19) Omitted in H, Acad.

603. B, mucho.
611. H, aseguren; Acad., aseguran.
625. M, vn medo.

NUÑO. Yo mismo quiero
destos conciertos tratar. 630
ALFONSO. Entra.
NUÑO. Voy.
COSTANZA. Y yo, señor,
avisaré a Lope.

Vase Nuño y métese Costanza.

ALFONSO. Amor
engendra un cortés hablar.
CONDE. Los soldados no han de ser
tiernos.
ALFONSO. Ha poco que estoy 635
en la guerra. Por quien soy,
que es discreta la mujer.

Sale Dominguillo. (20)

DOMINGUILLO. Dejadme llegar.
SOLDADO. Espera.
ALFONSO. ¿Qué es eso?
SOLDADO. Un hombre del fuerte
que quiere hablarte.
DOMINGUILLO. No el verte 640
me trujo desta manera,
sino el natural amor
y la debida lealtad.
ALFONSO. Conozco tu voluntad.
¿Qué quieres?
DOMINGUILLO. Oye, señor: 645
si te doy este castillo,
¿darásme qué coma?
ALFONSO. Sí.
DOMINGUILLO. ¿A fe de rey?
ALFONSO. Sí; mas di
tu nombre.

---

(20) H, ESCENA XVII.

DOMINGUILLO.	¿Yo? Dominguillo.	
ALFONSO.	Hombre pareces de humor.	650
DOMINGUILLO.	Soy de Lope la privanza;	
	mas su misma confianza	
	será su muerte, señor.	
	Yo te quiero dar el fuerte;	
	que en diez años que aquí estés,	655
	harás menos que en un mes.	
ALFONSO.	¿Tú?	
DOMINGUILLO.	Sí, señor.	
ALFONSO.	¿De qué suerte?	
DOMINGUILLO.	Matando a Lope de Arenas.	
ALFONSO.	Pues ¿cómo, si es tu señor?	
DOMINGUILLO.	No es mi señor un traidor	660
	que te niega estas almenas.	
	Tú eres mi rey.	
ALFONSO.	Es ansí;	
	mas ¿cómo volver podrás,	
	si te han visto que aquí estás,	
	para fiarse de ti?	665
DOMINGUILLO.	Si se hallase algún soldado	
	que me sufriese una herida	
	—no que le cueste la vida,	
	que en eso tendré cuidado—	
	decir puedo que salí	670
	a emprender aquesta hazaña.	
CONDE.	Lo que pide es cosa extraña.	
ALFONSO.	¿Hay entre todos aquí	
	soldado alguno que quiera	
	sufrir una herida a este hombre?	675
DON ESTEBAN.	Por ganar tal fama y nombre,	
	sospecho que alguno hubiera.	
CONDE.	Pues ¿cómo una herida adarva	
	a hombres como vosotros?	
ALFONSO.	Míranse unos a otros,	680
	y a todos tiembla la barba.	

---

653. M, B, era su muerte.
671. H, Acad., aquella hazaña.

Pero Díaz.	Yo digo que sufriré,
	si te importa tanto el fuerte,
	una herida, y aun la muerte.
	¡Ea, la herida me dé! 685
Alfonso.	¿De dónde eres?
Pero Díaz.	De Toledo.
Alfonso.	Claro estaba de saber.
Conde.	¿De dónde pudiera ser
	mejor un hombre sin miedo?
	Dime, soldado, tu nombre. 690
Pero Díaz.	Pero Díaz me apellido. (21)
Don Esteban.	Al muro Lope ha salido.
Alfonso.	¡Vive Dios, que eres muy hombre!
	No me olvidaré de ti.
	Hiérele tú, Dominguillo; 695
	que te mira en el castillo
	Lope.
Dominguillo.	¿Quieres tú?
Pero Díaz.	Yo sí.
Dominguillo.	¿Dónde quieres que te dé?
Pero Díaz.	En la cabeza, villano.
Dominguillo.	Vuelve la espalda.
Pero Díaz.	Es en vano 700
	eso; no la volveré.
Dominguillo.	¡Villano a mí! Toma.
Pero Díaz.	¡O perro!
Conde.	Seguilde.
Dominguillo.	Abridme, señor;
	que he muerto un hombre.
Don Esteban.	¡Ah, traidor!
Lope.	Abrid.
Un Soldado.	*(Dentro.)*

---

(21) After this verse, H, ESCENA XVIII. / Lope de Arenas, en el muro.—Dichos.

691. See note (17).
697. M, B, Lopez.

	Entra.	
LOPE.	Cierra.	
SOLDADO.	*(Dentro.)* Cierro.	705

Quítase Lope luego de lo alto. (22)

DON ESTEBAN. Bien el huir ha fingido.
CONDE. ¡Hombre astuto!
ALFONSO.   Temerario.
DON ESTEBAN. El curar es necesario
               soldado tan bien herido.
ALFONSO.   ¿Quiéresme, Pedro, creer?   710
               con nacer como nací,
               hoy tengo envidia de ti;
               lo que eres quisiera ser.
            Más, por tan alto interés,
               quisiera la fortaleza   715
               de esa herida en la cabeza,
               que la corona que ves.
            Haz cuenta, Pedro fiel.
               que esta herida y sangre honrada
               es una cinta encarnada   720
               con que has atado el laurel.
            Más que las del fuerte, al doble,
               honran tu frente esas puertas:
               pésame que sangre viertas,
               porque sin duda es muy noble.   725
            Mas, pues Díez te apellidas,
               llégame ese escudo acá,
               que con diez dedos hará
               una herida diez heridas.
            De tu sangre, mis dos manos   730
               estas diez bandas harán,
               y por armas quedarán
               a los Díez toledanos.

---

(22) H, ESCENA XIX.

Úntase los diez dedos en la sangre, y hace diez bandas en el escudo. (23)

	Harás el campo de plata,		
	pues las bandas son color.		735
PERO DÍAZ.	Desta sangre fiad, señor,		
	que jamás se muestre ingrata;		
	que quien así la ofreció,		
	mil vidas os ofreciera.		
ALFONSO.	Vete a curar.		
CONDE.	No creyera		740
	esto de Alejandro yo.		
	Mil años te guarde el cielo.		
DON ESTEBAN.	Indicios bastantes son		
	de su mucha discreción		
	y de su piadoso celo.		745
	Ven, señor, a descansar:		
	seguro tienes el fuerte.		
ALFONSO.	Compralle con una muerte		
	de un noble, me da pesar.		
CONDE.	Advertid que sois soldado;		750
	no os habéis de enternecer.		
ALFONSO.	Bien decís, que no he de ser		
	piadoso ni enamorado.		

Vanse, y salen Dominguillo y Lope. (24)

LOPE.	Notablemente anduviste.		
DOMINGUILLO.	Quise que el Rey y su gente		755
	supiesen que un inocente		
	que tú criaste y tuviste		
	en tu casa por juglar,		
	sabe hacer hazañas tales;		
	no los hombres principales,		760
	a quien sueldo sueles dar.		

---

(23) H inserts these directions between vv. 729-30.
(24) H, Sala del castillo. / ESCENA XX.

LOPE.	No digas que un inocente: en Roma no cuentan más de Scévola; yo, jamás te imaginé tan valiente. 765
DOMINGUILLO.	Pues si necesario fuera, no dudes que me dejara quemar la mano, y pensara que entre flores la tuviera.
LOPE.	Yo te aseguro que el Rey 770 esté bien triste por esto.
DOMINGUILLO.	Alzará el cerco muy presto.
LOPE.	Hombre eres de buena ley; no en balde bien te he querido, no en balde siempre he fiado 775 mi vida de tu cuidado.
DOMINGUILLO.	No te engañas, justo ha sido; porque solo soy bastante que no dure el cerco un día.
LOPE.	Hoy afeitarme querría. 780
DOMINGUILLO.	Deja, señor, que me espante: tiénete Alfonso cercado, y ocúpaste en niñerías.
LOPE.	Hacen oficio de espías estos dos que me ha enviado 785 el Rey por embajadores, y porque entiendan de mí que me estoy durmiendo aquí al son de sus atambores, la barba me quiero hacer. 790 Haz que vengan por acá.
DOMINGUILLO.	Éntrate, señor, allá, y haré que te venga a ver don Nuño, porque se espante del descuido con que estás. 795

[*Vase don Lope.*] (25)

---

(25) After this verse, H indicates Lope's departure and ESCENA XXI.

774. B, no embalde.
775. B, no embalde.
788. M, dormiendo.

                    No imaginé que jamás
                viera ocasión semejante.
                ¿Qué más atado le quiero,
                que de los paños cercado?
                No ha muerto hombre amortajado   800
                como aqueste caballero.
                    El barbero vino ya...
                ya en la silla se ha sentado...
                ¿Qué aguardo? ¿Qué estoy turbado?
                Pues que la ocasión me da   805
                    no solamente cabellos
                como a muchos que la ven,
                pero la barba también
                ¡pues, asirle della y dellos!
                    Arrimado a aquel rincón   810
                he visto un venablo fuerte.
                Quiera el cielo que le acierte
                por la espalda al corazón.
                    Yo tiro, bien o mal salga,
                para salir del castillo. (26)   815

                Tírale. (27)

LOPE.   *(Dentro.)*
                ¡Ay! ¡Santa María me valga!
DOMINGUILLO.   Las espaldas le pasé.
                ¿Qué aguardo?

                            Vase.
BARBERO.   *(Dentro.)* ¿Hay tan gran maldad?
                ¡Gente, soldados, llegad
                presto, que el traidor se fue!   820

---

(26) It would appear that one of the "b" verses of a *redondilla* is missing: noted accordingly by Acad.; H makes no comment.

(27) H, Acad. insert *Tírale* after v. 814; H, ESCENA XXII.

807. M, B, muchos que le ven.
809. H, Acad., para asirle.
814. M, B punctuate: Yo tiro bien, o mal salga / para...

Salen don Nuño y soldados con don Lope, atravesado el venablo, y doña Costanza. (28)

NUÑO.	¿Qué es esto?
LOPE.	¡Ay, Nuño querido!

de un traidor hazaña fea,
que no es posible que sea
sino de hombre mal nacido.

COSTANZA.   No creístes mis consejos;   825
fiástesos de un traidor.

LOPE.   Señora, túvele amor,
que mira el mal desde lejos.
    Por instantes se me quita
la habla. Ya es justa ley,   830
pues muero, entregar al Rey
el castillo de Zurita.
    Tomad vos, Nuño, la llave,
y en mi nombre la llevad;
lo que hice disculpad,   835
pues mi juramento sabe;
    y decid que en tantos daños,
primero mis desvaríos
cumplieron todos los míos,
que él cumpliese los quince años.   840

NUÑO.   Él murió.
COSTANZA.   Culpado muere
en fiarse de un traidor,
que no en serlo a su señor.

NUÑO.   Llevalde. Y pues no hay qué espere,
con las llaves quiero ir   845
por las albricias al Rey.

---

(28) H, ESCENA XXIII.

824. M, B, H, sino de un hombre — and the resulting hypermetric verse.

825. Acad., creísteis.

826. M, fiastisos: we correct this misprint in accordance with the normal usage of our text; B, H, Acad. all attempt to emend it to usage of "correct" forms: B, fiasteys os; H, fiásteisos; Acad., fiásteos.

Llévenle, y vase Nuño. (29)

COSTANZA.
¡Con qué justísima ley
merece un hombre morir,
  que cerca del alma pone
hombre de vil nacimiento, 850
fiado en su entendimiento,
  por más que el amor le abone!
  Don Lope, amigos leales
grande bien suelen hacer;
pero éstos se han de escoger 855
  de personas principales.
  No ha dado el cielo castigo
a un hombre de honra y verdad,
como la falsa amistad;
porque del cierto enemigo 860
  un hombre puede guardarse,
no del amigo fingido.

Salen el Rey, don Manrique, don Esteban Illán, Dominguillo y todos. (30)

ALFONSO. ¡Oh cuánto lo habrá sentido!
NUÑO. No es posible consolarse.
ALFONSO.   Costanza, cuando os hablé 865
de esotra parte del muro,
no entendí que tan seguro
pusiera en el fuerte el pie,
  ni vos pensastes venir
a tan miserable estado. 870
COSTANZA. De haber el fuerte cobrado,
no tengo yo qué decir;
  cosas de la guerra son
que las mujeres no entienden,
y que todas se defienden 875

---

(29) H, ESCENA XXIV; H, Acad., Llévanle.
(30) H, ESCENA XXV.

869. Acad., pensasteis.

	con ser vuestra la razón.	
	Si me pesa de mi esposo,	
	vos propio lo juzgaréis;	
	pero más de que le deis	
	sagrado tan generoso	880
	al infame que le ha muerto:	
	y perdonad si me voy,	
	por no decir donde estoy	
	algún tierno desconcierto.	
	Vase. (31)	
CONDE.	No le ha faltado razón;	885
	pero vos habéis cobrado	
	el fuerte, y sois obligado	
	a justa satisfación.	
	Dalde, señor, de comer,	
	como lo habéis prometido.	890
ALFONSO.	Pues quede aquí difinido	
	lo que esto habrá menester.	
DON ESTEBAN.	Con dos mil maravedís,	
	Rey Alfonso, cada un año,	
	tendrá bien, si no me engaño.	895
ALFONSO.	Bien, don Esteban, decís.	
	Ésos de renta le den;	
	pero porque con su lengua	
	y manos no pongan en mengua,	
	o dé la muerte también	900
	a alguno sobre seguro,	
	Sáquenle los ojos luego.	
DOMINGUILLO.	¡Señor!...	
ALFONSO.	No hay tratar de ruego.	
DOMINGUILLO.	¡Qué buenos dos mil de juro!	
NUÑO.	Mil maravedís te caben	905

---

(31) H, ESCENA XXVI.
888. Acad., satisfacción.
891. Acad., definido.
892. H, Acad., lo que éste.
898. M, B, con su mengua.
901. Acad., algunos.
903. M, Sñeor.

	a cada ojo. ¿Qué quieres?
DOMINGUILLO.	¿Tú eres rey? ¡Tirano eres!
ALFONSO.	¿Quieres que tu vida acaben?
DOMINGUILLO.	¿Esa es condición real?
ALFONSO.	Dos premios te doy también: 910
	la traición te pago bien,
	ser traidor te pago mal.
DOMINGUILLO.	Tu padre y tu abuelo imita.
ALFONSO.	Lo mismo hicieran que yo.
	Al que el golpe recibió, 915
	hago alcaide de Zurita;
	y si Costanza quisiere,
	yo la dotaré con él.
DOMINGUILLO.	También yo he sido fiel:
	mas ya que premio no espere, 920
	sino por premio castigo,
	haz que de aquestos dos ojos
	saquen el uno.
ALFONSO.	¡Qué enojos!
	Si tuvieras, enemigo,
	dos mil, dos mil te sacara, 925
	pues tú los sacaste a quien
	te crió y te hizo bien.

Vanse el Rey y los grandes. (32)

SOLDADO 1.º	Paciencia, hermano, y repara
	en que te dan de comer.
	Come y calla. ¿Qué te altera? 930
DOMINGUILLO.	Ver si está limpio quisiera;
	que no es buen comer sin ver.
SOLDADO 2.º	Como no comáis pasteles
	ni compréis cosa guisada,
	no tenéis que temer nada. 935
DOMINGUILLO.	¡Que con eso me consueles!

---

(32) H does not account for Nuño: (Vanse el Rey, el Conde y don Esteban.) / ESCENA XXVII. / Dominguillo, Soldados. Nuño had two lines in ESCENA XXVI.

SOLDADO 1.º	Daos renta el Rey, y gemís por la vista.
DOMINGUILLO.	¿Es como quiera? ¿Hay alguno que la diera por dos mil maravedís? 940
SOLDADO 2.º	Camina, hermano, y no llores.
DOMINGUILLO.	Que, en fin ¿me habéis de dejar...
SOLDADO 1.º	¿Cómo se puede excusar?
DOMINGUILLO.	a buenas noches, señores? 944

---

939. We emend the reading of all four editions: *que lo quiera*.

ACTO SEGUNDO

Sale don Illán, hijo de don Esteban de Illán, y Garcerán Manrique, hijo del conde Manrique. (1)

ILLÁN.	Holgaréme de saber,	945
	Garcerán, todo el suceso.	
GARCERÁN.	Después trataremos de eso;	
	que más tiempo es menester.	
ILLÁN.	Mientras que los Reyes llegan,	
	algo me podéis contar;	950
	pues da el tardarse lugar,	
	aunque las fiestas le niegan.	
GARCERÁN.	Por las que están a mi cargo	
	lo negaba. Estadme atento:	
	sabréis de paso mi intento,	955
	y perdonad si me alargo.	
	Luego que tomó a Zurita	
	el rey don Alfonso octavo,	
	muriendo Lope de Arenas	
	de la herida de un venablo,	960
	el buen conde don Manrique,	
	mi padre, que fue su amparo,	
	fue con su gente siguiendo	
	a Fernán Rüiz de Castro.	
	Libre en el campo se vio,	965
	donde las armas trocando,	
	para no ser conocido,	
	Fernando con un hidalgo,	

---

(1) H, Iglesia Mayor de Toledo. / ESCENA PRIMERA.

945. H, Acad., Holgárame de saber.
954. M, B, negauas.
957. M, B, Zorita.

fue el Conde, mi padre, muerto;
y yo de tierra de Campos, 970
donde a la sazón vivía,
de poco más de diez años,
traído a servir al Rey.
No a criarme en su palacio,
como los meninos suelen, 975
entre galas y regalos:
criéme al lado de Alfonso
con las armas en las manos,
cobrando fuerzas y bríos
de sus reinos rebelados. 980
Cuando ya le pareció
a Alfonso que de Fernando,
su tío, y rey de León,
estaba libre y vengado,
oyendo decir la guerra 985
santa, a que príncipes tantos
iban a Jerusalén,
pasó la mar con Ricardo,
noble rey de Ingalaterra,
que para cobrar el santo 990
sepulcro de Cristo, dio
por el Asia tantos pasos.
A todos le acompañé,
hasta que sobre los campos
de Belén venció el Inglés 995
al Saladino Ciriaco.
De las hazañas de Alfonso
aficionado Ricardo,
le ofreció a Leonor, su hija,
que Alfonso estimaba tanto. 1000
Volvimos, Illán, a España,

---

974. M, B, no criarme.
979. H, Acad., fuerzas y villas.
982. M, B, de que Fernando.
986. M, B, principios tantos.
993. B, le compañé.
996. M, B, Ciriaso; H, Acad., Siriaco.

	y desde ella, dos prelados	
	y yo partimos a Londres,	
	de la cual en breve espacio	
	esta señora trujimos,	1005
	y en Burgos se desposaron,	
	donde ingleses y españoles	
	las fiestas han celebrado.	
	De allí, como ves, Alfonso	
	viene a Toledo gallardo,	1010
	en edad que de su nombre	
	tiembla el bárbaro africano.	
	Aquí pretende juntar	
	sus generosos vasallos,	
	y ir a Córdoba y Sevilla	1015
	contra Zulema y Bençaido;	
	que los caballos que hoy beben	
	en las corrientes del Tajo,	
	poniente han de beber,	
	con sangre mora manchados.	1020
ILLÁN.	Los Reyes entran, detente;	
	después tendremos espacio.	
GARCERÁN.	Siempre, Illán, para servirte	
	me reconozco obligado,	
	que a don Esteban, tu padre,	1025
	debo la espada que traigo.	
	Él me la ciñó en Galicia,	
	junto al altar de Santiago.	

Sale acompañamiento de caballeros y, detrás, el rey don Alfonso, hombre ya, y la reina doña Leonor, su mujer, de las manos, y salga con ellos don Blasco. (2)

---

(2) H, ESCENA II.

1002. B, desde alla.
1013. M, B, pretendo juntar.
1015. Acad., É ir.
1016. M, B, Braçaido; H, Acad., Benzaido.
1019-20. M, B, poniente que han; the arbitrary correction of H, followed by Acad., —del Betis han de beber / con sangre mora manchado— seems unnecessary; we simply remove the *que*.

Don Blasco.	Estas llaves, Rey ínclito, te ofrece	
	Toledo, y de sus nobles ciudadanos	1030
	las almas, donde siempre el amor crece,	
	y besa humilde tus reales manos.	
	Y a vos, en quien la gloria resplandece	
	de los reyes franceses y britanos,	
	su frente humilla, Reina generosa,	1035
	que haga el cielo en sucesión dichosa;	
	que en lo demás, yo pienso que os ha dado	
	igual a vuestros méritos, señora,	
	en este sol de rayos coronado,	
	que hoy goza el mundo en tan hermosa aurora.	1040
Alfonso.	Agradecido estoy a su cuidado,	
	y a Toledo prometo desde agora	
	mayores privilegios, y exenciones.	
Don Blasco.	Nuevos muros de fe y lealtad le pones.	
Alfonso.	¿Qué os parece, mi Leonor,	1045
	desta famosa ciudad?	
Leonor.	Que no la he visto mejor:	
	fortaleza y majestad	
	la coronaron de honor.	
	Mas de cuanto vi en Castilla	1050
	ni en el límite de España,	
	cuya valor maravilla,	
	ni esta poblada montaña,	
	digna de ser vuestra silla,	
	ni cuanto vimos los dos	1055
	en las fiestas deste día,	
	me ha parecido, ¡por Dios!	
	Alfonso del alma mía,	
	lo mismo que miro en vos.	

1030. M, B, Toledo de sus nobles ciudadanos.
1035. M, B, sufren se humille; H, Acad. emend to *su frente se humilla,* destroying the metre.
1036. H, Acad., que el cielo en sucesión haga dichosa.
1053. B, esta doblada montaña.
1059. H, Acad., lo menos que miro; the change is intended to match v. 1069, last line of a similar tribute directed to Leonor by Alfonso; but it seems gratuitous to demand such mechanical symmetry of Lope.

ALFONSO.	Pues si yo viera, Leonor,	1060
	a Troya en su libertad,	
	a Grecia en su gran valor,	
	a Roma en su majestad,	
	a España en su antiguo honor;	
	aunque no hubiera en los dos	1065
	este lazo con que Dios	
	quiso juntarnos aquí,	
	no me pareciera a mí	
	lo menos que miro en vos.	
ILLÁN.	Déme los pies Vuestra Alteza.	1070
ALFONSO.	Conoced a don Illán,	
	que es Toledo por nobleza	
	hijo de tal capitán,	
	que es laurel de su cabeza.	
	La santa iglesia ha pintado	1075
	en el techo del trascoro	
	a don Esteban armado,	
	honor debido al decoro	
	de tan cristiano soldado.	
	A caballo le veréis,	1080
	cosa digna de sus glorias.	
ILLÁN.	Aquí, señora, tenéis	
	la imagen de sus memorias,	
	antes que al coro lleguéis.	
LEONOR.	Bien se representa en vos	1085
	su valor, y que los dos	
	sois desta ciudad colunas.	
ILLÁN.	Que mil prósperas fortunas	
	os guarde y aumente Dios.	
ALFONSO.	Garcerán...	
GARCERÁN.	Señor.	
ALFONSO.	Advierte	1090
	que a orillas del Tajo quiero	
	ir esta tarde.	

1065. B, en las dos.
1076. M, B, techo del trascon.
1077. M, B, a donde Esteuan.
1078. M, de vida al decoro; B, deuida.

Garcerán.	Iré a hacerte	
	algún reparo primero,	
	por ser el calor tan fuerte;	
	que los palacios ya son	1095
	más rüinas que palacios.	
Alfonso.	Repararlos es razón.	
Garcerán.	Tajo, en todos sus espacios	
	ha tomado posesión.	
	Desde que salió por ellos	1100
	Galïana, no han tenido	
	reparo.	
Alfonso.	Vamos a vellos.	
Garcerán.	Aunque el agua no ha querido,	
	haré que te sirvas dellos.	
Alfonso.	Vamos, amada Leonor.	1105
Leonor.	Aquí estoy para serviros.	
Alfonso.	¡Qué bien que pagáis mi amor!	
	Pero podéis persuadiros	
	que iguala vuestro valor.	
	No os ofenda encarecer	1110
	mi amor, Leonor, deste modo.	
Leonor.	¿Cómo me pudo ofender,	
	si este valor nace todo	
	de que soy vuestra mujer?	
Alfonso.	No te olvides, Garcerán.	1115
Garcerán.	No estoy pensando otra cosa.	
Illán.	Gallardos los Reyes van.	
Garcerán.	Es la Reina muy hermosa,	
	y él por extremo galán.	

Vanse todos y salen Raquel, hebrea, y Sibila, su hermana. (3)

Raquel.	¿Parecióte bien Leonor?	1120

---

(3) H, Huerta del Rey a la orilla del Tajo. / ESCENA III.

1098. M, B, todos sus palacios.
1100. M, B, Desde que salí por ellas.
1101. M, B, no ha tenido.

SIBILA.	Para hermosura extranjera,	
	no pienso yo que pudiera,	
	Raquel, parecer mejor.	
RAQUEL.	¿Es posible que te agrada	
	aquella nieve del norte?	1125
	¿Qué cosa habrá que reporte,	
	con una hermosa helada,	
	el gusto de quien la mira?	
	¡Oh talle! ¡Oh brío español!	
	No pica al nacer el sol,	1130
	ni al tiempo que se retira;	
	al mediodía parece	
	que tiene fuerza mayor.	
	En España vive amor;	
	su brío y gusto merece	1135
	que reine Venus en ella.	
	La Chipre, que celebró	
	la antigüedad, pienso yo	
	que llevó hermosuras della.	
	Yo, Sibila, aunque no soy	1140
	cristiana, soy española;	
	que basta esta gracia sola.	
SIBILA.	En tu pensamiento estoy,	
	que es a fe que no tenemos	
	las hebreas de nación,	1145
	de briosas opinión.	
RAQUEL.	Es porque no la queremos.	
	Como vemos los cristianos	
	huir de la sangre nuestra,	
	¿de qué sirve darles muestra	1150
	del brío en lengua ni en manos?	
	Luego que pasar la vi	
	a su iglesia con su esposo,	
	aunque era su rostro hermoso,	

1122. M, B, no pienso ya.
1123. M, B, parecer muger.
1127. H, Acad., una hermosura helada.
1144. H, Acad., aunque sé que no tenemos.

	su condición presumí.	1155
	Yo te digo que aunque pruebe	
	Alfonso a tenerla amor,	
	que nunca de su Leonor	
	beba los gustos sin nieve.	
SIBILA.	No se te ha echado de ver,	1160
	Raquel, el haberte helado	
	de haber a Leonor mirado,	
	mas te debió de encender;	
	pues desde allí te has venido	
	a bañar al Tajo luego.	1165
RAQUEL.	¿No puede haber algún fuego	
	en esa nieve escondido?	
SIBILA.	¡Fuego! ¿Cómo?	
RAQUEL.	¿No podía,	
	lo que la Reina me heló,	
	abrasarme Alfonso?	
SIBILA.	No,	1170
	pues daba en nieve tan fría;	
	que el sol, cuando reverbera	
	de nieve, no da calor.	
RAQUEL.	Alfonso me debe amor.	
SIBILA.	Es rey.	
RAQUEL.	Aunque no lo fuera.	1175
	Considero yo entre mí	
	aquel brío de soldado,	
	junto a un ángel tan helado...	
SIBILA.	¿Tú quieres bañarte?	
RAQUEL.	Sí.	
SIBILA.	Pues dejemos en su casa	1180
	los Reyes.	
RAQUEL.	Esta arboleda,	
	por cuyas plantas tan leda	
	el agua del Tajo pasa,	

1161. M, B, auerse elado.
1162. M, B, de ver a Leonor mirado.
1166. M, B, puedo hazer algun fuego.
1167. M, B, escondida.

	pienso que puede encubrirme.
Sibila.	No hay un ave que te vea. 1185
Raquel.	Como amor lince no sea,
	nadie podrá descubrirme.
Sibila.	El amor dicen que es ciego.
Raquel.	No para ver lo que ama.
Sibila.	Pues ¿qué?
Raquel.	El honor, tiempo y fama 1190
	que pierde. Mira, te ruego,
	no se escondan por ahí
	los amantes de la hebrea
	Susana, y como ella sea.
Sibila.	Fía tu cuidado en mí. 1195
Raquel.	¡Ay, Dios!
Sibila.	¿Qué fue el acidente?
Raquel.	Pensé que el Rey me miró...
	y es que, como me agradó,
	le tiene el alma presente.

Salen el Rey y Garcerán. (4)

Alfonso.
    Huélgome de tratar contigo a solas, 1200
por esta orilla donde el manso viento
encrespa el Tajo de corrientes olas,
    mi siempre recogido pensamiento.
Aunque le traigo, Garcerán, conmigo,
no siempre le apercibo en lo que siento. 1205
    Su rostro un hombre trae siempre consigo,
y no le puede ver sin un espejo;
y así, llaman espejo a un hombre amigo.
    Mi pensamiento miro en tu consejo,
que verle sin tu espejo es imposible, 1210
y por eso contigo me aconsejo.

---

(4) H, ESCENA IV.

1192. M, B, no le condenan ahí.
1196. B, Acad., accidente.
1202. M, B, encrespa el Tajo del, corrientes olas; H, Acad., encrespa al Tajo las corrientes olas.

Yo pasé, Conde, mocedad terrible,
perseguido de propios y de extraños,
más que parece a tal edad posible.
　　Vestí las armas sin tener diez años, 1215
saqué la espada a luz, cobré mi reino,
y el cielo me libró de tantos daños.
　　Caséme; amo a Leonor, contento reino:
si no ensancho los reinos heredados,
¿qué dejaré a mis hijos?

GARCERÁN.　　　　　　　　　　Aquí cierra 1220
la puerta amor, que abrieron tus pasados;
　　mas no te excusas de seguir la guerra
porque la fe, señor, más se dilate,
y salga el moro de tu misma tierra.
　　Las fronteras de Córdoba combate, 1225
pues cuando ve que cuelgas las espuelas,
se calza el africano el acicate.
　　Él viene, si no vas; pues ¿qué recelas,
si el amor de su esposa no te abrasa,
y en la defensa de tu amor te hielas? 1230
　　¿Qué te diviertes?

ALFONSO.　　　　　　　　Por aquí ven, pasa,
ansí te guarde, Garcerán, el cielo,
y aumente las grandezas de tu casa.
　　¿No ves en los cristales, vuelta en hielo,
una ninfa del Tajo, que porfía 1235
hacer del agua a todo el cuerpo un velo?
　　¿No ves del dulce Ovidio la poesía,
verdad en las riberas de Toledo,
como él en las de Arcadia la fingía?

GARCERÁN.　　Que a los dos sienta y vea tengo miedo. 1240
No vi, ¡por Dios! señor, tanta hermosura:
mirarla sin deseo apenas puedo.
　　¿Cuál escultor jamás hizo figura

1237. M, B, del dulce Ouidio la porfia.
1239. M, B, las fingia.
1240. M, B, Que en otros sienta: it seems possible that the original reading was *Que a nosotros* and that the hypermetric verse was emended by an editor.

	de pario mármol tan perfeta y bella,	
	ni la imaginación de nieve pura?	1245
	No sé qué pueda comparar con ella.	
	¡Ea, señor, señor!	
ALFONSO.	¿Llamas?	
GARCERÁN.	Sí llamo.	
ALFONSO.	Pues bien...	
GARCERÁN.	Parece que te vas tras ella.	
ALFONSO.	Ya se enjuga y se viste. ¡Oh, verde ramo,	
	rayo te abrase, que le das la ropa!	1250
	Desde el extremo al tronco te disfamo.	
GARCERÁN.	¡Qué! ¿Quisieras roballa como a Europa,	
	o que por esta selva se anduviera,	
	como el tiempo de Adán, el viento en popa?	
	Nunca tal de tus ojos presumiera.	1255
	Así miró David otra hermosura,	
	que estaba haciendo cristalina esfera	
	las claras aguas de una fuente pura,	
	que le costó después fuentes de llanto.	
ALFONSO.	¡Oh nuevo mal! ¡Oh extraña desventura!	1260
GARCERÁN.	¿Qué tienes? que me das notable espanto	
	en la mudanza que en tu rostro has hecho.	
ALFONSO.	No pensé que mi daño fuera tanto.	
GARCERÁN.	¿Puede ser más que emponzoñarte el pecho	
	aqueste basilisco con sus ojos?	1265
ALFONSO.	Mayor estrago, mayor mal sospecho.	
GARCERÁN.	¿Estrago de tan fáciles antojos?	
ALFONSO.	¿No ves en los vestidos que es hebrea,	
	de que me pueden resultar enojos?	
GARCERÁN.	Como sólo mirar con ellos sea,	1270
	no repares en eso; y si reparas,	
	guárdate de emprender cosa tan fea.	
ALFONSO.	Garcerán, el servir tiene dos caras,	

1244. Acad., perfecta.
1252. M, B, como a Vropa.
1261. M, B, me da notable espanto.
1267. M, B, Estrago en tan faciles antojos.
1273. M, B, Garceran escriuir tiene dos cosas.

	verdad y gusto del señor. Agora,	
	ponte en la de mi gusto.	
GARCERÁN.	¡Oh, cuántas raras	1275
	virtudes que hay en ti, señor, desdora	
	tan feo error!	
ALFONSO.	Aun no me has entendido.	
GARCERÁN.	Mira, señor, que tu Leonor te adora.	
ALFONSO.	Vístete, Garcerán, deste vestido;	
	ponte la cara de mi gusto, y calla.	1280
GARCERÁN.	No te enojes, señor; perdón te pido.	
ALFONSO.	Ya está vestida; di que quiero hablalla.	
GARCERÁN.	Aquí tengo aquel paje que conoces;	
	llamaréle, y podrá tu amor contalla.	
ALFONSO.	¡Qué graciosa locura!	
GARCERÁN.	No des voces,	1285
	yo la hablaré, si aquí me esperas.	
ALFONSO.	Parte.	
GARCERÁN.	Y no te enojes más, ansí la goces.	
	Vase. (5)	
ALFONSO.	Al pie deste moral quiero esperarte.	
	No te engrandezcas ya, ¡oh mar de España!	
	por las riquezas que en tus ondas crías,	1290
	pues más que de tus ondas nos envías,	
	las tiene el Tajo, que estos olmos baña.	
	Si en altas naves por la tierra extraña	
	el oro esparces de tus venas frías,	
	mejor le hallan aquí las manos mías	1295
	entre su verde juncia y espadaña.	
	Si por coral te alabas, unos labios	
	vencen el árbol que en tus pechos crece,	
	con fruta que enloquece a los más sabios.	
	Pues si lustroso nácar te enriquece,	1300

---

(5) H places this departure and new scene, ESCENA V, between vv. 1288-9.

1275. M, B, O quantas cosas.
1276. M, B, virtudes, que hay en ti señor desden.
1291. M, B, ondas las embias.
1292. M, B, y estos olmos baña.
1298. H, Acad., en tu seno crece.

puede hacer a las tuyas mil agravios
la perla que en sus aguas resplandece.

Sale Belardo, villano, hortelano, y Fileno, viejo.
(6)

BELARDO.   ¡Pardiez, vos tenéis donaire!
si ésta es la huerta del Rey,
haga premática y ley   1305
que no entren el sol ni el aire.
FILENO.   ¿Cómo tengo de guardar (7)
en no los dejar llegar? (8)
Dénmela de balde a mí.
BELARDO.   No gruñáis, que os haréis viejo.   1310
FILENO.   ¡No estuviera en tu pellejo,
para descuidarme ansí!
BELARDO.   ¿Tan descuidado os parezco?
FILENO.   Andá, Belardo, en mal hora.
BELARDO.   Si los trabajos que agora   1315
me pudren (al diablo ofrezco
quien me ha dado la ocasión),
tuviérades vos, Fileno,
vos viérades el veneno
que traigo en el corazón.   1320
FILENO.   ¿Qué te han hecho?
BELARDO.   Ya ¡no nada!
Con los perros desta huerta
traigo pendencia encubierta,
y para mí declarada.
        ... ... (9)

---

(6) H, ESCENA VI.
(7,8) H, Acad., note: "Dos pareados entre dos redondillas; quizá formaban el centro de una." Statistics of Morley and Bruerton count this as an imperfect *redondilla* and contain the two missing vv. in the totals.
(9) H, Acad., note: "Falta un verso. En los quince siguientes parece que Lope de Vega, con su nombre poético de Belardo, habla de sí propio." The missing verse is added to the count of Morley and Bruerton.

1306. M, B, que no tiene el sol.
1321. Acad., Ya ¡nonada!

Fileno.	¿Cómo ansí?	
Belardo.	Yo no lo sé.	1325

Después de muerto, a la fe,
dicen que han de conocerme.

Fileno. ¿Después te han de conocer?
Belardo. Mientras vivo lo procuro;
que, después de muerto, os juro   1330
de no se lo agradecer.
Fileno. Qué, ¿hay a quien tu vida pese?
Belardo. Es la envidia mal nacida.
Fileno. Dales buen palo.
Belardo. En mi vida
hice mal, aunque pudiese.   1335
　　Todos me muerden en vano;
que al fin de tantos destierros,
ellos se quedan por perros,
y yo me quedo hortelano.
Fileno. Ahora bien, con la paciencia   1340
viene el remedio.
Belardo. Ya tarda.
Fileno. Todo este cuadro me escarda,
Belardo, con diligencia,
　　que está cubierto de hierba,
mientras pongo aquel plantel.   1345
Belardo. Adiós. (10)
Alfonso. 　　Tirano cruel,
que a ningún mortal reserva,
es el amor; no perdona
la majestad y el poder,
pues agora esta mujer   1350
mi pensamiento aficiona.
　　¿Si sabrán estos villanos
su casa, su estado y nombre?
¡Hola! ¿Qué digo? ¡Ah, buen hombre!
parad un poco las manos.   1355

---

(10) H, Acad., Vase Fileno; H, ESCENA VII.
1348. M, B, Este tu amor no perdona; H, Acad., ni perdona.
1349. H, Acad., la majestad ni el poder.

BELARDO.	*(Canta.)*	
	Hortelano era Belardo	
	en las huertas de Valencia;	
	que los trabajos obligan	
	a lo que el hombre no piensa.	
ALFONSO.	Hombre de bien, ¿a quién digo?	1360
	¿Habéis visto en esta huerta	
	una dama que a bañarse	
	vino a esta tabla esta siesta?	
BELARDO.	*(Canta.)*	
	Pasado el hebrero loco,	
	flores para mayo siembra;	1365
	que quiere que su esperanza	
	dé fruto a la primavera.	
ALFONSO.	Oídme, pues, si queréis.	
BELARDO.	¿Quién es?	
ALFONSO.	Oíd norabuena	
	cuando os habla gente honrada,	1370
	aunque el trabajo os suspenda.	
BELARDO.	*(Canta.)*	
	Yo me iba, madre,	
	a Ciudarreale;	
	errara el camino	
	en fuerte lugare.	1375
ALFONSO.	Mas, si me enojo os doy	
	algún golpe, con que sientan	
	vuestros oídos mis manos,	
	pues las voces no aprovechan.	
BELARDO.	Está el hombre trabajando;	1380
	no es mucho que no os entienda.	
ALFONSO.	Sí; pero yo sé que nace	
	de vuestra condición terca.	
BELARDO.	¿Qué es, señor, lo que mandáis?	
ALFONSO.	¿Habéis visto en la ribera	1385
	deste río dos mujeres?	
BELARDO.	Sí vi, y en extremo bellas;	
	pero tienen una falta,	
	si no me engaña la muestra:	
	que pienso que son judías.	1390

ALFONSO.	Llamadlas, buen hombre, hebreas.
BELARDO.	¡Las necedades del mundo,
	en que funda sus quimeras!
	Todo es lisonja y engaño,
	todo es locura y soberbia. 1395
	A Dios le llaman de vos,
	al hombre llaman de alteza,
	cortesana a la mujer
	que está sin honra y vergüenza,
	mocedades a los vicios, 1400
	a los hurtos diligencias,
	a la pobreza deshonra,
	y honra al fausto y la riqueza;
	valiente al que es temerario,
	discreción a la cautela, 1405
	moreno al negro atezado,
	a la envidia competencia;
	al que escribe secretario,
	aunque en las cárceles sea,
	donde el secreto mayor 1410
	los pregoneros le cuentan;
	los oficios llaman artes;
	todos los nombres se truecan.
	Sólo a la muerte no mudan,
	porque iguala cuanto encuentra. 1415
ALFONSO.	Agrádasme, aunque grosero.
BELARDO.	Debajo desta␣pelleja
	puso Dios alma también,
	como a vos, con tres potencias.
	Mas, volviendo a la pregunta, 1420
	esas dos, malas o buenas,
	se están bañando allí enfrente.
ALFONSO.	¿Sabes su estado y su hacienda?
BELARDO.	Debajo de ser quien son,
	¿qué más queréis saber dellas? 1425
	Si alguna os parece bien,

1391. B, Llamaldas.
1395. M, B, toda es locura.

	y sois persona de prendas,
	como se parece en vos,
	huid de aquí treinta leguas.
ALFONSO.	No me quiero yo casar. 1430
BELARDO.	¿Para qué puede ser buena
	una mujer mal nacida,
	si tenéis un hijo en ella?
ALFONSO.	Miedo me ha puesto el villano. *(Aparte.)*
	Dime, amigo, ¿en esta huerta 1435
	entraron con gente, o solas?
BELARDO.	¿Cuándo vistes gente destas
	que fuese pobre jamás?
	Un coche y gentil merienda
	las trujo adonde las veis. 1440
ALFONSO.	Qué, ¿es gente rica?
BELARDO.	¿Pudiera
	ser pobre?
ALFONSO.	Guárdeos el cielo.
BELARDO.	Y a vos, señor, os defienda
	de dar en tan gran error;
	porque si cristiana fuera, 1445
	ya tuviérades disculpa;
	mas, en su ley, es bajeza...
	¡un hidalgo como vos!
	Vase.
ALFONSO.	Parece que el cielo enseña
	hasta los rudos villanos. 1450
	¡oh, amor, terrible es tu fuerza!

Sale Garcerán. (11)

GARCERÁN.	Con diligencias que hice,
	a los palacios llevé
	aquella mujer sin fe,
	que así tu fe contradice. 1455

---

(11) H, ESCENA VIII.

1437. M, B, gentes destas.

                    Ya está en ella como el dueño,
                supuesto que Galïana
                se volvió después cristiana.
ALFONSO.   Garcerán, mi fe te empeño,
                    que si me hubieras traído   1460
                de Granada y de Sevilla
                las llaves, y hasta la silla
                de Orán mi pendón subido,
                    no recibiera contento
                como el que en esto me has dado.   1465
                    ¿En los palacios ha entrado?
GARCERÁN.   Y hasta tu mismo aposento.
                    Ya sabe que eres el Rey,
                que no se pudo excusar.
ALFONSO.   ¿Qué haré, Garcerán?
GARCERÁN.   Pensar   1470
                que es de tan infame ley,
                y ganar tan gran vitoria
                como el vencerse a sí mismo.
ALFONSO.   ¿Cómo? si todo el abismo
                me atormenta la memoria   1475
                    de la hermosura que vi,
                porque la memoria es fragua,
                en los cristales del agua,
                del fuego que vive en mí.
                    Dime su nombre.
GARCERÁN.   Raquel.   1480
ALFONSO.   Con su hermosura conviene.
                Si tanto costarme tiene,
                no quiero ser tan fïel.
GARCERÁN.   El otro sirvió dos veces
                a siete años; pero a ti   1485
                no ha de sucederte ansí,
                que hoy la ves y hoy la mereces.
ALFONSO.   ¿Qué no puede un rey?
GARCERÁN.   Advierte

1472. Acad., victoria.

	que tiene padre y hermano,	
	uno mozo y otro anciano.	1490
ALFONSO.	Ningún temor me divierte,	
	pues no es el mayor bastante.	
GARCERÁN.	¡Gran fuerza de amor!	
ALFONSO.	Cruel.	
	Espera, hermosa Raquel,	
	a Jacob, tu nuevo amante.	1495

Vanse, y sale la reina Leonor y don Blasco [y Clara]. (12)

LEONOR.	¿No ha vuelto Alfonso a Toledo?	
BLASCO.	Irá esos bosques abajo	
	por las riberas que Tajo	
	baña en cristal puro y ledo,	
	o habrá, por dicha, subido	1500
	a los montes que su extremo	
	miran en él.	
LEONOR.	Mucho temo.	
	Nunca, don Blasco, he temido	
	como en aquesta ocasión.	
BLASCO.	Parece que tienes celos.	1505
LEONOR.	Tengo a lo menos recelos,	
	que deudos cercanos son.	
BLASCO.	No te arrojes, por tu vida,	
	a tan mala enfermedad,	
	ni en tu libre voluntad	1510
	les des, señora, acogida.	
	El Rey, mi señor, te adora;	
	no despiertes a quien duerme.	
LEONOR.	¿Cómo podré defenderme	
	de mi pensamiento agora,	1515
	si vive dentro de mí?	
BLASCO.	Podrás con entretenerte.	

---

(12) H, Sala en el alcázar de Toledo. / ESCENA IX.

1508. M, B, No te enojes por tu vida.

LEONOR.	Tú, si puedes, me divierte;
	veré si me olvido ansí.
BLASCO.	A jugar podrás un rato 1520
	divertir esa pasión.
LEONOR.	Males que de veras son,
	nunca en el juego los trato.
	Dame, Clara, escribanía:
	llama tú quien cante un poco. (13) 1525
CLARA.	Muy presto tu amor da en loco.
LEONOR.	¿Poco es ausencia de un día?
	Aquí escribo. Allí te aparta;
	que tú lo verás después.

Sale Garcerán. (14)

GARCERÁN.	¿Qué hace la Reina?
CLARA.	¿No ves 1530
	que está escribiendo una carta?
GARCERÁN.	Conmigo ha venido el Rey,
	dejando el río famoso
	que corre tan presuroso,
	para exceder de la ley 1535
	de un justo y debido amor.
CLARA.	¿Dónde queda?
GARCERÁN.	Cerca está.
CLARA.	¿Muy cerca?
GARCERÁN.	Y que ha entrado ya.

Sale el rey don Alfonso. (15)

ALFONSO.	Quedito, no hagáis rumor.
	¿Qué hace mi Leonor?
CLARA.	Escribe 1540
	para divertir tu ausencia.

---

(13) H, Vase don Blasco.
(14) H, ESCENA X.
(15) H, ESCENA XI.

1520. M, B, Ya jugar podras.

ALFONSO.	¿Sintióla?
CLARA.	Tan sin paciencia, que es un milagro que vive.
ALFONSO.	Salíos allá fuera un poco.
GARCERÁN.	*(A Clara.)* Yo tengo que hablarte.
CLARA.	Vamos. (16) 1545
ALFONSO.	*(Para sí.)* Di, amor, ¿qué fin esperamos con un principio tan loco? Decid, alma: "Loca estoy".
LEONOR.	*(Escribiendo.)* Loca estoy...
ALFONSO.	*(Para sí.)* Con mis acentos responde a sus pensamientos 1550 Leonor, a fe de quien soy. Basta que yo quiero bien...
LEONOR.	*(Escribiendo.)* Quiero bien...
ALFONSO.	*(Aparte.)* ¡Otra razón! ¡Vive Dios, que es confusión y mal agüero también! 1555 Más vale oírla acabar el renglón, y responder.
LEONOR.	*(Escribiendo.)* No te he visto desde ayer.
ALFONSO.	*(Aparte.)* Conmigo debe de hablar. Sin duda que son consuelos 1560 de mi ausencia.
LEONOR.	*(Escribiendo.)* Estoy mortal...
ALFONSO.	*(Aparte.)*

---

(16) H, Vanse Garcerán y Clara. / ESCENA XII.

1557. M, B, H, ringlón.

	¡Oh, si declarase el mal	
	que tiene!	
LEONOR.	*(Escribiendo.)*	
	Mi mal es celos.	
ALFONSO.	*(Aparte.)*	
	¡Ay de mí! Si ha puesto espías	
	y sabe lo que ha pasado,	1565
	¿que hará?	
LEONOR.	*(Escribiendo.)*	
	Morir de cuidado	
	conviene a las penas mías.	
ALFONSO.	*(Aparte.)*	
	No la engaña el pensamiento;	
	que el basilisco que vi	
	me tiene fuera de mí	1570
	desde hoy. ¡Qué extraño tormento!	
LEONOR.	*(Escribiendo.)*	
	Y ¡cómo si lo es extraño!	
ALFONSO.	*(Aparte.)*	
	Aquí acertó a responder;	
	que pienso que esta mujer	
	ha de ser...	
LEONOR.	*(Escribiendo.)*	
	Para mi daño.	1575
ALFONSO.	No la quiero aguardar más. *(Aparte.)*	
	Leonor, ¿qué es esto?	
LEONOR.	¡Señor!	
ALFONSO.	¿A quien escribes, Leonor?	
LEONOR.	A ti, pues ausente estás.	
ALFONSO.	¡Yo ausente!	
LEONOR.	Pues desde ayer,	1580
	¿no es ausencia?	
ALFONSO.	No, señora;	
	que aunque lejos, como agora	

1571. M, B, Leonor says, "Desde oy?," and Alfonso, "q̃ estraño tormēto."

1572. M gives this line to Alfonso; B gives 1572-5 to Leonor. In M, although they are consecutive speeches of Alfonso, vv. 1571 and 1572 are separately announced as such, indicating the probability of an error in line attribution.

	presente me habéis de ver;
	porque donde estoy sin vos,
	os veo mejor que aquí. 1585
	¿Qué habéis escrito?
Leonor.	Escribí
	mil disparates, ¡por Dios!
	No es justo que los veáis.
Alfonso.	Dejad el papel.
Leonor.	Leed;
	pero haréisme gran merced 1590
	si cerrado le rasgáis.
Alfonso.	*(Lee.)*
	"Loca estoy de vuestra ausencia,
	sin paciencia estoy también;
	pero como os quiero bien,
	no es mucho estar sin paciencia." 1595
Leonor.	¿Para qué queréis, señor,
	más disparates leer?
Alfonso.	*(Lee.)*
	"No te he visto desde ayer;
	¡qué mucho morir de amor!
	Aflígenme mil recelos, 1600
	estoy mortal, pero en suma..."
Leonor.	Probaba, señor, la pluma;
	no leas más.
Alfonso.	*(Lee.)* "Mi mal es celos.
	Tardas: morir del cuidado
	conviene a las ansias mías; 1605
	tal día, en todos los días
	desta tu vida he pasado.
	¡Qué extraño tormento y pena
	es celos! Y el desengaño
	pienso que, para mi daño, 1610
	mi propio cuidado ordena."
Leonor.	Ahí llegaba, pensando,
	Alfonso querido, en ti.

1592. M, B, Loco estoy.
1597. H, Acad., mis disparates.

	¿Qué has hecho, mi bien, sin mí?	
ALFONSO.	Sin ti, no; que, imaginando	1615

en tu valor, tan presente
te tengo como aquí estás.
Después, mi bien, lo sabrás
más clara y más tiernamente.
    Retírate, por mi vida;   1620
que siento gente y rumor.

LEONOR.   Pienso que os cansa mi amor.
ALFONSO.   Cuanto os digo se os olvida.
    Vos no me podéis cansar,
que sois este mismo aliento   1625
con que respiro.

LEONOR.   *(Aparte.)*   ¿A qué intento
me ha mandado retirar?
    No voy contenta, ni es justo
cuando tiene estado nuevo
con dama, a decir me atrevo,   1630
que tan bien le viene al gusto.
                 Vase.

Tóquese dentro un atambor, y salga don Illán.
(17)

ILLÁN.   Ya, gran señor, el conde Nuño Pérez
ha hecho de la gente que ha llegado,
que son más de cuarenta compañías,
un lucido escuadrón, y acompañándole   1635
lo noble de tu corte, las ofrece
a tus balcones en vistoso alarde.
Suplícate, señor, que a verle salgas,

---

(17) H, ESCENA XIII.

1617. M, B, que tengo.
1629. M, B, tiene esto lo nuevo.
1630. M, B, quien ama a dezir me atreuo.
1631. M, B, que tambien le viene el gusto.
1632. Nine syllable verse in M, B, where the line ends with *Nuño*; H, Acad. add *Pérez* and treat this speech of Illán as an aside: he and Alfonso are alone on stage and the speech is directed to Alfonso.

| | en premio del deseo de servirte, |
| | porque ha sabido que llegaste agora. 1640 |

ALFONSO.   *(Aparte.)*
             ¡A lindo tiempo guerra,
             cuando con mis sentidos,
             ya reinos divididos
             sobre ganar la tierra,
             la traigo yo en el alma, 1645
             donde siempre el amor lleva la palma!
             Illán, di que me deje.

ILLÁN.   ¿Cómo ansí me respondes?
             ¿Por qué tu rostro escondes?
             ¿Pretendes que se queje 1650
             aquel noble soldado,
             que ansí te ha defendido y te ha criado?
             ¿Aquel de los mejores
             que de Ávila salieron?
             Mira que te le dieron 1655
             por padre tus mayores;
             que está, puedo decirte,
             rojo de sangre y blanco de servirte.

ALFONSO.   Que venga blanco o rojo,
             ¿qué importa, si esta tarde 1660
             no quiero ver su alarde?

ILLÁN.   No recibas enojo:
             yo diré que se vuelva
             para cuando tu gusto se resuelva.

ALFONSO.   Illán, di que despida 1665
             Nuño toda la gente;
             que de un nuevo acidente
             tengo el alma ofendida.
             Di que cuelgue la espada.

ILLÁN.   Basta; que ha sido la jornada nada. 1670

             Vase. (18)

---

(18) H, ESCENA XIV.

1662. M, B, enojos.
1667. Acad., accidente.

GARCERÁN.	¡Aun no supiste, con mostrarte alegre, fingir siquiera una palabra sola, disimular del nuevo amor la pena! Clara me ha dicho que hay adentro lágrimas.
ALFONSO.	Para cuando la noche, que ya llega, 1675 tienda de todo punto el negro manto, Garcerán, dos caballos apercibe; que me aguarda Raquel, y fue concierto que se quede en la huerta.
GARCERÁN.	¿No me entiendes lo que te digo destos nuevos celos? 1680
ALFONSO.	Allí quiero que viva; que, en efecto, mis visitas serán menos notadas.
GARCERÁN.	Mejor fuera, señor, que fueran menos. Entra, ¡por Dios! y con disculpa alguna alegremos la Reina, mi señora. 1685
ALFONSO.	Pienso que ya de que me parta es hora.
GARCERÁN.	*(Aparte.)* ¿Qué le habrá dado esta mujer? Mas creo que seguirá cansancio, como suele, a tales acidentes amorosos. No quiero replicarle, aunque era justo, 1690 porque la privación no aumente el gusto. Si te quieres partir, todo está a punto.
ALFONSO.	Partirme quiero luego; que no puedo, Garcerán, dilatar las esperanzas de aqueste bien.
GARCERÁN.	Pues ven, señor, conmigo. 1695
ALFONSO.	Haz cuenta que soy ciego y que te sigo.

Vanse, y salen David, viejo hebreo, y Leví, su hijo. (19)

DAVID.	Esto me envía a decir,

---

(19) H, Huerta del Rey, con entrada a los palacios de Galiana. ESCENA XV.

1681. M, B, Alli quiero que viua, y que en efecto.
1683. M, B, Mejor fueran, señor.
1689. Acad., accidentes.

	y que el Rey en este fuerte	
	la ha encerrado de tal suerte	
	que es imposible salir.	1700
LEVÍ.	¿Fuerte llamas lo que todos	
	palacios de Galïana,	
	puerta para todos llana	
	desde el tiempo de los godos?	
DAVID.	Hijo, donde quiere un rey	1705
	hacer fuerza, eso la tiene,	
	y, sobre todo, conviene	
	sólo obedecer su ley.	
	Yo pienso que la vería	
	acaso, y como mancebo	1710
	(cosa que en un rey no apruebo,	
	y más siendo sangre mía),	
	mandaría a sus criados	
	que la trajesen aquí.	
LEVÍ.	Padre, cuando eso sea así,	1715
	¿en qué somos desdichados?	
	Alfonso, ¿no es rey?	
DAVID.	Sí es.	
LEVÍ.	Pues ¿qué honor guardáis en vano	
	donde no hay tan vil cristiano	
	que no nos traiga a sus pies?	1720
	¿No es mejor tener favor,	
	y ser nosotros temidos,	
	donde somos abatidos	
	por ley que no tiene honor?	
	¿No puede ser que Raquel	1725
	mezcle esta sangre a la suya?	
DAVID.	Como es poca edad la tuya,	
	juzgas de amor como en él.	
	Si tuvieras estas canas,	
	vieras como ya son leyes	1730
	que nadie como los reyes	

1703. M, B, para todos llama.
1704. H, Acad., desde en tiempo.
1726. H, Acad., mezcle esa sangre; M, B, H, a la tuya.
1727. M, B, poca edad la suya.

                hacen esperanzas vanas.
                    Leonor sabrá dél, primero
                que al Rey prometa callar,
                este amor, este lugar,   1735
                con estilo lisonjero;
                    y mientras trate de amor
                el Rey a Raquel fiel,
                para matar a Raquel
                buscará espada Leonor;   1740
                    y en teniéndola buscada,
                saldrá el Rey por una puerta,
                y por otra, al daño abierta,
                entrará a Raquel la espada.

LEVÍ.   Siempre los viejos soñáis   1745
                tragedias: melancolía
                propia de la sangre fría
                que a los espíritus dais.
                    Alégrate, por mi vida,
                que en aquel balcón está.   1750
DAVID.   Este labrador dirá
                si hay alguien que nos lo impida.

                Sale Belardo con un lanzón. (20)

BELARDO.   ¿Quién va allá?
LEVÍ.   Gente segura.
BELARDO.   La fruta vendrán a hurtar.
LEVÍ.   No venimos sino a hablar...   1755
DAVID.   Hablarle bajo procura.
LEVÍ.   Una dama que está aquí,
                que a aquesta huerta ha venido...
BELARDO.   ¿Es una que no ha comido
                tocino en su vida?

---

(20) H, ESCENA XVI.
1743. M, B, y por otra el dueño abierta.
1744. M, B, entrará Raquel.
1746. M, B, melencolia.
1758. M, B, que aquesta huerta.

Leví.	Sí.	1760
Belardo.	Pues ¿para qué la queréis?	

que, a ser olla, era la cosa
más mala y menos sabrosa
que hallar ni comer podéis.

Leví.   ¿Qué importa hablarla?
Belardo.   No creo   1765
que os han de dejar entrar...
Pero bien podéis llegar;
y aunque de noche, la veo
  con la poca claridad
que de las estrellas sale.   1770
Entrad.

David.   No hay sol que la iguale.
Leví.   Padre, buen ánimo: entrad.

Vanse David y Leví. (21)

Belardo.   El demonio me hizo a mí
andar guardando esta huerta,
que no tien cerca ni puerta.   1775
Todos se entran por aquí:
  por aquí son las meriendas,
aquí todos los amores,
aquí los competidores,
los celos y las contiendas;   1780
  aquí el venir a nadar,
hasta espulgarse es aquí...
El cielo se aniebla allí
y se comienza a enojar.
  ¡Relámpagos! Buenas noches.   1785
¡Truenos..., y en la era el pan!
¡Otro! Soltado se han
los caballos a los coches.
  Santiago, decía mi abuela,

---

(21) H, ESCENA XVII.

1762. Acad., al ser olla.
1787. M, otr[s]osoltados se han; B, otros soltados se han. We have resolved what appears in M to be a misplaced and inverted "s."

                    cuando los truenos oía,   1790
                    que por el cielo corría
                    con su espada y su rodela.
                       ¡Oh, qué terrible aguacero!
                    si dura, iréme a la choza.

                    Vase, y sale Alfonso, de noche. (22)

ALFONSO.   El que tanta gloria goza,   1795
                    como en tus brazos espero,
                       ¿qué puede, Raquel, temer?
                    Perdióseme Garcerán
                    por volver por un gabán,
                    viendo empezar a llover.   1800
                       Es tan grande mi deseo,
                    que aguardarle no pudiera
                    un punto, si me trujera
                    más riquezas que poseo.
                       ¡Qué terrible escuridad!   1805
                    ¡Qué relámpagos y truenos!
                    y están los cielos serenos
                    sobre la misma ciudad.
                       Sólo en la huerta parece
                    que el cielo muestra su furia;   1810
                    debe de ser que mi injuria
                    siente, riñe y aborrece.
                       Hablan las nubes tronando,
                    y rasgándose los cielos:
                    deste mi amor tienen celos,   1815
                    y lloviendo, están llorando.
                       Los relámpagos, con fuego
                    muestran el que ya me espanta;
                    el viento el polvo levanta
                    para decir que soy ciego.   1820
                       Brama el Tajo por salir

---

(22) H, ESCENA XVIII.
1793. M, terrible agugero; B, terrible agujero.
1805. Acad., obscuridad.

a templar aqueste ardor;
pero no es fuego el amor
con quien puede competir.
  Tiemblan los árboles juntos, 1825
sus hojas llaman, "¡Alfonso!"
como al último responso
que se dice a los difuntos.
  ¡Válgame el cielo! Otra nube
tan negra deciende allí. 1830
Mas ya se aparta de mí,
y por donde baja sube.

  Una voz cantando triste, dentro. (23)

Voz. Rey Alfonso, rey Alfonso,
no digas que no te aviso:
mira que pierdes la gracia 1835
de aquel Rey que rey te hizo.
ALFONSO. Dentro de la misma nube
parece que la voz dijo
que de aqueste atrevimiento
estaba el cielo ofendido. 1840
Voz. Mira, Alfonso, lo que intentas,
pues desde que fuiste niño,
te ha sacado libre el cielo
entre tantos enemigos.
No des lugar desta suerte, 1845
cuando hombre, a tus apetitos:
advierte que por la Cava
a España perdió Rodrigo.
ALFONSO. ¡Vive el cielo, que lo entiendo,
y que todos son hechizos 1850
de Leonor, para quitarme
el gusto que emprendo y sigo!

---

(23) H, ESCENA XIX.

1826. M, B, llaman Alfonso; H, Acad., llaman a Alfonso.
1827. H, Acad., como el último responso.
1830. Acad., desciende.

Los palacios son aquestos;
yo entro. ¡Cielo divino!

Va a entrar el Rey, y sale un hombre con una túnica negra y su espada y daga ceñida, un rostro de negro y cabellera negra. (24)

¿Qué es esto que ven mis ojos? 1855
¿Eres hombre? ¡Hola! ¿A quién digo?
¿No hablas? (25) Desparecióse.
Mas ¿de qué me maravillo?
¡Viven los cielos, que fue
sombra de mi miedo mismo! 1860
Entraré por la otra parte,
saltando el arroyo limpio
desta acequia. ¡Ay, cielo santo!

Sale la sombra.

Otra vez la sombra he visto.
¿Qué quieres? ¿Qué me persigues? 1865
¿Quién eres?

Sale Garcerán. (26)

GARCERÁN.   Tarde he venido.
ALFONSO. ¿Eres sombra o eres hombre?
Habla y dime: "Yo te sigo",
que hombre soy para escucharte,
ya seas muerto, ya seas vivo. 1870

Desaparece [la sombra]. (27)

---

(24) H, ESCENA XX, which he inserts before ¡*Cielo divino*! of the preceding line.
(25) H, Desaparece la Sombra.
(26) H, ESCENA XXI. / Garcerán.—El Rey, la Sombra.
(27) H has the *sombra* disappear between vv. 1871-2.

1862. B, arroyo impio; very faint trace of "1" in M.
1863. M, B, desta cequia.
1868. M, yo te siguo.

GARCERÁN.	Allí he sentido una voz.	
ALFONSO.	También agora se ha ido.	
GARCERÁN.	¿Quién va?	
ALFONSO.	¡Otra sombra tenemos!	
	Pero ésta, en efeto, ha dicho	
	con voz humana: "¿Quién va?"	1875
GARCERÁN.	¿Quién va? ¿No responde?	
ALFONSO.	Amigos.	
GARCERÁN.	¿Es el Rey, mi señor?	
ALFONSO.	Sí.	
	¿Eres Garcerán?	
GARCERÁN.	El mismo.	
	¿Qué tienes, que estás temblando?	
ALFONSO.	Notables cosas he visto.	1880
GARCERÁN.	¿Cómo, señor?	
ALFONSO.	Nubes, sombras,	
	truenos, tempestad, granizo,	
	música en los mismos aires.	
GARCERÁN.	¡Qué temerarios prodigios!	
	Mas ¿qué haces a la puerta?	1885
ALFONSO.	No puedo entrar, que porfío	
	y veo una sombra delante.	
GARCERÁN.	A Dios tienes ofendido:	
	volvamos a la ciudad.	
ALFONSO.	Calla, que todo es hechizo.	1890
GARCERÁN.	¿Hechizo?	
ALFONSO.	Yo sé de quién.	
GARCERÁN.	Mira, que sin duda ha sido,	
	para apartarte de aquí,	
	del mismo cielo artificio.	
ALFONSO.	Cobardías, Garcerán.	1895
GARCERÁN.	¿Eso dices?	
ALFONSO.	Esto digo.	
GARCERÁN.	Pues meto mano a la espada,	
	y entro adelante atrevido.	

1874. Acad., efecto.
1896. Acad., Eso digo.
1897. B, Pues meta mano.

ALFONSO.   Yo te sigo, Garcerán,
  que amor me quita el juicio,   1900
  y perdida la razón,
  conozco el daño y le sigo,
  porque, donde están sujetos,
  ¿de qué sirven los sentidos?   1904

  Echa mano Garcerán a la espada y entra el Rey tras él.

1900.   H, Acad. print *jüicio*; but one could equally well read *que // amor*.
1903.   We emend the reading of all four editions: *está sujeto*.

ACTO TERCERO

Salen don Illán y don Blasco. (1)

ILLÁN.	Este papel me dieron de la Reina,	1905
	señor don Blasco, por el cual me avisa	
	que a las horas que veis venga al alcázar.	
BLASCO.	Illán, yo imaginaba que era solo,	
	porque me manda a mí también lo mismo.	
	El que manda venir con tal secreto,	1910
	¿qué nos podrá querer?	
ILLÁN.	Alguna cosa	
	del remedio de Alfonso, por ventura.	

Sale Beltrán de Rojas. (2)

BELTRÁN.	Guárdeos el cielo, caballeros.	
ILLÁN.	¡Bueno!	
	¿También Beltrán de Rojas?	
BELTRÁN.	Yo pensaba	
	que a nadie hallara aquí, porque la Reina	1915
	me mandó que viniese con secreto,	
	por aqueste papel, a aqueste sitio.	
BLASCO.	A lo mismo los dos venido habemos.	
	¿Sabéis lo que nos quiere?	
ILLÁN.	Imaginamos	
	que se quiere quejar de sus desdichas.	1920

Sale Garcerán. (3)

GARCERÁN.	Yo pienso que he tardado. ¡Oh, caballeros!

---

(1) H, Sala del alcázar, ESCENA PRIMERA.
(2) H, ESCENA II.
(3) H, ESCENA III.

1910. H, Acad. omit this verse.

BLASCO.	Guárdeos el cielo, Garcerán Manrique.
BELTRÁN.	*(Aparte.)*
	Pues éste viene, no será de Alfonso
	lo que trata la Reina, pues ha sido
	quien sabe los secretos de su pecho, 1925
	y en este desatino le acompaña.
GARCERÁN.	Espántome de hallaros desta suerte,
	si no venimos todos a una cosa,
	pues por este papel, con gran secreto,
	la Reina me mandó que venga solo. 1930
ILLÁN.	A todos nos advierte de lo mismo.
GARCERÁN.	Luego ¿todos venimos a una cosa?
BELTRÁN.	Quedo, que sale ya la hermosa Reina.

Sale la Reina y Enrique, niño, su hijo, de luto los dos. (4)

BLASCO.	¡Luto! ¿Por quién, señora?
LEONOR.	Bien pudiera
	imaginar don Blasco mi desdicha. 1935
	Cerrad las puertas de esa cuadra luego.
BELTRÁN.	Ya están cerradas. Siéntese su alteza,
	y diga para qué nos ha llamado.
ILLÁN.	*(Aparte.)*
	¡Qué triste viene!
GARCERÁN.	*(Aparte.)* ¡Lástima me ha dado!

Siéntase la Reina. (5)

LEONOR.	Noble Blasco de Guzmán, 1940
	gallardo Beltrán de Rojas,

---

(4) H, ESCENA IV.
(5) Omitted in H, Acad.

1922. H, Acad. treat this one line speech, a greeting to Garcerán, as an aside. We correct by making the following 4 line speech of Beltrán, an accusation of Garcerán, which the accused does not hear (vv. 1923-6), the aside.

1933. H, Acad., la Reina hermosa.

Illán de Toledo, ilustre
por hazañas tan heroicas;
fuerte Garcerán Manrique,
que con tan altas vitorias   1945
de Jerusalén volvistes
a vuestra patria famosa:
por ser, como sois, en quien
estriba este reino agora,
colunas en quien se afirma,   1950
nobleza con quien se adorna,
con secreto os he juntado,
en desdicha tan notoria,
para que el remedio della
entre todos se proponga.   1955
Alfonso, cuyas virtudes
el Bueno, cual veis, le nombran,
ya pierde el nombre que tuvo,
con una hazaña tan loca.
Siete años ha que encerrado   1960
con aquella hebrea hermosa,
segunda Cava de España,
vive retirado a solas.
No se acuerda de sí mismo,
ni puede; ni acude a cosa   1965
de su reino, de su vida,
de su fama y de su honra.
Raquel reina, Raquel tiene
de Castilla la corona;
da banderas a las armas,   1970
y a las letras nobles ropas.
Ella castiga, ella prende,
y ha sido tan rigurosa,

1942. M, B, ilustre Illán de Toledo.
1945. M, H, Acad., victorias: M's use of the "c" is unusual and we omit it for the consistency of our text.
1948. M, B, como soys por quien.
1950. Acad., columna; H, Acad., de quien se afirma.
1957. M, B, qual ves.
1965. H, Acad., ni atiende ni acude a cosa.

que a vuestro Rey tiene preso,
sin darle tan sola un hora   1975
de libertad en siete años.
¡Qué prisión tan vergonzosa!
¿Pensaréis que hablo en la parte
que como a mujer me toca?
Bien pudiera, pues es justo;   1980
mas en esto se reporta
mi sentimiento de suerte,
que una palabra tan sola,
para decirle mi pena,
no ha salido de mi boca.   1985
Mis lágrimas le han hablado,
aunque su curso interrompa;
mas ¿qué podrán voces de agua
en peñas de orejas sordas?
Lo que me mueve es mirar   1990
que Dios se ofende y se enoja
de suerte deste pecado,
que ya la venganza toma.
Bajan de la Andalucía
de Granada y de Archidona,   1995
los moros, y a ése se atreven,
de quien temblaron la sombra.
La Sierra Morena pasan,
y destruyendo a Almodóvar,
pasan los campos de Utiel,   2000
y en Ciudad Real se alojan.
A este paso, castellanos,
presto del Tajo en las ondas,
por dicha con sangre vuestra,
beberán sus yeguas moras;   2005
presto en estos altos muros,
en vez de banderas rojas,
verán pendones azules,

1996. M, B, a eso; H, Acad., los moros, y al Rey se atreven.
1997. M, B, temblaren.
1998. M, B, la sierra Morena pasar.

que ya tan cerca tremolan;
presto en esta santa iglesia 2010
donde la Reina y Señora
del cielo puso los pies,
pondrá los huesos Mahoma.
Pues ¿cómo no os afrentáis
de que una mujer os ponga 2015
en tanto mal? ¿Qué es aquesto?
¿Vosotros sois sangre goda?
¿Vosotros sois decendientes
de la sangre generosa
que ganó aquesta ciudad, 2020
espejo de toda Europa?
¿Tú eres Blasco de Guzmán?
¿Tú eres Illán, tú, que borras
de tu padre don Esteban
la imagen de sus memorias? 2025
Él metió a Alfonso en Toledo;
tú de Toledo le arrojas,
pues que consientes que viva
en tanta infamia y deshonra.
Y tú, ¿eres Rojas Beltrán? 2030
Pues ¿cómo no tienes rojas
las mejillas de vergüenza
del daño que te provoca?
Y tú, Garcerán Manrique,
que del Asia honrado tornas, 2035
¿cómo no ves que te llaman
autor de tan torpe historia?
Tú ayudas a tu señor
a que como bestia corra
sin freno por tantos vicios. 2040
Dime: ¿con qué te soborna?
¿Has mezclado allá tu sangre?
Pues, fiera gente española,

2018. Acad. descendientes.
2026. M, B, metio Alfonso.

	es éste Enrique, mi hijo:	
	o matadme esta traidora,	2045
	o él y yo, pues no tenéis	
	manos, fuerzas, sangre ni honra,	
	a Ingalaterra nos vamos,	
	donde la casa piadosa	
	de Ricardo nos sustente.	2050
	Vase. (6)	
BELTRÁN.	¡Señora!...	
BLASCO.	¡Reina!...	
GARCERÁN.	¡Señora!...	
ILLÁN.	¡Detente, por Dios!	
ENRIQUE.	¡Villanos!	
	¿Cómo se ha de detener,	
	si para tan vil mujer	
	no tenéis honra ni manos?	2055
ILLÁN.	Advierte, Príncipe, advierte	
	que no hay villanos aquí.	
ENRIQUE.	Todos lo sois para mí,	
	pues me tratáis desta suerte;	
	que de aquesta esclava Agar	2060
	saldrá algún Ismael,	
	tan bastardo como él,	
	que me pretenda matar.	
GARCERÁN.	Señor, ¿qué habemos de hacer,	
	siendo Alfonso, vuestro padre,	2065
	nuestro Rey?	
ENRIQUE.	Ver que mi madre	
	es dese Alfonso mujer.	
	¡Pese a tal con los villanos	
	que esta bajeza consienten!	
	¿Posible es que no se afrenten	2070

---

(6) H, ESCENA V.
2044. H, Acad., este es Enrique.
2045. H, Acad., matadme esa traidora.
2047. B, fuerça.
2048. B, Inglaterra.
2054. B, para tal vil muger.
2067. B, es de esse Alfonso.

	esas armas y esas manos?
BLASCO.	Señor, tratadnos mejor.
ENRIQUE.	¡Muy buenas canas, por cierto!

¡Qué bien la nieve ha cubierto
el monte de vuestro honor!   2075
   ¡Por Dios, Blasco de Guzmán,
que acudís muy bien al nombre!

GARCERÁN. ¿Qué hará, si llega a ser hombre?
ILLÁN.   Tiene razón, Garcerán.
ENRIQUE. ¡Qué hidalgos!
ILLÁN.   Señor, advierte...   2080
ENRIQUE. ¿Qué quieres, Illán, que advierta,
si veo a mi madre muerta,
y a mi padre desa suerte?
   ¿Tenéis vos por qué volváis
por esa hebrea?
ILLÁN.   ¡Yo!
ENRIQUE.   Vos.   2085
ILLÁN.   Limpio soy, señor, ¡por Dios!
que puesto que rey seáis,
   de emperadores deciendo
de Constantinopla yo:
Paleólogo me dio   2090
esta sangre que defiendo.
   Del primero que a Toledo
vino, el Toledo tomé.
BELTRÁN. Mirad, señor, que no fue
sufrir esto culpa o miedo;   2095
   todo en que es nuestro rey para,
templad, templad las congojas.
ENRIQUE. ¿Qué queréis, Beltrán de Rojas?
BELTRÁN. Señor, que volváis la cara.
ENRIQUE.   ¡La cara! ¡A lindos trofeos!   2100
¿Para qué, si el rey aquí
sirve de espejo, y en mí
os habéis de ver tan feos?

2088. Acad., desciendo.
2093. M, B, el Toledo tomò.

	Mas, ¡por vida de mi madre,	
	que otra vez no la veáis,	2105
	si primero no matáis	
	la hechicera de mi padre!	
	Vase. (7)	
BELTRÁN.	¡Extraña confusión! ¿Qué decís desto?	
GARCERÁN.	¿Qué me miráis a mí? Yo no sé nada;	
	pero para el remedio estoy dispuesto.	2110
	Decís que ¿cómo sacaré la espada	
	contra mujer que el Rey me ha confiado,	
	y de quien es por tanto extremo amada?	
	Diréis que ¿cómo, habiendo acompañado	
	tantos años en este desatino	2115
	al Rey, en este error precipitado,	
	para ayudaros hallaré camino?	
	Y habrá alguno que diga que a su hermana,	
	cómplice deste mal, también me inclino.	
	Pues ¡plega a aquella sangre soberana	2120
	que se vertió en mí, que si ha tenido	
	culpa, ni ha sido en este error liviana,	
	yo sea el primero que, cayendo herido	
	de vuestras manos, pague al justo cielo	
	lo que en diversas cosas le he ofendido!	2125
BELTRÁN.	Garcerán, yo conozco tu buen celo;	
	yo sé que te has muy bien aconsejado;	
	nadie de tu virtud tendrá recelo;	
	mas, como desde niño te has criado	
	con Alfonso, no es mucho que, celosa,	2130
	la Reina te haya alguna vez culpado.	
	Al principio no fue tan enojosa	
	la perdición del Rey; mas ya en Castilla	
	y en toda España es insufrible cosa.	

---

(7) H, ESCENA VI.

2104. M, B, vida de mi padre.
2105. B, no lo veays.
2111. H, Acad., Diréis que.
2118. M, B, a su hermano.
2120. M, B, plega aquella sangre.
2125. M, B, en diuersas cosas le ofendido.

	Ingalaterra, ya con maravilla	2135
	de ver nuestro descuido, armarse intenta;	
	no hay en el reino ya ciudad ni villa	
	que no murmure y sienta aquesta afrenta.	
	Cobremos nuestro Rey, que está cautivo.	
GARCERÁN.	Justísima es la hazaña que se intenta.	2140
	Digo que por mi parte me apercibo.	
BLASCO.	Pues yo seré el primero.	
ILLÁN.	Y yo el segundo.	
GARCERÁN.	La razón es mi rey, con ella privo.	
BELTRÁN.	Daréis ejemplo de lealtad al mundo.	

Vanse, y salen Alfonso, Raquel, y Sibila. (8)

ALFONSO.	¿No traen las cañas?	
SIBILA.	Ya viene	2145
	con ellas el hortelano.	
ALFONSO.	¡Fresca entrada de verano!	
	mas tal primavera tiene.	
RAQUEL.	Tras tantos años de amor,	
	¿decís lisonjas agora?	2150
ALFONSO.	Amor es niño, señora,	
	y es con los años mayor.	
	Pues si es amor ya crecido,	
	¿por qué no será verdad?	
RAQUEL.	Porque el no haber novedad,	2155
	causa desprecio y olvido.	
ALFONSO.	¿Olvido en mí? ¡Plega a Dios!...	
RAQUEL.	No juréis, que ya lo creo.	
ALFONSO.	Más nuevo es hoy mi deseo	
	que cuando le puse en vos.	2160
	Sois mi señora y mi reina,	
	sois mi diosa, y sois por quien	

---

(8) H, Huerta del Rey a orillas del río. / ESCENA VII.

2135. M, B, a Ingalaterra.
2148. B, primaveta.
2158. B, No jureyes.
2162. H, Acad., mi diosa, sois por quien.

vivo, sois todo mi bien,
sois quien en mi alma reina.
 Mayor, señora, sois vos; 2165
que si yo reino en Castilla,
vos en mí.

Salen Fileno y Belardo con unas cañas de pescar. (9)

BELARDO. Por esta orilla
se van hablando los dos.
FILENO. ¿Por dónde o cómo llegaste
a ser del Rey conocido? 2170
Siendo tú tan encogido,
¿cuándo o por dónde le hablaste?
BELARDO. Puesto que soy labrador,
ya sabéis que sé leer,
y un libro me dio a entender, 2175
que era de un discreto autor,
 que eran los reyes deidades
hasta llegarlos a hablar;
que despues suele humillar
el trato las majestades. 2180
 Con esto, como le vía
pasar por aquí mil veces,
flores, frutas, aves, peces,
de rodillas le ofrecía.
 Agradóle el buen humor, 2185
y en la huerta que ha labrado,
jardinero me ha criado,
y barquero y pescador.
FILENO. ¿Qué harán agora?
BELARDO.   Han pedido
estas cañas: pescarán; 2190
luego en el barco entrarán,

---

(9) H, ESCENA VIII.

2178. M, B, santas, llegarlos a hablar.

	de oro y seda guarnecido,
	con un tendal de damasco
	y flores que les he puesto.
FILENO.	¿Dónde irán?
BELARDO.	A cierto puesto 2195
	que asombra un alto peñasco,
	donde se suelen lavar.
FILENO.	¿Su merienda habrá también?
BELARDO.	Si ello pareciera bien.
FILENO.	Pues ¿tú sabes murmurar? 2200
BELARDO.	Pues ¿quién son más murmurados,
	Fileno, de sus errores,
	que aquestos grandes señores,
	y de sus mismos criados?
	Lástima tengo de ver 2205
	a Alfonso fuera de sí. (10)
SIBILA.	Ya están las cañas aquí.
ALFONSO.	*(A Raquel.)*
	¿Qué cañas son menester
	donde tus ojos están?
	Mas no son almas los peces, 2210
	ni hubiera para dos veces
	en cuantos nadando van.
RAQUEL.	Con una me contentara.
ALFONSO.	Pon el cebo en el anzuelo
	que dio a tus ojos el cielo, 2215
	y en lo que puedes repara.
RAQUEL.	Dejándote por galán
	que cumples tu obligación,
	y de cuya estimación
	tal vez sospechas me dan, 2220
	echo en tu nombre la caña.

Échanlas en el costillón del tablado, que tendrá alrededor hierba. (11)

---

(10) H, ESCENA IX.
(11) H, El Rey y Raquel echan los anzuelos al río; which is placed between vv. 2222-3.

2201. M, B, murmuradores.

Alfonso.	Y yo en el tuyo también.
Raquel.	Haz una cosa, mi bien,
	ansí te dé Dios a España.
Alfonso.	¿Cómo?
Raquel.	Que lo que sacares 2225
	sea, Alfonso, para mí,
	y lo que yo, para ti.
Alfonso.	Me espanto que en eso pares.
	Si el mundo, como se pinta
	en una pequeña esfera, 2230
	sacar del agua pudiera
	colgado de aquesta cinta,
	hoy le ofreciera a tus pies.
Raquel.	Bésoos las manos, señor.
Sibila.	¿Pican?
Raquel.	No.
Sibila.	¡Bravo rigor! 2235
Raquel.	Es muy presto.
Alfonso.	¿Presto es?
	Muy simples los peces son,
	que no pican en tu anzuelo.
Sibila.	Picó.
Raquel.	Tira. (12)
Alfonso.	¡Ay, santo cielo!
	¡Qué notable confusión! 2240
Raquel.	¿Qué es esto?
Alfonso.	A mi parecer,
	es una muerte.
Raquel.	Y ¡qué fiera!
Belardo.	Señora, la calavera
	de algún niño puede ser,
	que habrán echado en el río. 2245
Alfonso.	No te alborotes.
Raquel.	No puedo
	dejar de cobrarla miedo;

---

(12) H, Saca el Rey, enganchada en el anzuelo, una calavera.

2235. B, Sacan: the first two letters of this word are very nearly illegible in M, although the second appears to be "i".

	que bien sabes, señor mío,	
	que fue concierto que fuese	
	para mí lo que sacases.	2250
ALFONSO.	De que en eso imaginases	
	me pesa.	
RAQUEL.	Pues no te pese;	
	que ya veo que esto ha sido	
	una cosa acidental.	
BELARDO.	Trabóse en ella el sedal,	2255
	y a fe que está bien asido.	
RAQUEL.	Sacar quiero para ti,	
	que ha picado.	
ALFONSO.	Tira, estriba. (13)	
	¿Qué es eso?	
RAQUEL.	Un ramo de oliva.	
ALFONSO.	¿Un ramo de oliva?	
RAQUEL.	Sí.	2260
ALFONSO.	También es que se trabó	
	a las ramas el anzuelo.	
	No pesques más.	
RAQUEL.	Dejarélo.	
ALFONSO.	Entra en el barco.	
RAQUEL.	Eso no,	
	porque con tantos azares	2265
	no quiero entrar en el río.	
ALFONSO.	Por esos ojos, bien mío,	
	que en aqueso no repares.	

Sale un criado. (14)

CRIADO.	Aquí está Fernán Rüiz.	
ALFONSO.	¿El de Castro?	
CRIADO.	Sí, señor.	2270
ALFONSO.	A este viejo tengo amor.	

---

(13) H, Saca Raquel, con su anzuelo, un ramo verde.
(14) H, ESCENA X.

2254. Acad., accidental.
2258. H, Acad., Tira, arriba.

	Es de aquel tiempo infeliz	
	en que, niño, me seguía	
	mi tío, el rey de León.	
	Y pienso en esta ocasión	2275
	que le busca y desafía	
	Garcerán, porque mató	
	al Conde, su padre; y quiero	
	guardar este caballero,	
	que en mi niñez me guardó;	2280
	que si le ve Garcerán,	
	a los dos he de perder.	
RAQUEL.	Las paces podéis hacer,	
	que con eso la tendrán.	
ALFONSO.	Yo voy con él, mi Raquel,	2285
	a la ciudad.	
RAQUEL.	Id con Dios. (15)	
SIBILA.	¿Qué haremos aquí las dos?	
RAQUEL.	Ninguna cosa sin él.	
	Y pues ya se fue, te ruego	
	que nos vamos al palacio;	2290
	que he menester grande espacio	
	para templar este fuego.	
	Por Alfonso no he llorado;	
	ya que se fue, llorar quiero,	
	no porque creo el agüero	2295
	mas porque temo el pecado.	

Vanse las dos. (16)

FILENO.	Triste está.	
BELARDO.	Tiene razón;	
	que aunque soy rudo y grosero,	
	desta pesca darte quiero,	
	Fileno, declaración.	2300

---

(15) H, Vanse el Rey y el criado.
(16) B, Vanse los dos; H, ESCENA XI.

2273. M, me siguia.
2283. B, podreys hazer.

	La muerte que el Rey sacó
	para Raquel, claro está
	que muestra su muerte ya;
	la oliva que ella pescó
	para el Rey, muestra que, muerta 2305
	esta afición pertinaz,
	quedará este reino en paz.
FILENO.	¿La oliva?
BELARDO.	Es cosa muy cierta,
	porque siempre oí decir
	que la oliva significa 2310
	paz, y que a la paz se aplica;
	y si ésta viene a morir,
	¿qué más paz? La paz es cierta
	entre el Rey y su Leonor,
	porque se tendrán amor. 2315
FILENO.	Gran gente ha entrado en la huerta.
BELARDO.	Muchos caballeros son.
FILENO.	Mudados de color vienen.
BELARDO.	Algún desafío tienen.
FILENO.	Todos vienen de cuestión. 2320

Salen Garcerán, Blasco, Illán, Beltrán de Rojas, y el criado. (17)

ILLÁN.	Tú lo has hecho bien, Mendoza,
	como de ti se esperaba.
BELTRÁN.	Hoy ha de morir la Cava,
	que de nuestro mal se goza.
GARCERÁN.	Fue gran milagro que el Rey 2325
	con Fernán Rüiz saliese.
CRIADO.	Que yo el recado le diese
	fue mayor.
BLASCO.	¿Qué humana ley
	sufre que esta infame viva?

---

(17) H, ESCENA XII.

2308. B, Sea oliua: impression very bad in M; see variant notes to vv. 1862 and 2235 for similar errors.

BELTRÁN.	¿Va el Rey lejos?	
CRIADO.	Lejos va;	2330
	ya de la huerta saldrá.	
ILLÁN.	Hoy la mano vengativa	
	del cielo nos ha tomado,	
	señores, por instrumento	
	de castigo y de escarmiento.	2335
BELARDO.	*(Aparte a Fileno.)*	
	Por detrás deste encañado	
	quiero escaparme, Fileno,	
	y contar esto a Raquel;	
	que estas armas y tropel,	
	¿para qué puede ser bueno?	2340
FILENO.	Bien harás. Vele a decir	
	que anda esta gente en la huerta. (18)	
ILLÁN.	Hoy será su muerte cierta,	
	porque no es posible huir.	
GARCERÁN.	Los pasos están tomados,	2345
	puesto que aviso tuviera.	
BLASCO.	Recorramos por defuera	
	todos aquestos cercados.	
BELTRÁN.	Vamos, que seré el primero	
	que la ofenda.	
ILLÁN.	¿Tú no más?	2350
GARCERÁN.	El que se quedare atrás,	
	o es villano o lisonjero.	

Vanse, y salen Raquel y Sibila. (19)

SIBILA.	Deja ya, Raquel, el llanto.	
RAQUEL.	¡Ay, Sibila! ¿Cómo puedo?	
	Volverme quiero a Toledo;	2355
	que de estar sola me espanto.	
SIBILA.	¿Sola estás? ¿No hay mil criados?	

---

(18) H, Vase Belardo.
(19) H, Sala en el palacio de Galiana. / ESCENA XIII.

2334. B, por instrumenuo.
2343. M, B, tu muerte.

| | Y tu padre, ¿no está aquí
| | con nuestro hermano?
| RAQUEL. | ¡Ay de mí! 2360
| | todos crecen mis cuidados.
| | Cuando el rayo de Leonor
| | decienda de su poder,
| | en más vidas ha de hacer,
| | Sibila, estrago mayor.
| | Mal hice en dejar salir 2365
| | a mi Alfonso de la huerta;
| | que la más cerrada puerta
| | sabe la desdicha abrir.

Sale Belardo, alborotado.

| BELARDO. | Advierte, hermosa Raquel,
| | si tienes algo que temas, 2370
| | que con turbado semblante,
| | capas y espadas diversas,
| | caballeros de Toledo
| | hoy han entrado en la huerta:
| | no son de amistad señales, 2375
| | sino de traición y fuerza.
| | Hablando están en secreto;
| | ya se paran, ya se acercan;
| | algunos vienen delante,
| | y algunos atrás se quedan. 2380
| | No hay árbol donde no hagan
| | consejo; y es bien que adviertas
| | que consejo, y en el campo,
| | siempre es consejo de guerra.
| | Yo soy un pobre hortelano; 2385
| | esto me enseñan las letras
| | que aprendí, siendo muchacho,
| | en la corte y en la escuela.
| RAQUEL. | Labrador honrado y noble,
| | ¿qué me dices? ¿Qué me cuentas? 2390

2362. Acad., descienda.

	¡Caballeros, y con armas!	
	¡Ay, Dios! No vienen a fiestas.	
	Así los cielos piadosos	
	tus trigos sembrados crezcan;	
	así como el cielo nieve,	2395
	lluevan lana tus ovejas;	
	así tus árboles lleven	
	fruta como el Tajo arenas,	
	que vayas a toda prisa,	
	y digas al Rey que venga	2400
	a librarme de su furia.	
SIBILA.	Voces dan. (20)	
BELTRÁN.	*(Dentro.)*	
	¡Romped las puertas!	
BELARDO.	Huye, señora.	
RAQUEL.	No puedo.	
ILLÁN.	*(Dentro.)*	
	¡Entrad, hidalgos, y muera	
	la Circe que al Rey cautiva,	2405
	y la hechicera Medea!	

Salen los caballeros con espadas desenvainadas.

RAQUEL.	¿Buscáisme a mí, caballeros?	
BLASCO.	Pues ¿quién quieres tú que sea	
	la que, siendo una mujer,	
	tantas espadas merezca?	2410
RAQUEL.	La que fue más desdichada,	
	pienso que mejor dijeras.	
ILLÁN.	¡Desdichada! ¿Por qué causa	
	por desdichada te cuentas?	
	¿No has gozado un rey siete años,	2415
	que ni su gente en la guerra	
	ni su mujer en la paz	
	le han visto un hora siquiera?	
RAQUEL.	¡Qué buen gozo, si este fin	
	es todo el bien que me queda	2420

---

(20) H, ESCENA XIV.

| | de haber ese rey gozado!
| | ¡Pluguiera al cielo que fuera
| | un labrador como aquél!
BELARDO.   Suplícole no me meta
               en sus historias a mí.   2425
RAQUEL.   ¡Oh, amor! De cualquier manera
               has de acabar en desdichas.
               ¡Malditas tus glorias sean!
BELTRÁN.   ¿Qué queréis, si no es posible
               que otro fin más dulce tenga?   2430
BLASCO.   Caballeros, ¿qué aguardáis,
               si en la muerte desta Elena
               vuestro remedio consiste
               y el de toda España?
TODOS.   ¡Muera! (21)
RAQUEL.   Muero en la ley de mi Alfonso;   2435
               testigos los cielos sean.
               Creo en Cristo, a Cristo adoro.
BELTRÁN.   La ley de Cristo confiesa. (22)
ILLÁN.   ¡Muera su hermana Sibila!
SIBILA.   ¿A mí? ¿Por qué?
ILLÁN.   Por que sea   2440
               esta venganza famosa. (23)
BELTRÁN.   Muertas en su estrado quedan.
               ¿Quién eres tú?
BELARDO.   El hortelano
               soy yo, señor, desta huerta.
BELTRÁN.   También éste ha de morir.   2445
BELARDO.   Es verdad, cuando Dios quiera;
               pero agora, ¿por qué causa?
BELTRÁN.   Que cuanto esta casa encierra
               se ha de pasar a cuchillo.
BELARDO.   Oídme.
BELTRÁN.   ¿Qué?
BELARDO.   Escuchad.

---

(21) H, Hiérenla.
(22) H, Muere Raquel.
(23) H, Matan a Sibila.

BELTRÁN.	Abrevia.	2450
BELARDO.	Yo sé dónde está el tesoro;	
	plata, joyas y cadenas.	
BLASCO.	No le matéis.	
ILLÁN.	Alto, pues.	
	Adónde está nos enseña.	
BELARDO.	Echad todos por aquí.	2455
BELTRÁN.	Vamos.	
BELARDO.	(Aparte.)	
	Si cojo la puerta,	
	no me ha de alcanzar el Cid	
	en su caballo Babieca.	

Vanse, y salen el rey Alfonso y Garcerán. (24)

ALFONSO.	¿Qué me dices, Manrique?	
GARCERÁN.	Señor, no descompongas	2460
	tu majestad, ni pongas	
	tu ilustre vida a pique	
	de que pierda Castilla	
	un rey, de todo el mundo maravilla.	
ALFONSO.	Y ¡qué! ¿Será ya muerta?	2465
GARCERÁN.	Señor, tu entendimiento	
	te valga en tal tormento.	
	Yo los dejé a la puerta;	
	no dudes que han entrado,	
	y el blanco pecho en púrpura bañado.	2470
ALFONSO.	Tráiganme postas luego.	
GARCERÁN.	Ya, señor, lo han oído,	
	y por ellas han ido.	
ALFONSO.	¡Qué temerario fuego	
	las entrañas me abrasa!	2475
	¡No ha de quedar ninguno de mi casa!	

---

(24) H, Atrio del Alcázar. / ESCENA XV.

2450. B inserts Beltrán's *Abrevia* between vv. 2449-50 and fully to the left of the column; it is an error of the compositor in treating this line, which overflowed in M.

2450. Acad., Escucha.

Sale la reina doña Leonor, con el príncipe don Enrique, su hijo. (25)

LEONOR.	Enrique, tú has de ir delante.
ENRIQUE.	Delante, señora, voy,
	puesto que temblando estoy.
ALFONSO.	¿Hay libertad semejante? 2480
	Pues ¡tú pareces aquí!
LEONOR.	No vengo como mujer:
	tu hijo vengo a traer
	por defensa contra ti.

    Sólo desta imagen soy 2485
el marco que la guarnece;
si el retrato te parece,
mira que en su guarda estoy.
    Mirarse un hombre en su hijo
es considerar que fue 2490
pequeño, porque no esté
en su rigor firme y fijo.
    Mírate, mi Alfonso, aquí,
mira aquesta piedra fina;
no a mí, señor, que la mina 2495
a donde la hallaste fui.
    Mi vida ya la desamo;
Porcia he de ser si eres Bruto;
mas sírvete deste fruto,
ya que das al fuego el ramo. 2500
    No sé por qué el ver te espanta
la prenda que aquí te doy;
haz cuenta que jaula soy,
y éste el pájaro que canta.
    Mira que te adoro y quiero 2505
cuando más daño me haces;
que bien puedes hacer paces

---

(25) H, ESCENA XVI.

2496. H, Acad., donde la hallaste.
2500. M, B, al fuego ramo.
2501. M, B, el verte espanta.

	con tan honrado tercero.
ALFONSO.	¿Es posible que te atrevas
	a parecer a mis ojos? 2510
ENRIQUE.	Padre, cesen los enojos.
ALFONSO.	¿Cómo? ¡Que a hablarme te muevas!
ENRIQUE.	Padre, el haberme engendrado

es para que, si faltáis
del mundo, dejar podáis 2515
otro vos en vuestro estado.
    Pues si a mí me ha hecho Dios
otro vos, que es hoy tan cierto,
¿por qué, después que sois muerto,
no tengo de hablar por vos? 2520

ALFONSO. ¡Yo estoy muerto!
ENRIQUE.   Habrá siete años;
porque el vivir es obrar
las cosas en su lugar,
y no por medios extraños.
    Si es vuestro oficio servir 2525
a Castilla, y la perdéis;
si vivís y no lo veis,
¿qué es lo que llamáis vivir?

ALFONSO. ¡Caballos!
GARCERÁN.   Ya, gran señor,
postas a la puerta están; 2530
pero es noche.

ALFONSO.   Garcerán,
ya no hay que tener temor.
Vamos a Illescas los dos,
y ¡ojalá sin vida llegue!

    2518. M, B, que soy tan cierto: it would seem that the composition of at least M might well have been done from dictation; note the phonetic similarity between the original reading and the emendation.
    2525. M, B, vuestro oficio morir; H, Acad., vuestro oficio asistir: our correction is made in line with our defense of M reading of vv. 2526, 2527.
    2526. H, Acad., a Castilla, y no la veis;...
    2527. H, Acad., si vivís y la perdéis,...
    2529. M, B, Ya señor.
    2533. B, Vamos Illescas.

GARCERÁN.	¡Que tanto un error te ciegue!	2535
ALFONSO.	Ruega que me alumbre Dios.	

[Vanse el Rey y Garcerán.] (26)

ENRIQUE. Madre, ¿no iremos tras él?
LEONOR. Aguarda, que viene gente.

Salen Blasco, Beltrán y Illán. (27)

BLASCO. Ya queda, Reina excelente,
　　　　muerta en su estrado Raquel.　　　　2540
LEONOR. Y el Rey, ¿lo sabe?
ILLÁN. 　　　　　　　　En la huerta
　　　　concerté con Garcerán
　　　　se lo dijese.
LEONOR. 　　　　　　Hoy tendrán
　　　　paz sus reinos, Raquel muerta.
BELTRÁN. ¿Qué ha hecho?
LEONOR. 　　　　　　　　Terribles cosas,　　　2545
　　　　y por la posta se parte
　　　　a Madrid.
BLASCO. 　　　　Aconsejarte
　　　　quiero dos harto forzosas:
　　　　la primera, que le sigas;
　　　　la segunda, que le hables.　　　　　2550
LEONOR. Blasco, entrambas son notables.
　　　　Tiemblo de ir. No me lo digas.
ILLÁN. Señora, Raquel murió,
　　　　y el Rey se ha de consolar.
　　　　Quien ama ha de porfiar,　　　　　2555
　　　　porque siempre amor venció.
　　　　　Habla al Rey, lleva a tu hijo,
　　　　para que su enojo acabes.

---

(26) Correction of H, followed by Acad.: M, B insert this stage direction *(Vanse los dos)* between vv. 2534-5.

(27) H, ESCENA XVII; H, Acad., e Illán.

2551. M, B, Blasco entra, mas son notables.

LEONOR.	Bien parece que no sabes	
	las cosas que a mí me dijo.	2560
ILLÁN.	Está muy fresco el dolor.	
	Bien dice Guzmán, señora.	
LEONOR.	Y ¿cuándo iré?	
ILLÁN.	Luego.	
BLASCO.	Agora.	
LEONOR.	Por la mañana es mejor.	
BLASCO.	Antes del alba has de estar	2565
	con él. Anímate y parte.	
ENRIQUE.	Yo también quiero animarte,	
	pues te quiero acompañar.	
LEONOR.	Vamos, pues.	
ENRIQUE.	Si con despecho	
	te recibe, ponme a mí	2570
	delante, para que allí	
	tope su espada en mi pecho.	

Vanse, y salen el rey Alfonso y Garcerán. (28)

GARCERÁN.	Por descansar siquiera del camino,	
	¿no dormirás, señor, sólo un momento?	
ALFONSO.	¿Cómo podrá dormir mi desatino?	2575
GARCERÁN.	Mira que el estrellado firmamento	
	se viste de la luz del alba hermosa,	
	purificando el aire en su elemento.	
	Ya baja la mañana envuelta en rosa,	
	bañando sus mejillas de colores.	2580
	¡Por Dios! ¿Ha de mirarte vergonzosa?	
ALFONSO.	Mira que los consejos son errores,	
	Manrique amigo, en pechos ostinados.	
	Yo lloro con razón.	

---

(28) H, Posada del Rey en Illescas. / ESCENA XVIII.
Acad. ed. in Biblioteca Nacional, Madrid, has bad impression on one page, affecting the ends of vv. 2557 (...lleva a tu h) and 2563 (Blasco. *Ago*) and also the beginning of the latter (¿cuándo iré?).

2574. M, durmiras.
2580. M, B, bajando sus mejillas.
2583. H, Acad., obstinados.

Garcerán.	No lo es que llores.
Alfonso.	Vete, y descansa un poco.
Garcerán.	Tus cuidados 2585
quisiera descansar.
Alfonso.	Vete, y no seas
pesado, amigo, si ellos son cansados.
Garcerán.	Quiero dejarte.
Alfonso.	Vuelve cuando veas
que un poco más el alba se declara.
Garcerán.	Haré sólo, señor, lo que deseas. 2590

Vase. (29)

Alfonso. Raquel hermosa, más que el cielo clara,
yo moriré muy presto; aguarda, espera.
Parece que me escucha y que se para.
   Ya pensarás que de tu muerte fiera
no he de tomar venganza. Espera un poco, 2595
que no ha de quedar hombre que no muera.
   ¡Dichoso yo si me volviese loco!
Señor, valedme, que me voy perdiendo,
mientras que más en mis desdichas toco.
   Paréceme que estoy a Raquel viendo, 2600
que, abierto el pecho, muere con mi nombre.
No me culpes, mi bien, pues no te ofendo.
   No ha de quedar de todos vivo un hombre.
Blasco muera el primero, y Illán luego,
de muerte tan cruel, que a España asombre; 2605
   Beltrán de Rojas arderá en un fuego;
y aun este Garcerán me ha parecido
que no está libre. ¡A qué locuras llego!
   Aguarda, hermoso espíritu, vestido
del resplandor, y del hermoso cielo; 2610
desnudo quede amor, su cifra y nido,
   o llévame contigo deste suelo,
teñido de tu sangre, que en cualquiera

---

(29) H, ESCENA XIX.

2594. M, B, de su muerte.
2604. Acad., e Illán.
2610. H, Acad., de resplandores del hermoso cielo.

parte que estés, la quiero yo por cielo.
¿Qué luz es ésta? ¿Si es Raquel? ¡Espera! 2615

Suena música y aparece, en una tramoya, un ángel. (30)

ÁNGEL.   Alfonso, muy ofendido
está Dios de tus palabras,
de las blasfemias que dices
y de que tomes venganza.
Vuelve en ti, que si no enmiendas 2620
lo que has dicho y lo que tratas,
grande castigo te espera,
notable rigor te aguarda.
Dios quiere, para que entiendas
lo que a Dios le desagrada 2625
el sentimiento que has hecho,
que no te herede en tu casa
hijo varón; morirán
sin el reino, por desgracias.
Vuelve en ti, no digas cosas 2630
que aun a las piedras espantan,
cuanto más al cielo, a quien
debes eterna alabanza.
                    Vase.
ALFONSO.   Pequé, Señor; ofendí
vuestra Majestad: perdón. 2635

Sale Garcerán. (31)

GARCERÁN.   ¡Qué terrible confusión!
¿Voces el Rey?

---

(30) M, *aparecen vna tramoya vn Angel*; H, *Óyese una música celeste...* / ESCENA XX.
(31) H, ESCENA XXI.

2620. All four editions, *Vuelve a ti*; cf. v. 2630; we emend, assuming a misprint, based perhaps on Ms. reading *ē*.
2623. B, *y notable rigor*; M, *rigor te espera*.
2625. M, B, *le desagradas*.
2632. M, B, *Quanti mas*.

ALFONSO.	¡Ay de mí!
GARCERÁN.	Señor, ¿de rodillas vos?
ALFONSO.	Pues ¿deso te maravillas?
	¿No estará un rey de rodillas 2640
	a un embajador de Dios?
GARCERÁN.	Luz hallé en el aposento
	cuando entré; ya va faltando.
ALFONSO.	Es que yo la voy tomando,
	y de tinieblas saliendo. 2645
	¿No hay una imagen aquí
	de gran devoción y fama?
GARCERÁN.	De la Caridad se llama.
ALFONSO.	Garcerán, llévame allí.
GARCERÁN.	Señor, diferente os hallo: 2650
	idme diciendo lo que es.
ALFONSO.	Haz cuenta que a Pablo ves
	derribado del caballo.

Vanse, y salen la Reina, Enrique, con Blasco, Illán, Beltrán y Clara, dama. (32)

LEONOR.	Aquí dicen que está; que no ha partido.
ILLÁN.	Bien le puedes hablar.
LEONOR.	Primero quiero 2655
	hablar con Dios.
BLASCO.	Ese principio ha sido
	siempre el mejor, más cierto y verdadero.
LEONOR.	La fama que esta imagen ha tenido,
	y lo que de la Santa Reina espero,
	divino original de su hermosura, 2660
	dichoso fin en todo me asegura.
	Entremos en el templo, que sospecho
	que ha de ser de los dos puerta dorada.
ENRIQUE.	Hoy mueva el cielo de mi padre el pecho
	en nido de paloma tan sagrada. 2665

---

(32) H, Vista exterior de la iglesia de la Caridad en Illescas. ESCENA XXII.

2659. M, B, y de lo que.

LEONOR.	Yo haré labrarla del cimiento al techo si me otorga esta paz.
BELTRÁN.	Será llamada casa de paz.
BLASCO.	¿Qué caridad más justa? ¡Oh virtud, de que el cielo tanto gusta!

Descubren la imagen y híncase de rodillas la Reina. (33)

LEONOR.	Hacia aquella parte oscura,	2670
	a rezar, Blasco, me aparto.	
	Toda la gente desvía.	
BLASCO.	Apartémonos, hidalgos. (34)	
ILLÁN.	¿Sola una lámpara tiene	
	casa de tantos milagros?	2675
BELTRÁN.	Gastan todas las limosnas	
	que dan a este templo santo,	
	en sustentar pobres viudas,	
	vestir pobres y curarlos.	
ILLÁN.	¡Obra santa!	
BLASCO.	Y bien grandiosa:	2680
	fue prenda, al fin de tal mano.	
BELTRÁN.	¿Cómo vino aquí?	
BLASCO.	Ildefonso,	
	de Toledo pastor santo,	
	la tenía en su oratorio	
	por un celeste regalo,	2685
	y la envió a dos beatas	
	para consuelo y amparo,	
	y en su casa le hicieron	
	un templo, hasta que ha llegado	
	a la grandeza que hoy vemos.	2690

---

(33) H, Entran en la iglesia. / Interior de la iglesia. / **ESCENA XXIII**.
(34) H, Descubren la imagen, y la Reina se hinca de rodillas y se echa el manto.

2670. Acad., obscura.
2682. M, B, H, Ilefonso.

Salen el rey don Alfonso y Garcerán, alborotados. (35)

ALFONSO.	Entra, amigo, que me abraso.
GARCERÁN.	Descubierta está la Virgen.
ALFONSO.	La fuente es adonde aguardo
	que ha de aplacarse la hierba
	con que tiró mi pecado. 2695
	Oscuro está; bien me viene.
	Quiero dar gritos.
GARCERÁN.	Callando
	oye Dios.
ALFONSO.	Ya lo sé, amigo.
GARCERÁN.	Pide perdón.
ALFONSO.	*(De rodillas.)*
	Ese aguardo.
	Virgen...
	Muy bien sabéis vos... 2700
ALFONSO.	Mi culpa...
LEONOR.	Que sois mi amparo.
ALFONSO.	Perdonalda.
LEONOR.	Y siendo ansí...
ALFONSO.	Vuestro amor...
LEONOR.	Mi Alfonso amado...
ALFONSO.	Me guíe.
LEONOR.	Tenga perdón.
ALFONSO.	Pues sois estrella...
LEONOR.	Miraldo... 2705
ALFONSO.	Y a mi Leonor...
LEONOR.	Que su amor...
ALFONSO.	Me llevad.
LEONOR.	Le trae turbado.
ALFONSO.	¡Garcerán!
GARCERÁN.	Señor, ¿qué tienes?

---

(35) H, ESCENA XXIV.

2694. M, B, acabarse la yerua.
2696. Acad., obscuro.
2706. H, Acad., A mi Leonor.

Alfonso.	Llega a quien está rezando	
	aquí delante, y dirás	2710
	que rece un poco más bajo;	
	que me divierten sus quejas.	

Llega Garcerán a la Reina, que está cubierta con manto. (36)

Garcerán.	Cierto hidalgo apasionado	
	suplica a vuestra merced,	
	—no que suspenda su llanto—:	2715
	que su devoción no aumente,	
	y a este Sol divino y claro	
	pida su luz, mas que un poco	
	baje la voz, entretanto	
	que hace una cuenta que está	2720
	confusa entre miedo y llanto,	
	y le divierten las voces.	
Leonor.	Decid, señor, a ese hidalgo	
	que yo he perdido un marido	
	tal, que aunque entre Alfonso octavo,	2725
	no es mejor, y que consiste	
	en el pedirlo el cobrarlo;	
	que me perdone por Dios.	
Garcerán.	Justo es, señora, estimarlo.	
	Vuélvese al Rey. (37)	
Leonor.	¿No es Garcerán?	
Enrique.	Él parece.	2730
	¿Si está aquí mi padre amado?	
Leonor.	Si él está aquí, Virgen bella,	

---

(36) Omitted in H, Acad.; see n. 34.
(37) Insertion here correction of H; M, B place this direction between vv. 2728-2729.

2716. H, Acad., ni su devoción no ostente. The meaning of the original reading of vv. 2714-2716 can be explained as "he begs you, not to stop weeping, [but just] to refrain from increasing the demonstration of your devotion..."
2718. M, B, pues que vn poco.
2719. M, B, baxe la luz.

	nuestras paces os encargo.	
ALFONSO.	Déjala, amigo, que llore.	
	Por ventura, podrán tanto	2735
	sus lágrimas que enternezcan	
	aqueste pecho de mármol.	

Llama doña Clara a Garcerán, poniéndose de rodillas a su lado.

CLARA.	¡Ah, caballero! ¿Qué digo?	
	¡Garcerán!	
GARCERÁN.	Al alma ha dado	
	nueva vida aquesa voz.	2740
	¡Clara hermosa!	
CLARA.	Habla más paso.	
	La que hablaste era la Reina.	
GARCERÁN.	¡Santo Dios! Y el Rey, mudado	
	del intento que tenía,	
	es el que está suspirando.	2745
	Luego vuelvo. (38) Gran señor,	
	la Reina...	
ALFONSO.	Llora su agravio...	
GARCERÁN.	Está aquí.	
ALFONSO.	Y tiene razón. (39)	
LEONOR.	*(A Clara.)*	
	Al irse, quedé dudando	
	si era Garcerán amigo.	2750
CLARA.	El Rey, dijo, que ha mudado	
	el intento que tenía,	
	y viene a buscar tus brazos.	
	¿Ves el bulto?	
LEONOR.	Bien le veo.	
	Mueva Dios su pecho airado.	2755
	Quiero hablar, porque me entienda.	
ALFONSO.	*(A Garcerán.)*	
	Estaba, amigo, rezando.	
	No te entendí, y ya me alegro	
	de las nuevas que me has dado.	

---

(38) H, Vuélvese Clara junto a la Reina.
(39) H, Habla Garcerán bajo al Rey.

ENRIQUE.	El cielo ablande su pecho.	2760
LEONOR.	De Dios espero el amparo.	
ALFONSO.	¡Ay, Reina del alma mía!	

ALFONSO.   ¡Ay, Reina del alma mía!
             ¿Dejas de pedir tu agravio
             y procuras mi perdón?
             Garcerán, ¿has escuchado   2765
             quejas tan enternecidas,
             agravios que obliguen tanto
             a pedir perdón, a amar,
             a olvidar el reino y mando,
             y arrojándome a sus pies,   2770
             decirle yo su cuidado?
             La humildad obliga a Dios,
             y perdón alcanza el llanto.
               Diciendo esto se llega a la Reina, y ella se alborota.

LEONOR.   ¡Ay, Jesús!
ALFONSO.   Yo soy, señora.
             Virgen, juramento os hago,   2775
             en señal que viví ciego
             y por vos la vista aguardo,
             de adorar a mi Leonor
             mientras de mi vida el plazo
             llega a sus últimos fines,   2780
             deuda que pagar aguardo.

               Abrázanse.

LEONOR.   Indigna soy de esos brazos.
GARCERÁN.   Llegad todos, caballeros.
BELTRÁN.   ¿Qué gente es ésta? Apartaos.
GARCERÁN.   El Rey es.
BLASCO.   ¡Señor!...
ALFONSO.   Amigos,   2785
             conozco que anduve errado,
             nadie lo pasado trate.

2776. M, B, que en señal.
2777. H, Acad., la vida aguardo.

Illán.	Es muy justo.
Enrique.	Padre amado,
	menos airado, bien puedo
	pedir la mano.
Alfonso.	Y mis brazos. 2790
	Volvámonos a Toledo,
	donde mil fiestas hagamos.
Blasco.	Prevendrémoslas al punto.
Illán.	Aquí se acaba, senado,
	Las paces de los dos reyes, 2795
	historia de Alfonso octavo. 2796

*Fin de la comedia de las paces de los reyes
y Judía de Toledo.*

NOTES.

15. *¿Qué dais voces?*: In the early seventeenth century, this interrogative *qué* was still used instead of *por qué* or *para qué* (Cf. also vv. 804, 1225 and 1231): see Dámaso Alonso, *Vida y obra de Medrano*, I (Madrid, 1948), pp. 171-2, 175.

41. *godos* (*godos*, v. 1704, *sangre goda*, v. 2017): Rodríguez Marín, in his edition of *Don Quijote* (Madrid, 1948), I, p. 66, note to line 3: "*Godo*, en la acepción de *noble, descendiente de ilustre y antiguo linaje*." In the vocabulary of Lope, allusions to the Goths are usually synonymous with these qualities: *Los palacios de Galiana*, Acad., XIII, p. 180a, "¡Ah, pobres muros, que otro tiempo fuisteis / Corona de la fuerza de los godos...;" *Corona merecida*, (ed.) J. F. Montesinos, *Teatro antiguo español*, V, vv. 2240-1: here they are put on a plane with the Greeks: "¿Todo lo venze amor? Griegos y godos, / ¿Nadie escapa?"

51. *trujo* (also vv. 641 and 1440; other forms: *trujimos*, v. 1005, *trujera*, v. 1803). Cf. *trajesen*, v. 1714. Rodríguez Marín, ed. *Don Quijote*, I, p. 123, note to line 2: "*Trujo*, pretérito de *traer*, como *trayo* y *traya* presentes de indicativo y de subjuntivo del mismo verbo. Estas últimas formas no han perdurado hasta hoy, pero sí aquélla, entre la gente rústica. En el *Quijote* no recuerdo que jamás se diga *trajo, traje, trajese...* sino *trujo* (141, 4 y 428, 12), *trújole* (173, 6), etc."

65. *Oíd*: scans as a monosyllable.

94. *guardalle*: Assimilation of the final "r" of the infinitive with the "l" of the enclitic pronoun occurs also in vv. 484, 591, 748, 1102, 1252, 1282 and 1284. Only in vv. 484, 591, 1102, 1282 and 1284, where this element is final, could it have been necessitated by the rhyme. Menéndez Pidal, *Manual de gramática histórica española* (Madrid, 1944), p. 285: "Sólo merece notarse que la primera de estas asimilaciones (*cogella*, etc.), no muy abundante en la Edad Media, se puso de moda en la corte de Carlos V, siendo predilecta de Garcilaso, y aunque la desechaban los secretarios de Felipe II, continuaron usándola los poetas durante todo el siglo XVII."

96. *vee* (M and B): Rodríguez Marín, ed. *Don Quijote*, I, p. 362, note to line 2, criticizes modern editors who transform *vee* to *ve*. He indicates that the form was vacillating and, in verse, occasionally scanned as two syllables. Since the latter is not the case here, where the rhyme is with *sé*, we have seen fit to follow the modernization of preceding editors. Cf. *Corona merecida*, edition of J. F. Montesinos, *Teatro antiguo español*, V, vv. 151, 383, 2424 and 2783; *fee*: vv. 2368 and 2535; Rojas, *El viaje entretenido*, p. 59, "se vee," "vee."

138. *ceñilda*: This metathesis of the "d" of the imperative and the "l" of the enclitic pronoun was most frequent during the *Siglo de oro*. Also occurs in vv. 335, 703, 844, 889, 2702 and 2705. Cf. *Llamadlas*, v. 1391.

191. *¿Viene bueno?*: A common phrase in the time of Lope. Cf. *La reina doña María*, Acad., VIII, 626b, María and Garcerán, speaking of the King: "¿Viene bueno?" "Bueno viene;" *La desdichada Estefanía*, Acad., VIII, p. 348b, Isabel to Mudarra: "¿Vienes bueno?"; *Peribáñez*, H, III, 294a, "¿Vienes bueno?"; *Palacios de Galiana*, Acad., XIII, 196a, "¿No vienes bueno...?"

200. *pleito homenaje*: This feudal amplification added nothing to the meaning "homage."

235. *siguro* (B): Cf. Avellaneda, *El Quijote*, p. 348, *asiguro* (vb.).

296. *León*: According to Miguel Herrero-García, "La fauna en Lope de Vega," *Fénix. Revista del tricentenario de Lope de Vega, 1635-1935* (Madrid, 1935), I, p. 62, the lion (here used for punning value) is the animal most preferred by Lope in his borrowings from zoology.

319. *Sentaos*: scans as a two syllable word. Cf. v. 2784 where, because *Apartaos* finishes the line, synaeresis does not take place.

334. *sois del mundo la octava maravilla* (Alfonso to Elvira): Cf. *Peribáñez*, Acad., X, p. 120a, where Toledo is classified as the "otava maravilla."

366. *un tajo* (See also v. 368, *revés*.): D. R. A., "En la esgrima es el corte que se da con la espada, u otra arma cortante, llevando el brazo desde la mano derecha a la izquierda: y se dice assí, a distinción del que llaman revés, que va al contrario desde la izquierda a la derecha." Cf. *Peribáñez*, Acad., X, p. 116b, "...paladines / Armados tiran tajos y reveses;" Avellaneda, *El Quijote*, p. 464, "...Don Quijote estaba con la espada en la mano, viéndole tan furioso, apenas nadie se le osaba llegar porque arrojaba tajos y reveses a diestro y a siniestro..."

368. *un revés*: See note to v. 366. Cf. Avellaneda, *El Quijote*, p. 180, "...sin dar revés con que no hiciesen de un salvaje dos." D. R. A.: "En la esgrima se llama el golpe que se da con la espada diagonalmente, hiriendo en la parte derecha."

390. *quéjaste*: The use of the enclitic pronoun is far more restrained now than it was in the seventeenth century. For other instances: vv. 782, 783, 826, 827, 945, 1200, 1284, 1857 and 2263.

407. *agora* (also vv. 454, 458, 460, 462, 466, 470, 474, 1274, 1315, 1350, 1515, 1872, 1949, 2150, 2189, 2447 and 2563): Menéndez Pidal, *Manual de gramática histórica española*, p. 337, in the section on the formation of adverbs: "hāc horā *agora* (pero con preposición: ad horam, ant. *aora*, mod. *ahora*)." Cf. v. 1340 (M), *aora*.

414. *fuérades*: Old form of the imperfect subjunctive (here a conscious archaism) which existed before the intervocalic vocalized "t" dropped out. Cf. also vv. 1318, 1319 and 1446.

461. *recuerdes*: "wake up." D. R. A., 2nd meaning of *recordar*: "Metaphóricamente vale despertar al que está dormido. En este sentido se usa muchas veces como verbo neutro." Cf. the opening lines of Jorge Manrique's *Coplas*: "Recuerde el alma dormida, / Avive el seso y despierte..."

464. *pífanos*: D. R. A., "Pífano, o pífaro. s. m. Instrumento militar, bien conocido, que sirve en la infantería, acompañado con la caxa. Es una pequeña flauta de muy sonora y aguda voz, que se toca atravesada. *Cajas*: D. R. A.: Caxa (8th meaning): "Se llama también el tambor, especialmente entre los soldados." See also v. 509.

469. *pavés* (also v. 526): D. R. A.: "Pavés. s. m. Escudo largo que cubre casi todo el cuerpo y le defiende de los golpes y heridas del enemigo."

ACT I, n. 17. *gola*: "gorget." D. R. A.: "Arma defensiva que se pone sobre el peto, para cubrir y defender la garganta." Cf. *La boba para otros y discreta para sí*, N. Acad., XI, p. 505a, Diana, preparing herself for battle: "Aprieta la gola bien."

589. *paréceos*: Synaeresis is employed to reduce the word's syllable count to three.

647. *¿darásme qué coma?*: Cf. *El alcalde de Zalamea*, Acad., XII,

p. 586b, "...tiene qué comer;" Avellaneda, *El Quijote*, p. 319, "¿Tiene qué comer?"

671. *aquesta* (also vv. 1758, 2232; *aqueste*, vv. 801, 1695, 1822, 1839, 1917 (2), 2737; *aquesto*, v. 2016; *aquestos*, vv. 1853, 2203, 2348; *aqueso*, v. 2268): Menéndez Pidal, *Manual*, p. 260: "Los demostrativos se resfuerzan en latín con el adverbio demostrativo *ecce*...; y en latín vulgar, además, con el demostrativo ya reforzado *eccum* (en los cómicos latinos por *ecce eum*), de donde *eccu(m)-iste aqueste, aquese.*"

680-1. *Míranse unos a otros, / y a todos tiembla la barba*: D. R. A. Temblar la barba: "Estar, o entrar con cuidado, y rezelo en alguna materia, por su dificultad, o peligro." Cf. these two verses with the following section from Quevedo's *El gran tacaño*, chapter 19, "En esto las doncellitas remataron la conversación con pedir algo de merendar a mis amigos. *Mirábase el uno al otro, y a todos tiembla la barba.*" Notice that, though this is prose, the sentence corresponding to Lope's lines actually contains two eight syllable verses.

699. *villano* (also vv. 702, 1352, 1434, 1450, 2052, 2057, 2068 and 2352): D. R. A., "...habitador del estado llano de alguna villa, u aldea, a distinción del noble, u hidalgo... Se toma asimismo por rústico, u descortés... Significa también ruin, indigno, u indecoroso." Cf. *Peribáñez*, acad., X, p. 119a, Leonardo, speaking of Peribáñez, "Porque es, aunque villano, muy honrado."

740-1. *No creyera / esto de Alejandro yo*: Rodríguez Marín, ed. *Don Quijote*, III, p. 351, note to line 5: "Al ponderar la esplendidez de alguna persona, se hizo tan común decir *Es un Alejandro*, que don Francisco de Quevedo proscribió esta frase, con otras vulgares, en sus *Premáticas para este año de 1600*..."

758. *juglar*: D. R. A.: "...s. amb. El que entretiene con burlas y donaires, que más comúnmente se llama truhán o bufón."

816. *María*: synaeresis: T. Navarro Tomás, *Manuel de pronunciación española* (Madrid, 1957), p. 164, gives *María* as an example of a widely used name in which the synaeresis is used with greater frequency and liberty than it would be in a less widely used one.

825. *creístes* (this form also used in vv. 869 and 1946): Menéndez Pidal, *Manual*, p. 282, in a discussion of the formation of the perfect tense endings: "-Vos, -STIS > -STES; hasta el siglo XVII sólo se decía *amastes*; pero se quiso uniformar esta desinencia con la general, y o se la proveyó de la dental de *amássedes*, etc., diciendo † *dístedes*, tendencia que no arraigó, o se la proveyó del diptongo de *amáis*, diciendo † *amasteis*; esta forma se acepta ya en el paradigma de una Gramática de 1555, aunque en las Novelas Ejemplares de Cervantes (1613) aparece sólo una vez: *hizisteis*; Calderón todavía usa -STES, pero luego se generalizó -STEIS."

893. *maravedís*: D. R. A., "Maravedí. s. m. Moneda antigua Española, que unas veces se ha entendido por cierta y determinada, real y efectiva moneda, y otras por número u cantidad de ellas. Según la variación de los tiempos en la estimación del marco de plata, han tenido diversos valores, como también por su diferente calidad y metal; porque los huvo de oro, de plata y de cobre, con distinción de sus nombres por la materia, peso, ley o arbitrio de los príncipes: como maravedís de oro, buenos, u de la buena moneda, viejos, prietos, blancos, cobreños, y otros que se hallan en diversas leyes de estos reinos, como es el Fuero, el Ordenamiento, Partidas, y demás. En el común sentir de los autores se llamaron assí de los Almorábides moros, que se introduxeron en España, y esparcieron estas monedas, aunque otros

le dan otras etimologías. Llamáronse también maravidís o moravidís o morbíes."

894. *cada un año*: Cf. *Los hechos de Garcilaso de la Vega y moro Tarfe*, Acad., XI, p. 218a, "...tapa el un oído."

904. *¡Qué buenos dos mil de juro!*: D. R. A.: "Juro. s. m. En su riguroso sentido vale derecho perpétuo de propiedad."

944. *a buenas noches*: "a oscuras." Cf. Rodríguez Marín, ed. *Don Quijote*, VI, p. 76, note to line 5.

971. *sazón*: D. R. A. (3rd meaning): "Se toma también por lo mismo que ocasión, tiempo oportuno, u coyuntura."

989. *Ingalaterra* (also vv. 2048 and 2135): This spelling also followed in *El marqués de las Naves*, Acad., XIII, 24a; *La boba para los otros, y discreta para sí*, N. Acad., XI, 496b; Rojas, *El viaje entretenido*, p. 138.

999. *Leonor*: Synaeresis is employed whenever this name is used in *Las paces de los reyes* (vv. 1045, 1060, 1105, 1111, 1120, 1540, 1551, 1577, 1578, 1733, 1740, 1851, 2315, 2706 and 2778) and, as far as we have been able to determine, throughout Lope's *comedias*: Cf. *El infanzón de Illescas*, Acad., IX; *El alcalde de Zalamea*, Acad., XII; *La buena guarda*, Acad., V; and *El mejor alcalde, el rey*, Acad., VIII.

1015. *y ir a Córdoba y Sevilla*: Rodríguez Marín, ed. *Don Quijote*, I, p. 90, note to line 2: "Cervantes, como era corriente uso en su tiempo, ponía *y* antes de palabra de inicial *i*, pormenor que consta por la carta que escribió desde Málaga a 17 de noviembre de 1594 y que está reproducida en facsímile en la *Vida de Cervantes* que compuso don Martín Fernández de Navarrete (Madrid, 1819): '...ase me acabado el término —dice—: V. Mg.t sea seruido de que se me den 20 días más en el qual abré acabado con todo y *yré* a entregar el din.º donde se me manda...' En la edición príncipe del *Quijote* hállase algunas veces *e* por *y* cuando sigue *i* o *hi*; pero otras, *y*, como ahora: '...teniendo, como tengo, muger *y* hijos...' (I, xxix, fol. 161): '...*y yré* quieto y pacífico...' (I, xxx, fol. 166 vto.); "...*y yua* cotejando las señas del mandamiento...' (I, xlv, fol. 277 vto.)." See also v. 2604.

1069. *lo menos que miro en vos*: Cf. *Peribáñez*, Acad., X, 110a-b: Casilda to Peribáñez: "...¿cómo te diré / lo menos que miro en ti, / Que lo más del alma fue?"

1075-9. Lope again refers to the posthumous honor awarded to Esteban Illán in *Las dos bandoleras*, Acad., IX, p. 86. Also Rojas, *El viaje entretenido*, p. 459: "Esteban Illán, de quien decienden los señores del linaje de Toledo, cuya imagen está en la iglesia mayor de la dicha ciudad, porque la libertó de cierto tributo."

1101. *Galïana* (also 1457 and 1702): Lope generally uses diaeresis with this name. In *Los palacios de Galiana*, Acad., XIII, 44 of the 45 times the name appears, diaeresis is needed to fill out the syllable count: pp. 164b, 165b, 167b, 169b, 170a, 171a, 171b, 172a, 177a, 177b, 178a (2), 179a, 179b, 180b, 181a (2), 181b, 183b, 184a, 186a (2), 187a, 187b, 189a, 189b, 191a, 192a (3), 192b, 194b (3), 195a, 195b, 197b, 199a, 199b, 200a, 200b and 202b (3); the one exception is: "Que déste pienso que es Galiana idólatra," p. 171b. For information on the palace itself, see Rodríguez Marín, ed. *Don Quijote*, VII, p. 230, note to line 7 and the references given in our note to vv. 1457-8.

1186. *lince*: The following is from the interesting study of Herrero-García, *loc. cit.* I, pp. 72-5: "—Este animal es una especie de lobo indómito... Pero no es este el aspecto con el que aparece generalmente esta alimaña en nuestra literatura. Lope conoció al lince como lo conocían todos sus contemporáneos: por el animal de mayor perspicacia visual que la Naturaleza había producido."

Herrero-García then cites from the *Tratado de los animales terrestres y volátiles* (1613), of Jerónimo Cortés:

> El lince, según Isidoro en el libro XII, es semejante al lobo, aunque difiere en los ojos y nariz y en los pelos que tiene alrededor de los labios, y en el pellejo, porque lo tiene manchado; y así en esto como en lo demás que hemos dicho, es semejante al gato cerval; y en todas las otras partes de su cuerpo es muy parecido al lobo... Entre todos los brutos, el que mejor vee de día y más descubre de noche es el lince; porque es verdad que las lechuzas, buhos y gatos, leones, lobos y ratones veen y descubren mucho a escuras, pero no penetran los cuerpos sólidos y macizos, como el lince.
>
> Para cazar estos animales con facilidad, escriben los expertos cazadores que han de llevar algunos pedazos de vidrio, o de cristal, porque dicen turbárseles la vista en viendo cosas diáfanas, lúcidas o transparentes, y aun escriben muchos doctos que vienen a cegar del todo si atentamente se ponen a mirar las cosas dichas. Y aun dicen que por esta causa no beben de día en las fuentes o ríos, porque temen la ceguera o perturbación de la vista, y así sufren la sed hasta la noche."

Cf. *Audiencias del rey don Pedro*, Acad., IX, 446a, "...mas quien ama de veras / Es un lince en el velar."

1200. *Huélgome de tratar contigo a solas*: Cf. *La boba para los otros, y discreta para sí*, N. Acad., XI, p. 488b, Camilo to Julio, "Huélgome de hablarte a solas."

1244. *Pario mármol*: D. R. A.: "Pario. adj. que se aplica al mármol muy blanco y fino: porque el mejor se halló en la Isla de Paros."

1254. *viento en popa*: D. R. A.: "Es el que hiere a la embarcación en la popa, con el qual se navega con facilidad... Metaphóricamente se toma por la facilidad con que alguna cosa se va adelantando." Cf. *El pleito por la honra*, Acad., VIII, p. 398b, "Pues navega viento en popa / La nave de mi deseo, / Ya, señor, mi honor cobré;" *La desdichada Estefanía*, Acad., VIII, p. 340a, "...llevando la fortuna en popa;" Rojas, *El viaje entretenido*, p. 138, "...viniendo navegando / viento en popa...;" p. 193, "...un galeón / que le viene dando caza, / artillado, fuerte, rico, / viento en popa, mar bonanza..."

1256-7. This biblical account, which, as we have indicated in "Conclusions," p. 61, probably influenced Lope's interpretation of Alfonso's discovery of Raquel, is frequently referred to in the dramatic works of the Fénix. Cf. *Corona merecida*, edited by J. F. Montesinos, *Teatro antiguo español*, V, vv. 1040, 2172; *El viaje del alma*, Acad., II, p. 8b.

1265. *basilisco* (also v. 1569): D. R. A.: "Especie de serpiente, que según Plinio, y otros autores se cría en los desiertos de África. Tiene la cabeza sumamente aguda, y sobre ella una mancha blanca a modo de corona de tres puntas, los ojos son muy encendidos y roxos. El cuerpo es pequeño, y el color de él tira a negro, salpicado de manchas blancas, la cola es larga, y delgada, y de ordinario la trahe enroscada. Con el silvo ahuyenta las demás serpientes, como rey que presume ser de todas, por lo que es llamado también régulo. Es fama vulgar que con la vista y resuello mata, por ser eficacíssimo su veneno." Cf. *El mejor alcalde, el rey,* Acad., VIII, 309b:

> DON TELLO. Pues dime, ingrata,
> ¿Cómo el basilisco mata
> Con sólo llegar a ver?
> ELVIRA. Ése es sólo un animal.
> DON TELLO. Pues ése fue tu hermosura.
> ELVIRA. Mal pruebas lo que procura
> Tu ingenio.
> DON TELLO. ¿Yo pruebo mal?
> ELVIRA. El basilisco mortal
> Mata teniendo intención
> De matar.

1267. G. A. Nauta, "Analecta Lopeana," *Neophilologus,* XIX (Groningen, Den Haag, Batavia, 1934), p. 99, gives the following interpretation of Lope's use of the word *antojos*:

> Dat "antojos" bij Lope en in Lope's tijd hetzelfde is als "anteojos," blijkt vooreerst uit de woordenboeken var vroeger tijd. In de tweede plaats vindt men het bij Lope in *El cuerdo en su casa* I, 6 en III, 13 en in het Sonnet over den kreupele en den blinde, die elkaar helpen, zoodat
>
> Los ojos con los pies del ciego andaban
> Y él trocaba los piés por los antojos. (*Aut. Esp.* 38, 372).
>
> Zie ook het slot van het 3e boek van *La Arcadia,* waar Diana aan Melibeo "unos antojos" geeft om zijn oogen te helpen zien. Voorts wijs ik op Tirso *Don Gil* III, 2; op Velez de Guevara's graftschrift op den graaf van Villamediana († Aug. 1622) in (*Aut. esp.* 23, 214); op Quevedo, *Hora de todos* 36.
> Er is natuurlijk ook een andere vertaling mogelijk:
>
> Een verwoesting door zoo'n lichte verliefdheid?
> Maar dit reflecteert heelemaal niet op de basiliskoogen.

Although the word *antojos* did have this dual connotation in the *Siglo de oro,* it would appear in this case that it is used in the sense rejected by Nauta. There is no necessary relation between these *antojos* and the *basilisco* of verse 1265.

1289. *mar de España*: This is usually a designation of the Atlantic Ocean; Cf. *Peribáñez,* Acad., X, p. 110a: "...todo aquello que baña / Tajo hasta ser portugués, / Entrando en el mar de España;" *Los palacios de Galiana,* Acad., XIII, p. 189b: "...el Tajo, vuelto en mar." Its use in Rojas, *El viaje entretenido,* p. 112:

> De las famosas riberas
> que el sagrado Betis baña,

> en cuyo raudal soberbio
> dieron fondo mis desgracias,
> salieron cuatro galeras
> la vuelta del mar de España,
> las dos para Cartagena,
> las otras dos para Italia.

indicates, however, that the expression may be applicable to various references.

1289-1302. Lucile K. Delano, "The Relation of Lope de Vega's Separate Sonnets to Those in His 'Comedias'," *Hispania* X (1927), pp. 307-20, states that, "For the most part, Lope's monologues were timely and well in keeping with the plot but they were often marred by the artificial diction of the sonnet" (pp. 307-8), and raises the question which is the object of her study, "whether Lope wrote the sonnets in his plays as the need for them arose or whether he made the separate poems which he had written earlier serve the purpose" (p. 307). She was able to trace only fifteen of the some four hundred seventy sonnets which are included in the plays of Lope, conclusive evidence that the Fénix "did not often revert to his separate compositions when he wished to use a sonnet in his *comedias*" (p. 320). This sonnet, which was not among the fifteen traceable ones, corresponds perfectly with Lope's own formula, "el soneto está bien en los que aguardan" (*Arte nuevo de hacer comedias*).

1305. *premática*: D. R. A.: "Premática. s. f. Lo mismo que pragmática. s. f. La ley o estatuto que se promulga o publica, para remediar algún excesso, abuso u daño que se experimenta en la república."

1321. *nonada* (Acad.): We have not seen fit to follow this alteration of the Academy edition in joining the two words, but we note the use of *nonada* as a single word in the early seventeenth century. Rodríguez Marín, ed. *Don Quijote*, IV, p. 149, note to line 6: "*Nonada, o no nada*, equivalente a *nada*, fue adverbio o modo adverbial usadísimo antaño; tanto, que se hizo vulgar refrancillo, cuando uno respondía *nonada* le añadir: 'Tierna es para asada'" (Correas, *Vocabulario de refranes...*, pág. 226a). D. R. A.: "s. f. Poco o muy poco." Cf. Avellaneda, *El Quijote*, pp. 375, 460 and 468.

1338-9. These two lines recall the title of Lope's, *El perro del hortelano*, N. Acad., XIII.

1345. *plantel*: D. R. A.: "s. m. El lugar o sitio donde se crían los arbolillos pequeños, para trasplantar a otra parte... Se toma también por el lugar planteado de árboles frutales."

1354. ¡*Hola*! (also v. 1856): Rodríguez Marín, ed. *Don Quijote*, VI, note to line 7 of p. 62: "...la interjección ¡*hola*!, que sólo se decía a criados de baja estofa y a gente de ínfima calidad... 'A todos [vuestros criados] —dice Suárez de Figueroa en el alivio IX de *El Passagero*— obligaréis con semblante alegre, con palabras corteses, llenas de amor, de caricias. Dispenso en que uséis el *ola*, sólo en ocasiones de visitas, por acomodaros al estilo graue de señores, con aditamento que boluáis luego a la acostumbrada llaneza.' Teníase, en efecto, por descortés y aun por tan despectivo el ¡*hola*!, que muchos no lo escuchaban sin repulsa, como ocurría /63/ con frequencia en nuestro teatro. Tirso de Molina, en el acto II de *Averígüelo Vargas*:

> D. DUARTE.   ¡*Hola*! ¿oís?
> TABACO.   ¿Quién es la *ola*?

Hablad como habéis de hablar;
Que aunque la corte sea mar,
No tengo yo de ser *ola.*

El mismo autor, en el acto II de *El celoso prudente:*

ENRIQUE. ...¡*Hola,* hombre honrado!
GASCÓN. Hombre sí; que esotro no.
ENRIQUE. ¿No sois honrado?
GASCÓN. Con *ola*
No; que la honra viene sola;
Y como *ola* me llamó,
No puedo ser hombre honrado;
Que las honras, como es cierto,
Se suelen hacer a un muerto,
Pero nunca a un *oleado."*

1360. *¿a quién digo?* (also v. 1856): Cf. Rojas, *El viaje entretenido,* pp. 92, 93 and 114; Avellaneda, *El Quijote,* p. 426, used, as usual, with ¡*Hola!* (See note to v. 1354.) and p. 518.

1364. *Hebrero:* Old form of "febrero;" Cf. el Marqués de Mondéjar, *Memorias,* "Apéndices," p. cviii, "el mes de Hebrero."

1369. *Oíd norabuena:* The long-established use of *norabuena,* and its being thought of as a completely independent word, is indicated by the pleonasm we find in *Corona merecida,* ed. J. F. Montesinos, *Teatro antiguo español,* V, v. 2755, "en norabuena."

1380. *Está el hombre trabajando:* In old (substandard) Spanish, *el hombre* was the equivalent of *yo;* Cf. Fr. *on.*

1391-1415. Cf. Belardo's satirical response with the conversation of Laurencia and Frondoso in *Fuenteovejuna,* Acad., X, p. 534b:

FRONDOSO. Dios os guarde, hermosas damas.
LAURENCIA. ¿Damas, Frondoso, nos llamas?
FRONDOSO. Andar al uso queremos:
Al bachiller, licenciado, etc.

1424. *Quien son:* This form of the relative pronoun served as singular and plural in the seventeenth century; Cf. Rodríguez Marín, ed. *Don Quijote,* I, p. 29, note to line 7, and Bello, *Gramática* (10th ed. — Madrid, 1875), p. 100.

1457-8. *supuesto que Galiana / se volvió después cristiana:* For accounts of the legend of Galiana and her *palacios,* see Lozano, *Los reyes nuevos de Toledo,* Chapter IV, "De los nombrados Palacios de la Infanta Galiana, que aun oy duran en Toledo," pp. 26-30, and Menéndez Pelayo's *estudio preliminar* to *Palacios de Galiana, Estudios sobre el teatro de Lope de Vega,* VI, pp. 259-290.

1494-5. References to the biblical account of the love of Jacob for the beautiful Rachel, which probably influenced Lope in naming the Jewess, are frequent in the dramaturgy of the Fénix. Our most incomplete list of allusions contains *La desdichada Estefanía,* Acad., VIII, p. 343b: *Audiencias del rey don Pedro,* Acad., IX, p. 474b; *La buena guarda,* Acad., V, p. 335a; *San Nicolás de Tolentino,* Acad., IV; and *El capellán de la Virgen,* Acad., IV, p. 500b.

1505-7. *Blasco.* Parece que tienes celos. / *Leonor.* Tengo a lo menos recelos, / que deudos cercanos son: Cf. *La reina doña María,* Acad., VIII, p. 620a: *D. Guillén.* Luego ¿su mercé trae celos? / *D. Pedro.* Sospechas, que hermanos son.

1603. *leas*: scans as a monosyllable.

1706. *fuerza*: D. R. A. (tenth meaning): "Se toma también por la plaza murada, y guarnecida de gente para su defensa..." Cf. v. 979, which H, Acad. have emended with this meaning of *fuerzas* in mind.

1775. *tien cerca*: Cf. *La reina doña María,* Acad., VIII, p. 620b: "¡Juro a Dios que vien borracho!"

1792. *rodela*: D. R. A.: "s. f. Escudo redondo y delgado que embrazado en el brazo izquierdo, cubre el pecho al que pelea con espada."

1833-4. See our section, "Lope and the *Romancero*," pp. 53-56. Cf. Avellaneda, *El Quijote,* p. 109, where 4 lines of the popular *romance* appear mis-quoted:

> Rey don Sancho, rey don Sancho,
> me dirás que no te aviso
> que del cerco de Zamora
> un traidor había salido.

Instances such as this would appear to indicate that the *romances* were quoted from memory, which was not always perfect.

1857. *despareciose*: Note the syncope of "a;" probably to reduce verse to eight syllables, but *desparecer* was common in Old Spanish (cf. *disparaître* (Fr.) and *disparire* (It.).

1870. *seas*: scans as a monosyllable twice in the same verse.

1887. Synaloepha reduces *veo una* to two syllables.

1975. *un hora* (also v. 2418): Cf. Américo Castro, *Teatro antiguo español,* II, p. 234, note to v. 1955, where he finds *un hora* in Rojas Zorrilla's *Cada qual lo que le toca y la viña de Nabot,* and gives reference to Hanssen, *Gramática histórica de la lengua castellana* (Hall, 1913), par. 182, p. 84: "En el artículo indefinido, *un* se ha originado por síncope sintáctica... En antiguo castellano, se halla también *un ora* y otros casos parecidos." Cf. also, *Corona merecida,* ed. J. F. Montesinos, *Teatro antiguo español,* V, vv. 316, 764, 1056 and 1635; Tirso de Molina, *Cigarrales,* p. 309, (prose) "por un horas."

2100-3. Nauta, *Loc. cit.,* p. 100, cites an interesting source for this image: "De prins is wel heel goed thuis in de wetten des lands, die n. b. pas een honderd jaar later in zwang zijn! Dit is één der vele anachronismen bij Lope. Pas Alfonso X, "de Spaansche Justinianus" heeft in de wetten der *Siete partidas* en wel partida 2, titulo 5, ley 4 geschreven: los reyes son como espejo en que los homes veen su semejanza de apostura ó de enatieza. (Madridsche uitgave van 1807, tomo 2, pag. 28)."

2181. *vía* (final — for *veía*): Rodríguez Marín, ed. *Don Quijote,* I, p. 170, note to line 11, in criticism of editors who have corrected this form: "Y ¿por qué no *vía,* como dice la edición original y como se ha escrito corrientemente por nuestros autores del siglo XVI? Sabido es que en el *Cántico espiritual entre el Alma y Cristo su Esposo,* de San Juan de la Cruz, dice la Esposa:

> Cuando tú me mirabas
> Su gracia en mí tus ojos imprimían:

> Por eso me adamabas,
> Y en eso merecían
> Los míos adorar lo que en ti *vían.*

/171/ Aún dice *vía,* por *veía,* nuestro vulgo. Una copla popular andaluza (número 4688 de mi colección de *Cantos populares españoles,* Sevilla, 1882-83):

> Ar prinsipio de quererte
> Estaba siego y no *bía;*
> Ya me se quitó la benda
> Qu' en los ojiyos tenía."

Cf. *El marqués de las Navas,* Acad., XIII, p. 21a; *La desdichada Estefanía,* Acad., VIII, p. 343b; *El mejor alcalde, el rey,* Acad., VIII, 309b; Tirso de Molina, *Cigarrales,* pp. 265 and 325; Avellaneda, *El Quijote,* p. 529 (*vían*), p. 540.

2242. *una muerte* (also v. 2301): D. R. A. (4th meaning): "Se toma assimismo por el esqueleto humano, o en sí mismo, u pintado." Cf. Avellaneda, *El Quijote,* p. 548, "...no parecía [Don Quijote] sino una muerte hecha de la armazón de huesos que suelen poner en los cimenterios que están en las entradas de los hospitales."

2255. *sedal*: D. R. A.: "s. m. El hilo, o cuerda a que se ata el anzuelo por una parte, y por la otra la caña de pescar. Covarr. siente se dixo assí quasi cerdal, por hacerse de cerdas; pero es más natural venga de la voz *seda,* que también significa cerda."

2258. *estriba*: D. R. A., 3rd meaning of *estribar*: "Vale también afianzar, assegurar y poner firme y estable o segura alguna cosa. En este sentido es verbo activo, y tiene muy poco uso. Lat. Fulcire. Firmare. Hortens. *Paneg.* pl. 161 — La máquina es prodigiosa, no se perderá nada en *estribar* más la basa, en assegurar más el fundamento."

2442. *estrado* (also v. 2540): Rodríguez Marín, ed. *Don Quijote,* III, p. 52, note to line 7: "Llamábase *estrado* en el tiempo de CERVANTES, según Covarrubias, el 'lugar donde las señoras se sientan sobre cojines y reciben las visitas'. Díjolo también Minsheu en sus *Diálogos familiares,* reimpresos por Juan de Luna, César oudin, etc.:

> '*Maestro.* Conuiene notar que el mejor lugar para sentarse es el más junto del *estrado,* que es un lugar en que las damas se sientan, leuantado de tierra un palmo, cubierto de alhombras y lleno de almohadas...'

En estas almohadas, dentro del estrado, se sentaban las mujeres; y los hombres, en sillas, fuera de él, pues no ocupaba sino una parte de la sala. Aunque gatuno, el estrado que describe Lope de Vega en *La Gatomachia* (apud *Rimas humanas y divinas,* fol. 117) nos acabará de entrar a maravilla de lo que era un estrado en aquel tiempo:

> Estaua el rico estrado
> De dos pedaços de una vieja estera
> Hecha la varandilla,
> De ricas almohadas adornado
> En tarimas de corcho, y por defuera,
> El graue adorno de una y otra silla...

Sobre ellos, en efecto, solían dormir la siesta: decláralo el mismo CERVANTES, por boca del alférez Campuzano, en *El Casamiento engañoso*: "...almorzaba en la cama, levantábame a las once, comía a las doce, y a las dos *sesteaba en el estrado*."

2470. *y el blanco pecho en púrpura bañado*: Cf. the more elaborate verses from the death scene in the *Jerusalén conquistada*, Book XIX:

> ...y descubriendo el pecho
> apuntaron al blanco de su nieve;
> ... ...
> que es vestido y alfombras del estrado
> dejó en caliente púrpura bañado.

2547-8. *Aconsejarte / quiero dos harto forzosas*: An elliptical verse, which omits *cosas*.

2587. *ellos son cansados*: In this expression, we would today have to use *estar*.

2592. *presto*: Probably an italianism; D. R. A.: "Usado como adverbio, vale lo mismo que luego, al instante, con gran prontitud y brevedad."

2741. *Habla más paso*: "Speak more quietly." Cf. *El infanzón de Illescas*, Acad., IX, p. 496a, Cordero to Tello: "Habla paso;" and Lope's line "Quedito, pasito, amor," in

> Si os partiéredes al alba
> quedito, pasito, amor,
> no espantéis al ruiseñor...
> (Montesinos ed. *Poesía lírica*, I, p. 155.)

2742. *la que hablaste era la reina*: Cf. *Corona merecida*, ed. J. F. Montesinos, *Teatro antiguo español*, V, v. 344, "quieres que la hable," and v. 1097, "llama y habla esta mujer."

VERSIFICATION

TABLE OF STROPHIC FORMS EMPLOYED

	VERSE NUMBERS	LENGTH IN SYLLABLES	STROPHIC FORMS EMPLOYED	VERSES IN GROUP
ACT I	1-42	11	Suelto	42
	43-242	8	Redondilla	200
	243-282	11	Octava real	40
	283-314	8	Redondilla	32
	315-346	11	Octava real	32
	347-373	11	Suelto	27
	374-381	11	Octava real	8
	382-944	8	Redondilla	563 (1)
				(944)
ACT II	945-956	8	Redondilla	12
	957-1028	8	Romance (a-o)	72
	1029-1044	11	Octava real	16
	1045-1119	8	Quintilla	75
	1120-1199	8	Redondilla	80
	1200-1288	11	Terceto	89
	1289-1302	11	Soneto	14
	1303-1355	8	Redondilla	53 (2)

(1) Includes 140 *redondillas* and 3 verses of a defective *redondilla*.
(2) Includes 12 *redondillas, one pareado* and three verses of a defective *redondilla*.

	1356-1371	8	Romance (e-a)	16
	1372-1375	6	Canción	4
	1376-1451	8	Romance (cont. in e-a)	76
	1452-1631	8	Redondilla	180
	1632-1640	11	Suelto	9
	1641-1670	7,11	Lira	30
	1671-1696	11	Suelto	26
	1697-1832	8	Redondilla	136
	1833-1904	8	Romance (i-o)	72
				(960)
ACT III	1905-1939	11	Suelto	35
	1940-2051	8	Romance (o-a)	112
	2052-2107	8	Redondilla	56
	2108-2144	11	Terceto	37
	2145-2368	8	Redondilla	224
	2369-2458	8	Romance (e-a)	90
	2459-2476	7,11	Lira	18
	2477-2572	8	Redondilla	96
	2573-2615	11	Terceto	43
	2616-2633	8	Romance (a-a)	18
	2634-2653	8	Redondilla	20
	2654-2669	11	Octava real	16
	2670-2796	8	Romance (a-o)	127
				(892)
TOTAL				2,796 (3)

---

(3) Morley and Bruerton, *Chronology*, p. 227, indicate a total verse count of 2,778. The difference is accounted for in the following manner: they add 1 at v. 816, 2 around v. 1218, 2 around vv. 1306-7, 1 before v. 1325 and 1 after v. 2781 (in each case, to complete what they consider a defective strophe); they do not count vv. 1356-59, 1364-67, 1372-75, 1833-36 and 1841-48, which are classified as songs (See *Chronology*, p. 4). Also, since they use the Academy edition, they do not count v. 1910 of our edition. Dr. Morley, in a letter of January 2, 1958, kindly confirmed this analysis of the discrepancy between their figures and ours.

STROPHIC DISTRIBUTION

STROPHIC FORM	ACT I	ACT II	ACT III	VERSES	PERCENTAGE
Redondilla	795	461	396	1652	59.084
Romance	—	236	347	583	20.851
Terceto	—	89	80	169	6.044
Suelto	69	35	35	139	4.971
Octava real	80	16	16	112	4.005
Quintilla	—	75	—	75	2.682
Lira	—	30	18	48	1.716
Soneto	—	14	—	14	.500
Canción	—	4	—	4	.143
TOTALS	944	960	892	2,796	99.996 %

STROPHIC DISTRIBUTION BY ACT

	STROPHIC FORM	NUMBER OF VERSES	PERCENTAGE
ACT I	Redondilla	795	84.216
	Octava real	80	8.474
	Suelto	69	7.309
	TOTALS	944	99.999 %
ACT II	Redondilla	461	48.020
	Romance	236	24.583
	Terceto	89	9.270
	Quintilla	75	7.812
	Suelto	35	3.645
	Lira	30	3.125
	Octava real	16	1.666
	Soneto	14	1.458
	Canción	4	.416
	TOTALS	960	99.995 %

ACT III	Redondilla	396	44.394
	Romance	347	38.901
	Terceto	80	8.968
	Suelto	35	3.923
	Lira	18	2.017
	Octava real	16	1.793
	TOTALS	892	99.996 %

	NUMBER OF VERSES	PERCENTAGE
Spanish lines.	2,314	82.761
Italian lines.	482	17.238
TOTALS	2,796	99.999 %

RHYME

In our analysis of the rhyme words used by Lope, we detect one false rhyme, various instances of the repetition of the same word (usually used once as a substantive and then as a verb), and, in the most extensive category, simple and compound words in two classes of combinations; those in which the rhyme words have related meanings and those in which they have not. Note that in these tables, and throughout the play, several rhymes are constantly repeated.

FALSE RHYME	VERSE NO.	WORD	VERSE NO.	WORD	TYPE PASSAGE
ACT III	2642	aposento	2645	saliendo	Redondilla

REPETITION OF SAME WORD

ACT I	307	pechos	310	pechos	Redondilla
	312	ellos	313	ellos	Redondilla
	603	vos	604	vos	Redondilla
	938	quiera	939	quiera	Redondilla
ACT II	1216	reino(s)	1218	reino(v)	Terceto
	1246	ella	1248	ella	Terceto
ACT III	2161	reina(s)	2164	reina(v)	Redondilla
	2194	puesto(v)	2195	puesto(s)	Redondilla
	2610	cielo	2614	cielo	Terceto

SIMPLE AND COMPOUND WORDS — A. RELATED MEANING

ACT I	59	bien	62	también	Redondilla
	192	fuerza(s)	193	esfuerza(v)	Redondilla
	215	fuerzas(s)	218	esfuerzas(v)	Redondilla
	252	ella	254	della	Octava Real
	295	defenderme	298	ofenderme	Redondilla
	324	defensa	326	ofensa	Octava Real
	438	más	441	jamás	Redondilla

	VERSE NO.	WORD	VERSE NO.	WORD	TYPE PASSAGE
	439	dél	440	él	Redondilla
	498	guarde	501	aguarde	Redondilla
	502	culpa	505	disculpa	Redondilla
	910	también	911	bien	Redondilla
ACT II	1136	ella	1139	della	Redondilla
	1209	consejo	1211	aconsejo	Terceto
	1210	imposible	1214	posible	Terceto
	1303	donaire	1306	aire	Redondilla
	1505	celos	1506	recelos	Redondilla
	1552	bien	1555	también	Redondilla
	1593	también	1594	bien	Redondilla
	1600	recelos	1603	celos	Redondilla
ACT III	2126	celo	2128	recelo	Terceto
	2198	también	2199	bien	Redondilla
	2222	también	2223	bien	Redondilla
	2460	descompongas	2461	pongas	Lira
	2589	declara	2591	clara	Terceto

SIMPLE AND COMPOUND WORDS — B. UNRELATED MEANING

	VERSE NO.	WORD	VERSE NO.	WORD	TYPE PASSAGE
ACT I	115	años	118	desengaños	Redondilla
	430	enojos	433	ojos	Redondilla
	542	alto	545	falto	Redondilla
	591	defendellas	592	ellas	Redondilla
	602	años	605	extraños	Redondilla
	771	esto	772	presto	Redondilla
	837	daños	840	años	Redondilla
	894	año	895	engaño	Redondilla
	905	caben	908	acaben	Redondilla
	922	ojos	923	enojos	Redondilla
ACT II	1100	ellos	1102	vellos	
	1104	dellos			Quintilla
	1181	arboleda	1182	leda	Redondilla
	1264	pecho	1266	sospecho	Terceto
	1265	ojos	1267	antojos	
	1269	enojos			Terceto

	VERSE NO.	WORD	VERSE NO.	WORD	TYPE PASSAGE
ACT III	1276	desdora	1278	adora	Terceto
	1496	Toledo	1499	ledo	Redondilla
	2100	trofeos	2103	feos	Redondilla
	2253	sido	2256	asido	Redondilla
	2510	ojos	2511	enojos	Redondilla
	2521	años	2524	extraños	Redondilla
	2569	despecho	2572	pecho	Redondilla
	2586	seas	2590	deseas	Terceto
	2662	sospecho	2664	pecho	Octava Real

HIATUS

Customarily, synaloepha with the last accentuated syllable of a line is avoided when this syllable begins a word.

ACT I	177	de Toledo, si es que // amas.
	185	la vida de lo que // ama.
	592	pues si vengo contra // ellas.
	680	Míranse // unos a // otros.
	845	con las llaves quiero // ir.
	907	¿Tú eres rey? ¡Tirano // eres!
But cf.	195	a Gutier Fernández, que es.
	216	no se le dan, y ésta, que es.
ACT II	999	le ofreció a Leonor, su // hija. (or: ofreció // a).
	1189	No para ver lo que // ama.
	1452	Con diligencias que // hice.
	1717	Alfonso, ¿no es rey? Sí // es.
	1787	¡Otro! Soltado se // han.
	1836	de aquel Rey que rey te // hizo.
But cf.	947	Después trataremos de eso.
ACT III	1967	de su fama y de su // honra.
	2044	es éste Enrique, mi // hijo.
	2062	tan bastardo como // él.
	2236	Es muy presto. ¿Presto // es?
	2381	No hay árbol donde no // hagan.
	2506	cuando más daño me // haces.
	2550	la segunda, que le // hables.
	2557	Habla al Rey, lleva a tu // hijo.
But cf.	2047	manos, fuerzas, sangre ni honra.
	2651	idme diciendo lo que es.

The same is generally true when dealing with the first accentuated syllable of a line:

ACT I	200	si // hizo pleito homenaje.
	280	la // haga de vitorias siempre honrada.

	445	no // hablo de amor de veras.
	679	a // hombres como vosotros.
	830	la // habla. Ya es justa ley.
But cf.	533	a ella luto a él la muerte.
	660	No es mi señor un traidor.
ACT II	1036	que // haga el cielo en sucesión dichosa.
	1633	ha // hecho de la gente que ha llegado.
	1854	yo // entro. ¡Cielo divino!
	1857	¿No // hablas? Despareciose.
But cf.	1015	y ir a Córdoba y Sevilla.
	1053	ni esta poblada montaña.
ACT III	—	no instances.

Other cases:

ACT I	376	heroico // hijo. Es sol que resplandece.
	835	lo que // hice disculpad.
	906	a cada // ojo. ¿Qué quieres?
ACT II	1289	No te engrandezcas ya, // ¡oh mar de España!
	1786	¡Truenos..., y en la // era el pan (or: era // el).
	1867	¿Eres sombra // o eres hombre?
	1885	Mas ¿qué // haces a la puerta?
ACT III	2164	sois quien en mi // alma reina.
	2517	Pues si a mí ha // hecho Dios.
	2686	y la envió // a dos beatas.
	2688	y en su casa le // hicieron.

BIBLIOGRAPHY

Abbott, J. S. C. *The Romance of Spanish History.* New York: Harper and Brothers, 1897.
Alonso, Dámaso. *Vida y obra de Medrano.* I. Madrid: Consejo Superior de Investigaciones Científicas, 1948.
Álvarez Espino, Romualdo. *Ensayo histórico-crítico del teatro español desde su origen hasta nuestros días.* Cádiz: Tip. La Mercantil, 1876.
Amador de los Ríos, D. José. *Estudios históricos, políticos y literarios sobre los judíos de España.* Madrid: Imprenta de D. M. Díaz y Comp., 1848.
——. *Historia social, política y religiosa de los judíos de España y Portugal.* Madrid: Imprenta de T. Fortanet, 1875.
Arteaga, Don Félix de. *Obras póstvmas, divinas, y hvmanas.* Alcalá: Imprenta de María Fernández, 1650.
Arvin, Neil Cole. *Eugène Scribe and the French Theatre.* Cambridge: Harvard University Press, 1924.
Aschner, S. "Zur Quellenfrage der 'Jüdin von Toledo'." *Euphorion.* XIX. Leipzig and Wien: Carl Fromme, 1912.
Asquerino, Don Eusebio. *La Judía de Toledo o Alfonso VIII — Drama original en cuatro jornadas y en verso.* Madrid: Imprenta de Repullés, 1842.
Atkinson, William C. *Spain — A Brief History.* London: Methuen and Co., Ltd., 1934.
——. *A History of Spain and Portugal.* London: Penguin Books Ltd, The Whitefriars Press, 1960.
Avellaneda, Alonso Fernández de. *El Quijote. Segundo tomo del Ingenioso Hidalgo Don Quijote de la Mancha, que contiene su tercera salida y es la quinta parte de sus aventuras.* Madrid: M. Aguilar, 1947.
Barrera y Leirado, D. Cayetano Alberto de la. *Catálogo bibliográfico y biográfico del teatro antiguo español, desde sus orígenes hasta mediados del siglo XVIII.* Madrid: M. Rivadeneyra, 1860.
Berger, Alfred Freiherr von. "Das 'Glük' bei Grillparzer." *Jahrbuch der Grillparzer-Gesellschaft.* X. Wien: Verlag von Carl Konegen, 1900.
Bruerton, Courtney. "On the Chronology of Some Plays by Lope de Vega." *Hispanic Review.* III. Philadelphia: University of Pennsylvania Press, 1935.
Capdepón, Mariano. *Raquel, drama lírico en tres actos.* Second edition. Madrid: Imprenta de José Rodríguez, 1891.
Catálogo de la Exposición Bibliográfica de Lope de Vega, organizada por la Biblioteca Nacional. Madrid: Gráfica Universal, 1935.
Catálogo de las piezas de teatro que se conservan en el departamento de manuscritos de la Biblioteca Nacional. II (Teatro moderno). Madrid: Blass, S. A. Tipográfica, 1935.

Cazotte, Jacques. "Rachel, ou la belle Juive." *Bibliothèque Nationale.* Paris: Bureaux de la publication, 1865.

Cervantes Saavedra, Miguel de. *El ingenioso hidalgo Don Quijote de la Mancha* (Nueva edición crítica dispuesta por R. Marín) I-X. Madrid: Tal. "Aldus," 1947.

———. *Obras completas.* Madrid: Aguilar, S. A., 1952.

Cirot, Georges. "Alphonse le noble et la Juive de Tolède." *Bulletin Hispanique.* XXIV. Bordeaux-Paris, 1922.

———. "Chronique latine des rois de Castille jusqu'en 1236." *Bulletin Hispanique.* XIV, 1912.

Coenen, Frederic E. *Franz Grillparzer's Portraiture of Men.* Chapel Hill: The Orange Printshop, 1951.

Colmenares, Diego de. *Historia de la insigne ciudad de Segovia y compendio de las historias de Castilla.* Segovia: Diego Díez, 1637.

Cossío, José María de. *Lope, personaje de sus comedias. Discurso leído el día 6 de junio de 1948, en su recepción pública.* (Real Academia Española.) Madrid: Talleres tipográficos de la Editorial Espasa-Calpe, S. A., 1948.

Cotarelo y Mori, Emilio. *Mira de Amescua y su teatro-estudio biográfico y crítico.* Madrid: Tipografía de la "Revista de Archivos," 1931.

Crónica de 1344 [Ms. 10815, Biblioteca Nacional, Madrid].

Delano, Lucile K. "The Relation of Lope de Vega's Separate Sonnets to Those in his 'Comedias'." *Hispania.* X, No. 1. Stanford: Stanford University Press, 1927.

Diálogo trágico. Titulado: La Raquel. Fácil de executar en casas particulares, sacado de la historia, y adornado con intervalos de música. Por un aficionado. Con licencia. Se hallará en la librería de Don Isidro López, Calle de la Cruz, y en el puesto de Josef Sánchez, Calle del Príncipe [s. a.].

Diamante, Juan Bautista. "La Judía de Toledo." *Comedias varias nvnca impressas, compvestas por los meiores ingenios de España* [*Comedias escogidas*]. XXVII. Madrid: Andrés García de la Iglesia, 1667.

Diccionario de historia de España desde sus orígenes hasta el fin del reinado de Alfonso XIII. I, II. Madrid: Artes Gráficas, 1952.

Diccionario de la lengua castellana... compuesto por la Real Academia Española. I-VI. Madrid: En la Imprenta de la Real Academia Española: los Herederos de Francisco del Hierro, 1726.

Durán, Agustín (ed.). "Romancero general o colección de romances castellanos anteriores al siglo XVII." *Biblioteca de autores españoles.* XVI. Madrid: M. Rivadeneyra, 1851.

Entrambasaguas, Joaquín de. "Proyecto de una edición de las 'Obras completas' de Lope de Vega." *Revista de Bibliografía Nacional.* V. Madrid, 1944.

Farinelli, Arturo. *Grillparzer und Lope de Vega.* Berlin: Verlag von Emil Felber, 1894.

Fernández y González, Francisco. *Instituciones jurídicas del Pueblo de Israel en los diferentes estados de la península ibérica desde su dispersión en tiempo del Emperador Adriano hasta los principios del siglo XVI,* Madrid: Imprenta de la Revista de Legislación, 1881.

Fernández de Navarrete, Don Martín. "Disertación histórica sobre la parte que tuvieron los españoles en las guerras de ultramar o de las cruzadas, y como influyeron estas expediciones desde el siglo XI hasta el XV en la extensión del comercio marítimo y en los progresos del arte de navegar."

Memorias de la Real Academia de la Historia, V. Madrid: Imprenta de Sancha, 1817.
Feuchtwanger, Lion. *Raquel, the Jewess of Toledo*. Translated from the German by Ernst Kaiser and Eithne Wilkins. New York: Julian Messner, Inc., 1956.
————. *Spanische Ballade*. Hamburg: Rowohlt Verlag, 1956.
————. *This is the Hour*. Translated by H. T. Lowe-Porter and Frances Fawcett. New York: The Viking Press, 1951.
Fita, R. P. Fidel. "Elogio de la Reina de Castilla y esposa de Alfonso VIII, Doña Leonor de Inglaterra." (Leído en la Junta pública del 1.º de Noviembre de 1908.) *Memorias de la Real Academia de la Historia*. XII. Madrid: Est. Tip. de la viuda e hijos de M. Tello, 1910.
Fitzmaurice-Kelly, Jaime. *Historia de la literatura española*. Madrid: Imprenta Viuda e Hijos de Jaime Ratés, 1926.
Flórez, P. Mro. Fr. Henrique. *Memorias de las reynas cathólicas, historia genealógica de la casa real de Castilla y de León, todos los infantes: trages de las reynas en estampas: y nuevo aspecto de la historia de España*. I-II. Madrid: por Antonio Marín, 1761.
Foulché-Delbosc, R. "Les *Castigos e documentos* de Sanche IV." *Revue Hispanique*. XV, 1906.
García Araez, Josefina. *Don Luis de Ulloa Pereira*. Madrid: Consejo Superior de Investigaciones Científicas, 1952.
García de Diego, V. *Antología de leyendas de la literatura universal*. I-II. Reimpression of the second edition. Barcelona: Editorial Labor, S. A., 1955.
García de la Huerta, Vicente. *Catálogo alphabético de las comedias, tragedias, autos, zarzuelas, entremeses y otras obras correspondientes al teatro hespañol*. Madrid: Imprenta Real, 1785.
————. "La Raquel." *El teatro español. Historia y antología*. V. Madrid: M. Aguilar, 1943.
Gayangos y Arce, Pascual de (ed.). "Castigos e documentos del rey don Sancho." *Biblioteca de Autores Españoles*. LI. Madrid: M. Rivadeneyra, 1860.
Gómez de Salazar, J. "Alphonse VIII et Doña Fermosa." *Evidences*. No. 22. Paris, December, 1951.
González Palencia, Ángel. "Pleito entre Lope de Vega y un editor de sus comedias." *Boletín de la Biblioteca Menéndez y Pelayo*. III. Santander: Talleres tipográficos J. Martínez, 1921.
Graetz, Heinrich. *Volkstümlichte Geschichte der Juden*. I-III. Berlin-Wien: Benjamin Harz Verlag, 1923.
Grillparzer, Franz. "Die Jüdin von Toledo." *Gesammelte Werke*. V. Wien: Kunstverlag Anton Schroll und Co., 1923.
————. "Studien zum spanischen Theater." *Sämtliche Werke*. XIV. Berlin-Leipzig: Verlag von Th. Knaur Nachf [s. a.].
Groussac, Paul. "Le livre des *Castigos e Documentos* attribué au roi D. Sanche IV." *Revue Hispanique*. XV, 1906.
Hanssen, Federico. *Gramática histórica de la lengua castellana*. Hall: Max Niemeyer, 1913.
Herrero-García, Miguel. "La fauna en Lope de Vega." *Fénix. Revista del tricentenario de Lope de Vega, 1635-1935*. Directores: Miguel Herrero-García y Joaquín de Entrambasaguas. Madrid, 1935.
Lambert, Élie. "Alphonse de Castille et la Juive de Tolède." *Bulletin Hispanique*. XXV. Bordeaux-Paris, 1923.

Lambert, Élie. "Ein Untersuchung der Quellen der 'Jüdin von Toledo'." *Jahrbuch der Grillparzer-Gesellschaft.* XIX. Wien: Verlag von Carl Konegen, 1910.

———. "La 'Juive de Tolède' de Grillparzer: étude sur la composition et les sources de la pièce." *Revue de Littérature Comparée.* II. Paris, 1922.

Lanine Sagredo, Don Pedro Francisco. "El rey don Alfonso el Bueno." *Comedias nvevas de diversos avtores.* XL. Madrid: Julián de Paredes, 1675.

———. *La batalla de las Navas, y el rey D. Alfonso el Bueno.* Valencia: Imprenta de la Viuda de Joseph de Orga, 1761.

Lasher-Schlitt, Dorothy. *Grillparzer's Attitude Toward the Jews.* New York, 1936.

Lasso de la Vega y Argüelles, Ángel. *Raquel, drama lírico en un acto y en verso.* Madrid: Imprenta de José Rodríguez, 1891.

Latour, Antoine de. *Tolède et les bords du Tage. Nouvelles études sur l'Espagne.* Paris: Michel Lévy Frères, Libraires-Editeurs, 1860.

Lenz, Harold F. H. *Franz Grillparzer's Political Ideas and 'Die Jüdin von Toledo'.* New York, 1938.

Levey, Arthur Edgar. *The Sources of the Ballads by Lorenzo de Sepúlveda.* Chicago: University of Chicago Press, 1939.

Lozano, Christóual. *Los reyes nuevos de Toledo. Descrívense las cosas más avgvstas y notables de esta Ciudad Imperial; quienes fueron los Reyes Nueuos, sus virtudes, sus hechos, sus hazañas: y la Real Capilla, que fundaron en la Santa Iglesia, mausoleo sumptuoso, donde descansan sus cuerpos.* Madrid: A costa de Francisco Serrano de Figueroa; En la Imprenta Real, 1667.

Lucie-Lary (Madame). "La 'Jerusalén conquistada' de Lope de Vega et la 'Gerusalemme liberata' du Tasse." *Revue des Langues Romanes.* XLI. Paris: G. Pedone-Lauriel, 1898.

Mariana, Padre Juan de. "Obras." *Biblioteca de Autores Españoles.* XXX. Madrid: M. Rivadeneyra, 1854.

Martínez de la Rosa, D. Francisco. "Apéndice sobre la tragedia española." *Obras literarias.* II. Paris: En la Imprenta de Julio Didot, 1827.

Menéndez Pelayo, Marcelino. *Estudios sobre el teatro de Lope de Vega.* I-VI. Santander: Aldus, S. A. de Artes Gráficas, 1949.

Menéndez Pidal, Ramón. *La crónica general de España que mandó componer el rey Alfonso el Sabio* (Discurso leído ante la Real Academia de la Historia el día 21 de mayo de 1916). Madrid: Imprenta Clásica Española, 1916.

———. "Crónicas generales de España." *Catálogo de la Real Biblioteca.* V. Madrid: Blass y Cía, 1918.

———. *La epopeya castellana a través de la literatura española.* Buenos Aires: Cía Gral. Fabril Financiera, S. A., 1945.

———. *Estudios literarios.* Buenos Aires: Espasa-Calpe Argentina, S. A., 1938.

———. *Historia de España.* I. Madrid: Talleres tipográficos de la Editorial Espasa-Calpe, S. A., 1947.

Menéndez Pidal, Ramón. *Manual de gramática histórica española.* Seventh edition. Madrid: Espasa-Calpe, S. A., 1944.

———. "Primera crónica general. Estoria de España que mandó componer Alfonso el Sabio y se continuaba bajo Sancho IV en 1289" [*Primera crónica general de España*]. *Nueva Biblioteca de Autores Españoles.* V. Madrid: Bailly-Bailliere e Hijos, 1906.

Menéndez Pidal, Ramón. "Sobre la traducción portuguesa de la 'Crónica general de España de 1344'." *Revista de filología española.* VIII. Madrid: Imprenta de los sucesores de Hernando, 1921.
Mercader y de Cerbellón, Don Gaspar. *Retrato político del señor rey D. Alfonso el VIII.* Barcelona: por Rafael Figueró, 1697.
Mérimée and Morley, S. G. *History of Spanish Literature.* New York: Henry Holt and Company, 1930.
Mesonero Romanos, Ramón. "Don Vicente García de la Huerta. Noticia biográfica y juicio crítico." *Biblioteca de Autores Españoles.* LXI. Madrid: M. Rivadeneyra, 1869.
Meyrick, Frederick. *The Church in Spain.* New York: James Pott and Company, 1892.
Millé y Giménez, Juan. "Apuntes para una bibliografía de las obras no dramáticas atribuidas a Lope de Vega." *Revue Hispanique.* LXXIV. Paris: Librairie C. Klincksieck; New York: The Hispanic Society of America, 1928.
Mira de Amescua, Doctor Don Antonio. *Comedia Famossa / La desgraciada Raquel, i / Rei D^n Alphonso el O^o /* Del Doctor Mirademescua [Ms. D. 22 — George Ticknor Collection, Boston Public Library].
―――. "Obligar contra su sangre." *Biblioteca de Autores Españoles.* XLV. Madrid: M. Rivadeneyra, 1858.
Mondéjar, Marqués de. *Memorias históricas de la vida y acciones del rey D. Alonso el Noble, Octavo del nombre, recogidas por el Marqués de Mondéjar e ilustradas con notas y apéndices por D. Francisco Cerdá y Rico, de la Biblioteca de S. M. Individuo de la Real Academia de la Historia, y abogado del colegio de esta corte.* Madrid: Imprenta de Sancha, 1783.
Montoto, Santiago. "Contribución al vocabulario de Lope de Vega. Colección de palabras y acepciones empleadas por el Fénix de los ingenios españoles y que no figuran en el diccionario de la Real Academia Española." *Boletín de la Real Academia Española.* XXVI, XXVIII, XXIX. Madrid: Imprenta de S. Aguirre, 1947, 1948, 1949.
Moore, Jerome Aaron. *The Romancero in the Chronicle-Legend Plays of Lope de Vega.* Philadelphia: Lancaster Press, 1940.
Morley, S. Griswold. "Lope de Vega's 'Peregrino' Lists." *University of California Publications in Modern Philology.* XIV (1929-1930). Berkeley: University of California Press, 1930.
―――. Review of José María de Cossío's, "Lope, personaje de sus comedias." *Hispanic Review.* XVIII. Philadelphia: University of Pennsylvania Press, 1950.
――― and Bruerton, Courtney. *The Chronology of Lope de Vega's 'Comedias.'* New York: The Modern Language Association of America; London: Oxford University Press, 1940.
Murray, Donald Alan. "Mira de Amescua's *La desgraciada Raquel.*" Unpublished Doctor's Thesis, Department of Romanic Languages, Stanford University, 1951.
Nauta, G. A. "Analecta Lopeana." *Neophilologus,* XIX. Groningen, Den Haag, Batavia: J. B. Wolters, 1934.
Navarro Tomás, T. *Manual de pronunciación española.* Octava edición. Madrid: C. S. I. C., 1957.

Northup, George Tyler. *An Introduction to Spanish Literature*. Third Edition Revised and Enlarged by Nicholson B. Adams. Chicago: The University of Chicago Press, 1960.

Núñez de Castro, Alonso. *Corona góthica castellana y austriaca, segunda parte, compuesta de algunos originales que quedaron de D. Diego de Saavedra Faxardo y continuada por D. Alonso Núñez de Castro, Coronista de su magestad. Dase noticia de todo lo sucedido en estos reinos de España en más de quinientos años, desde el de setecientos y catorce, en que empeçó su restauración, hasta el de mil doscientos y diez y seis. Escrivense con morales documentos, y máximas políticas, las vidas de treinta y tres reyes, desde el ínclito Infante D. Pelayo, hasta D. Fernando el Santo*. Madrid: por Andrés García de la Iglesia, 1671.

———. *Corónica de los señores reyes de Castilla, Don Sancho el Deseado, Don Alonso el Octauo, y Don Enrique el Primero. En que se refiere todo lo sucedido en los reinos de España, desde el año de mil ciento y treinta y seis, hasta el de mil y ducientos y diez y siete. Comprobado con los historiadores de mayor crédito, y con diferentes instrumentos de priuilegios, escrituras, donaciones, y otras memorias antiguas, sacadas con toda diligencia, y cuidado de los mejores archiuos. Dase noticia de diferentes familias, y ilustres varones, que florecieron en estos años en armas, santidad, y letras*. Madrid: Pablo de Val, 1665.

Ocampo, Florián de. *Las quatro partes enteras de la Crónica de España que mandó componer el serenissimo rey don Alfonso llamado el sabio*. Zamora: Augustín de Paz y Juan Picardo, 1541.

Paravicino y Arteaga, Fray Hortensio. "Muerte de la judía Raquel, manceba de Alfonso VIII." *Biblioteca de Autores Españoles*. XVI. Madrid: M. Rivadeneyra, 1851.

Pardo de la Casta, Joaquín. *Raquel, novela original*. I, II. Valencia: Imprenta de José Ruis, 1849.

Pardo de la Casta, Pedro. *Raquel, o los amores del rey Alfonso VIII. Drama trágico en 5 actos y en prosa* (1859) [Ms. 14.478 n. 9 — Biblioteca Nacional, Madrid].

———. *Raquel, o los amores de Alfonso VIII, rey de Castilla, drama histórico, en cinco actos y en prosa*. Zaragoza: Imp. y lib. de Vicente Andrés, 1859.

Peirce, Helen J. "Aspectos de la Personalidad del Rey Español en la Literatura Hispano-Arábiga," *Smith College Studies in Modern Languages*. X (1928-29).

Pfandl, Ludwig. *Historia de la literatura nacional española en la edad de oro*. (Traducción del alemán por el Dr. Jorge Rubió Balaguer.) Barcelona: Sucesores de Juan Gili, S. A., 1933.

Pfeffel, Gottlieb Conrad. "Alfons und Rahel." *Poetische Versuche*. VII. Tübingen: J. G. Gotta'schen Buchhandlung, 1804.

Pierce, Frank. "*La Jerusalén conquistada* of Lope de Vega: A Re-appraisal," *Bulletin of Spanish Studies*. XX. Liverpool: Institute of Hispanic Studies, 1943.

———. *The Heroic Poem of the Spanish Golden Age: Selections*. London: Oxford University Press, 1947.

Pollak, Gustav. *International Perspective in Criticism*. New York: Dodd, Mead and Co., 1914.

Quintana, Manuel José. "Sobre la poesía épica castellana." *Biblioteca de Autores Españoles*. XIX. Madrid: M. Rivadeneyra, 1861.

Reid, Charles Gordon, Jr. "The Problem of Social Inequality in Love and Marriage as Presented in the Theater of Lope de Vega." Unpublished Doctoral Dissertation — University of Virginia, 1941.
Rennert, Hugo A. "Bibliography of the Dramatic Works of Lope de Vega based upon the Catalogue of John Rutter Chorley." *Revue Hispanique.* XXXIII (1915).
———. "Mira de Amescua et *La Judía de Toledo.*" *Revue Hispanique.* VII (1900).
———. *The Life of Lope de Vega.* Glasgow: Gowans and Gray, Ltd., 1904.
——— and Castro, Américo. *Vida de Lope de Vega.* Madrid: Sucesores de Hernando, 1919.
Restori, A. "Obras de Lope de Vega — publicadas por la Real Academia Española Vol. VII. VIII (3.1.02)." *Zeitschrift für Romanische Philologie.* XXVI (1902). Halle: Max Niemeyer, 1902.
Rey, Agapito. *Castigos y documentos para bien vivir ordenados por el rey don Sancho IV.* Bloomington, Indiana, 1952.
Rodríguez de Almela, Diego. *Valerio de las hystorias escolásticas de la sagrada escritura y de los hechos despaña con las batallas campales.* Copiladas por Fernán Pérez de Guzmán. Nuevamente corregido. Sevilla: Domínico d'Robertis, 1542.
Rojas, Agustín de. *El viaje entretenido* (Aguilar: Colección Crisol). Madrid: Eugenio Sánchez Leal, 1945.
Romera-Navarro, M. "Lope de Vega y las unidades dramáticas." *Hispanic Review.* III (1935). Philadelphia: The University of Pennsylvania Press, 1935.
San Román, Francisco de B. *Lope de Vega, los cómicos toledanos y el poeta sastre. Serie de documentos inéditos de los años de 1590 a 1615.* Madrid: Imprenta Góngora, 1935.
Schweitzer, Jerome W. "The Jewess of Toledo: Three Unstudied Dramatic Adaptations of the Raquel-Alfonso VIII Legend." *Romance Notes.* Vol. IV, No. 1. Chapel Hill, North Carolina, 1962.
Scribe, Eugène. "La Juive." *La France Dramatique au dix-neuvième siècle.* I. Paris: J. N. Barba, Delloye, Bezou, 1835.
Sepúlveda, Lorenzo de. "Amores de Alfonso VIII con la hermosa Judía." *Biblioteca de Autores Españoles.* XVI. Madrid: M. Rivadeneyra, 1851.
———. *Romances nuevamente sacados de historias antiguas de la crónica de España.* Antwerp: Casa de Juan Steelfio, 1551 [Edición facsímile por Archer M. Huntington. New York: DeVinne Press, 1903].
Shaw, Edward Pease. *Jacques Cazotte.* Cambridge: Harvard University Press, 1942.
Simón Díaz, José and José Prades, Juana de. *Ensayo de una bibliografía de las obras y artículos sobre la vida y escritos de Lope de Vega Carpio.* Madrid: Centro de estudios sobre Lope de Vega, 1955.
Tarapha, Francisco. *Chrónica de España del canónigo Francisco Tarapha, Barcelonés, del origen de los reyes, y cosas señaladas della, y varones illustres. Traduzida de la lengua latina en castellana. Van añadidas a la postre unas tablas, que contienen el número de los pontífices y emp[er]adores romanos y origen y número de los reyes de España y Francia.* Barcelona: por Claude Bornat, 1562.
Teatro antiguo español. Textos y estudios — Junta para ampliación de estudios e investigaciones científicas. Centro de estudios históricos. I-VII. Madrid: Sucesores de Hernando, 1916-1925.

Téllez, Fray Gabriel (Tirso de Molina). *Cigarrales de Toledo* (Aguilar: Colección Crisol). Madrid: Rollán, 1954.

Templin, E. H. The Mother in the *Comedia* of Lope de Vega." *Hispanic Review*. III (1935). Philadelphia: The University of Pennsylvania Press, 1935.

Ticknor, George. *History of Spanish Literature*. I-III. 3rd. ed. Boston: Ticknor and Fields, 1864.

―――. *Historia de la literatura española* (Traducida al castellano, con adiciones y notas críticas, por D. Pasqual de Gayangos, y D. Enrique de Vedia). I-IV. Madrid: Imprenta y Estereotipia de M. Rivadeneyra, 1851.

―――. *Catalogue of the Spanish Library and of the Portuguese Books Bequeathed by George Ticknor to the Boston Public Library* (Compiled by James Lyman Whitney). Boston: Printed by Order of the Trustees, 1879.

Trueba y Cossío, Telesforo de. "The Fair Jewess." *The Romance of History. Spain*. London: Frederick Warne and Co., 1872.

Ulloa y Pereira, Luis. "La Raquel." *Biblioteca de Autores Españoles*. XXIX. Madrid: M. Rivadeneyra, 1854.

―――. *Memorias familiares y literarias*. Madrid: Imprenta de Ramona Velasco, Viuda de Prudencio Pérez, 1925.

―――. *Obras*. Madrid: Francisco Sanz, 1674.

Valbuena Prat, Ángel. *Historia de la literatura española*. I-III (4th ed.). Barcelona: C. Enrique Granados, 1953.

―――. *Historia del teatro español*. Barcelona: Editorial Noguer, S. A., 1956.

Vega Carpio, Lope Félix de. "Comedias escogidas." III. *Biblioteca de Autores Españoles*. XLI. Madrid: M. Rivadeneyra, 1859.

―――. *Obras dramáticas publicadas por la Real Academia Española*. I-XV. Madrid: Establecimiento tipográfico "Sucesores de Rivadeneyra," 1890-1913.

―――. *Obras dramáticas publicadas por la Real Academia Española* (Nueva edición). I-XIII. Madrid: Imprenta de Galo Sáez, 1916-1930.

―――. *Obras escogidas*. I-III. Madrid: M. Aguilar, 1946-1955.

―――. "Jerusalén conquistada, epopeya trágica." *Obras sueltas*. XIV, XV. Madrid: Imprenta de Don Antonio de Sancha, 1777.

―――. *Séptima parte de sus comedias. Con Loas, Entremeses, y Bailes. Dirigidas a Don Luis Fernández de Córdoua, Cardona y Aragón, Duque de Sessa, Duque de Soma, Duque de Baena, Marqués de Poça, Conde de Cabra, Conde de Palamos, Conde de Oliuito, Vizconde de Yznajar, Señor de las Baronías de Belpuche, Liñola, y Calonge, gran Almirante de Nápoles*. Con privilegio. Madrid: Por la viuda de Alonso Martín, A costa de Miguel de Siles, mercader de libros. Véndese en su casa, en la calle Real de las Descalças, 1617.

―――. *Séptima parte de sus comedias...* Con licencia. Barcelona: en Casa Sebastián de Cormellas al Call, y a su costa, 1617.

―――. *Poesía lírica*. Selección, estudio y notas por J. Manuel Blecua. Zaragoza: Editorial Ebro, 1939.

―――. *Poesía lírica*. I, II. Antología, prólogo, edición y notas críticas y bibliográficas de Luis Guarner. Madrid: Imp. "Sáez Hermanos," 1935.

―――. *Poesías líricas*. I-II. Edición, prólogo y notas de José F. Montesinos. "Clásicos Castellanos." Madrid: Espasa-Calpe, S. A., 1941.

―――. *El Príncipe Despeñado. A Critical and Annotated Edition of the Autograph Manuscript* — by Henry W. Hoge. Bloomington: Indiana University Press, 1955.

Vossler, Carlos. *Lope de Vega y su tiempo* (Traducción del alemán por Ramón de la Serna). Madrid: (Revista de Occidente) Imprenta de Galo Sáez, 1933.
Wedel-Parlow, Ludolf von. *'Die Jüdin von Toledo' und Kaiser Karls Geisel.* Heidelberg: L. Hahn'sche Druckerei, 1927.
Wurzbach, Wolfgang von. "Die 'Jüdin von Toledo' in Geschichte und Dichtung." *Jahrbuch der Grillparzer-Gesellschaft.* IX. Wien: Verlag von Carl Konegen, 1899.
———. *Ausgewählte Komödien von Lope de Vega.* III. Strassburg: J. H. Ed. Heitz, 1920.

TABLE OF ERRATA

	Reads	*Should real*
p. 26, l. 20	nietros	nietos
p. 29, l. 9	Auf lauf	Auflauf
p. 29, l. 11	Un precedented	Unprecedented
p. 31, l. 29	*and of the*	and of the
p. 46, l. 23	Victory	victory
p. 47, l. 37	desconsolate	disconsolate
p. 52, l. 19	...tu vida pese	...tu vida pese?
p. 60, l. 3	he re escribir	he de escribir
p. 65, l. 20	par-reaching	far-reaching
p. 78, l. 4	apear	appear
p. 81, l. 8	chronoligcal	chronological
p. 86, l. 11	Castilians, ed by	Castilians, led by
p. 104, l. 31	claimes	claims
p. 105, l. 3	instanteneously	instantaneously
p. 115, l. 32	insistance	insistence
p. 139, v. 143,	spoken by Don Esteban.	This verse is spoken by the Conde.
p. 165, v. 902,	Sáquenle	sáquenle
p. 184, v. 1451,	¡oh...	¡Oh...
p. 230, v. 2700,	not assigned correctly.	LEONOR. Muy bien sabéis vos...
p. 237, l. 29	*Manuel*	*Manual*

The Department of Romance Studies Digital Arts and Collaboration Lab at the University of North Carolina at Chapel Hill is proud to support the digitization of the North Carolina Studies in the Romance Languages and Literatures series.

www.ingramcontent.com/pod-product-compliance
Lightning Source LLC
Chambersburg PA
CBHW030611230426
43661CB00053B/1944